Dalmatien

mit Inseln und Velebit-Gebirge

Boris Korenčan

GPX-Daten zum Download

www.kompass.de/gpx

Kostenloser Download der GPX-Daten der im Wanderführer enthaltenen Wandertouren. Mehr Informationen auf Seite 3.

AUTOR

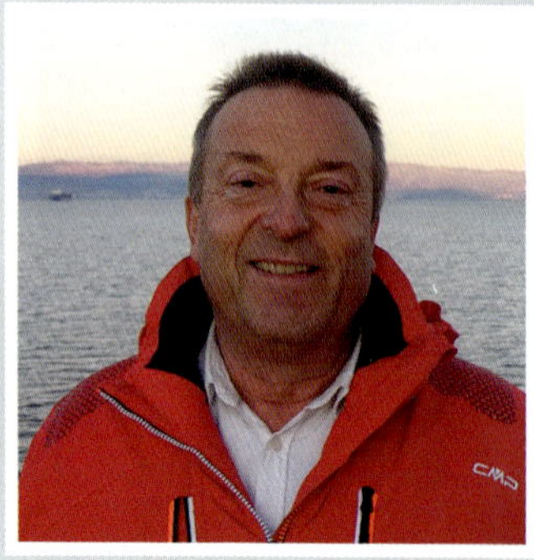

Boris Korenčan • ist zugleich erwerbstätig als Gerichtsdolmetscher und Sachverständiger für Bauwesen; in seiner Freizeit ist er aber ein leidenschaftlicher Entdecker heimischer und grenzüberschreitender landschaftlicher Schönheiten Italiens, Österreichs und Kroatiens. Als Bergführer ist er vor allem für deutschsprachige Bergsteiger tätig.

Für KOMPASS hat er bereits den Wanderführer 5967 Slowenien verfasst.

VORWORT

Touren an der Adria zu unternehmen, ist ein wahrer Genuss. Die bezaubernden Blicke aufs Meer, zu den Inseln, in die Berge und auf die untergehende Sonne lassen keinen Wanderer unberührt.

Dieses ziemlich langgestreckte Gebiet hat einige gemeinsame Merkmale:

Trinkwasser ist nie im Überfluss vorhanden. Die meisten Wege sind sehr steinig und verlangen Achtsamkeit bei jedem Schritt und Tritt. Die Möglichkeiten für die Verpflegung sind nicht so häufig, wie man dies von den Alpen gewohnt ist. Dornige Sträucher, Spinnennetze und Spinnen (darunter auch giftige) sind unsere Begleiter, vor allem bei Touren in der frühen Morgendämmerung. Die Markierungen sind oft mangelhaft. Ich habe mich zigmal verlaufen. Die Hitze und die starke Sonnenstrahlung sind im Sommer nicht unsere Freunde.

Ich habe die Touren mit dem Gedanken ausgewählt, dass die meisten Leser dieses Gebiet in den warmen Monaten des Jahres besuchen werden.

Die meisten Touren sind natürlich auch im Winter machbar. Mit Schnee muss man nur im Raum Učka, Velebit und Biokovo rechnen. Man kann aber vor allem im Winter und bei klarem Himmel unvorstellbare Fernblicke erleben. Von den hohen Gipfeln im Velebit können wir zum Beispiel über mehr als 300 km nach Italien im Westen blicken. Sogar die Dolomiten zeigen sich an einigen Tagen im Jahr. Manchmal im Sommer aber vor allem im Winter müssen wir mit starken Winden rechnen. Starker Bora-Wind kann auch eine Sperre der Autobahn von Zadar nach Gospič zu Folge haben.

Egal ob Segler, Seefahrer, Camper oder Hotelgäste, alle finden hier etwas, womit sie ihren Urlaub aufwerten können.

ORIENTIERUNG MIT GPS

Für Navigationsgeräte und Apps haben wir auf unserer Webseite alle Touren im GPX-Format zum Download bereitgestellt:

www.kompass.de/gpx

Hier findet man alle weiteren Informationen. Einfach das richtige Produkt auf der Seite auswählen, die Daten herunterladen und auf das Zielgerät oder in die gewünschte App importieren.

Mehrwert mit Spaßfaktor: Ob vorab zur Planung, als Sicherheit für unterwegs oder zum Erinnern und Archivieren der gegangenen Tour. Die digitale Wanderroute ist in vielerlei Hinsicht wertvoll. Ein Blick auf die Daten hilft Neues zu entdecken und liefert Inspirationen für die nächsten Touren. Alle Wandertouren aus diesem Führer stehen im GPX-Format kompakt und genau zur Verfügung.

Was ist ein GPX-Track? GPX ist ein Datenformat für Geodaten. Das Wort GPS steht für Global Positioning System (Globales Positionsbestimmungssystem). Mit einem GPX-Track bekommt man die rote Linie, also den Wanderpfad, als geografische Koordinaten.

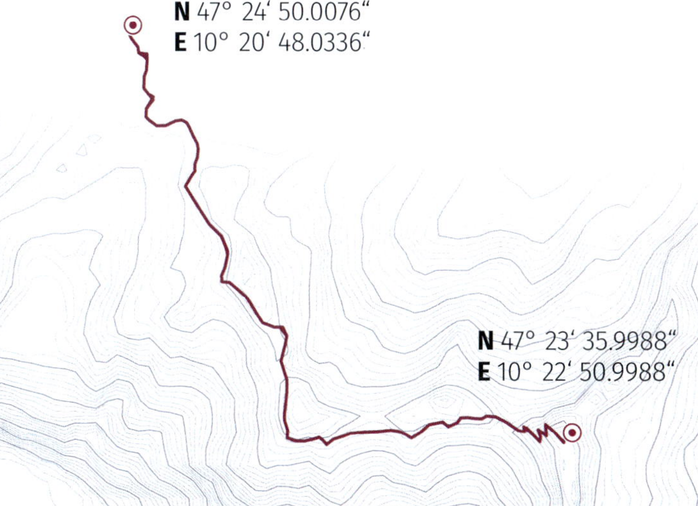

INHALT UND TOURENÜBERSICHT

AUFTAKT

ANHANG

km	h	hm	hm									Karte
5,4	1:45	120	120	✓					✓			
9,1	2:30	150	150				✓					
12,2	3:30	250	250	✓								238
5,4	2:00	300	300									238
3,5	1:30	100	100	✓								238
4,2	1:30	100	100	✓	✓		✓					238
3,9	1:30	80	80									238
9,3	3:30	100	100				✓					238
8	3:00	500	500	✓				✓		✓		238
9,5	3:30	400	400	✓	✓		✓		✓		✓	238/ 2900
13,1	5:00	750	750	✓			✓					2900
9,4	4:00	400	400	✓				✓	✓			2900
12,6	4:30	400	400	✓								2900
7	3:00	450	450	✓				✓				2900
2,3	1:45	280	280	✓								2900
4,2	3:00	480	480	✓								2900
8,5	4:00	600	600					✓				2900
9,8	4:30	450	450	✓				✓				2900
6,5	2:30	400	400	✓				✓				2900

INHALT UND TOURENÜBERSICHT

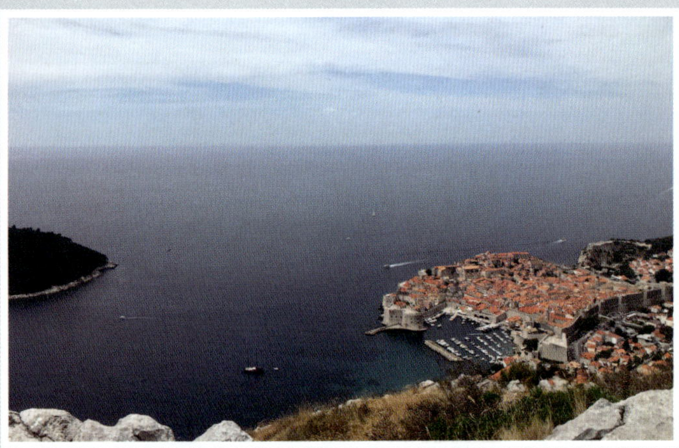

Blick auf Dubrovnik und das Meer (Tour 50).

km	h	hm	hm									Karte
7,3	4:30	150	150	✓								2900
13,4	6:30	850	850	✓				✓				2900
15,1	7:00	1250	1250	✓								2900
8,4	2:00	450	450									2900
11,1	2:30	50	50	✓								2900
4,4	2:15	300	300	✓				✓	✓			2900
3	1:15	150	150	✓				✓				2900
4,7	2:00	280	280	✓				✓	✓			2900
7,4	2:30	100	100	✓					✓			
8	3:30	120	120	✓			✓	✓	✓			2900
5,2	2:00	80	80	✓								2900
5,6	2:00	150	150	✓								2900
6,5	2:30	200	200	✓								2900

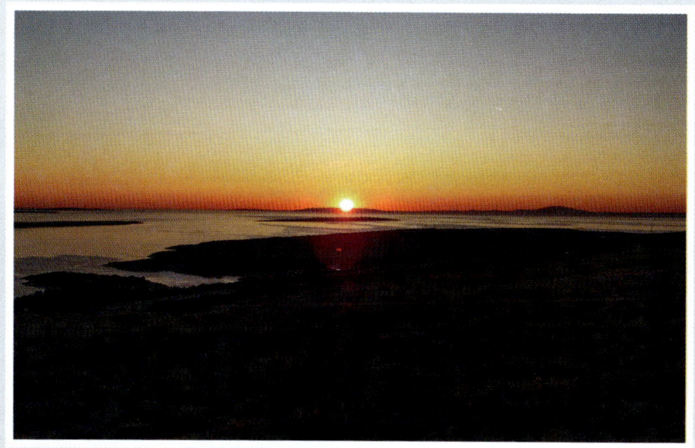

Sonnenuntergang auf der Insel Pag (Tour 19).

INHALT UND TOURENÜBERSICHT

km	h	hm	hm									Karte
3,6	2:15	200	200	✓					✓			2900
3,3	2:30	200	200	✓								2900
4,2	2:45	450	450	✓				✓				2900
6,9	2:45	400	400	✓	✓		✓	✓		✓		2900
1,7	1:30	300	300	✓				✓				2900
2,6	1:15	150	150	✓								2900
7,7	3:15	400	400	✓			✓					2900
9,8	5:00	800	800	✓				✓				2900
6,3	3:30	500	500	✓								2900
2,8	2:00	400	400	✓								2900
2,2	1:00	50	50	✓	✓		✓					2900
8,3	2:30	50	50	✓						✓		2900
2,7	1:15	50	50	✓								2900
5	1:30	50	50	✓			✓					2900
9,8	3:00	270	270	✓			✓					2900
11,6	5:30	1000	1000	✓				✓				2900
3,7	2:30	350	350	✓			✓					2900
4,6	2:30	400	400	✓		✓	✓	✓	✓			2900
8,3	3:30	600	600	✓				✓				2900
5,4	2:00	100	100	✓			✓					2900
11,5	5:00	400	400	✓			✓	✓				2900
4	2:00	250	250	✓			✓					2900
5,7	4:00	600	600	✓				✓				

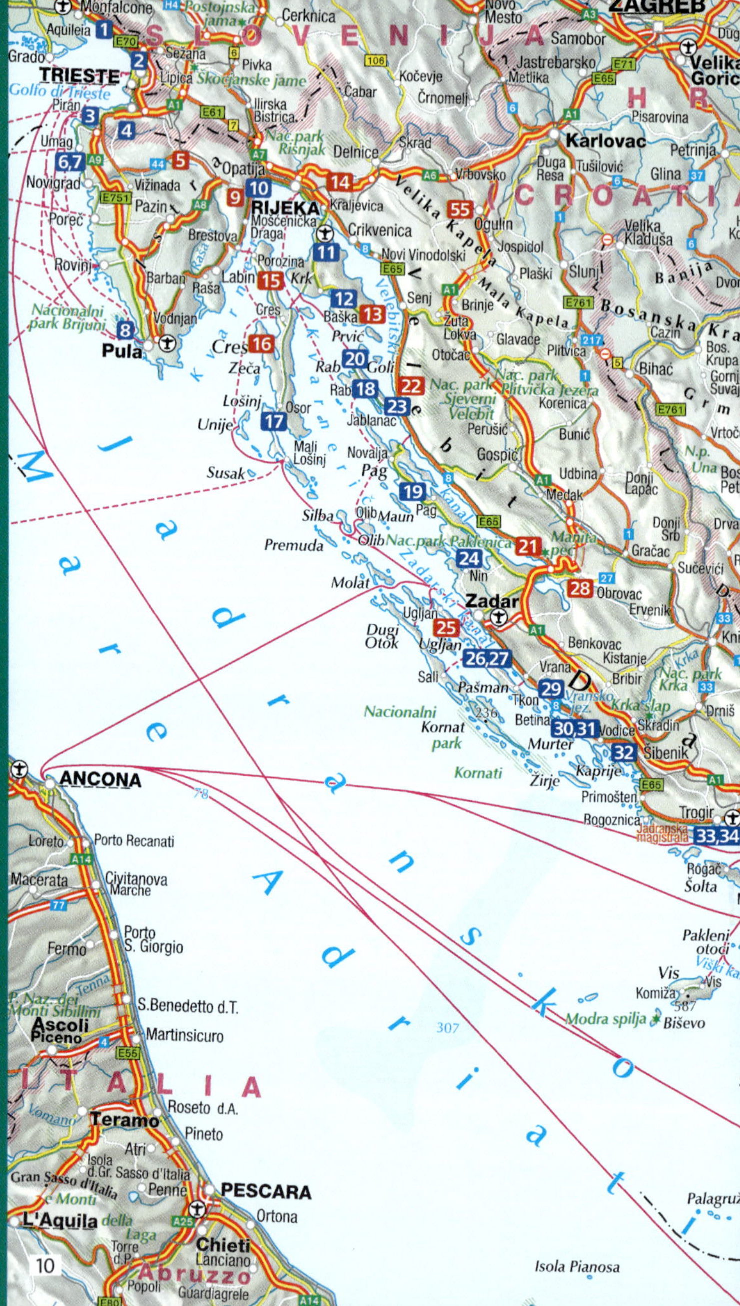
ZAGREB
TRIESTE
RIJEKA
Karlovac
Zadar
Šibenik
ANCONA
PESCARA
SLOVENIJA
HRVATSKA
CROATIA
ITALIA
Jadransko more
Mare Adriatico
Pula
Krk
Rab
Pag
Cres
Lošinj
Dugi Otok
Nacionalni park Brijuni
Nac. park Plitvička Jezera
Nac. park Paklenica
Nacionalni Kornat park
Nac. park Krka
Velika Kapela
Mala Kapela
Velebit
Kvarner
Kvarnerić
Chieti
Teramo
L'Aquila
Ascoli Piceno
Abruzzo
Vis
Isola Pianosa

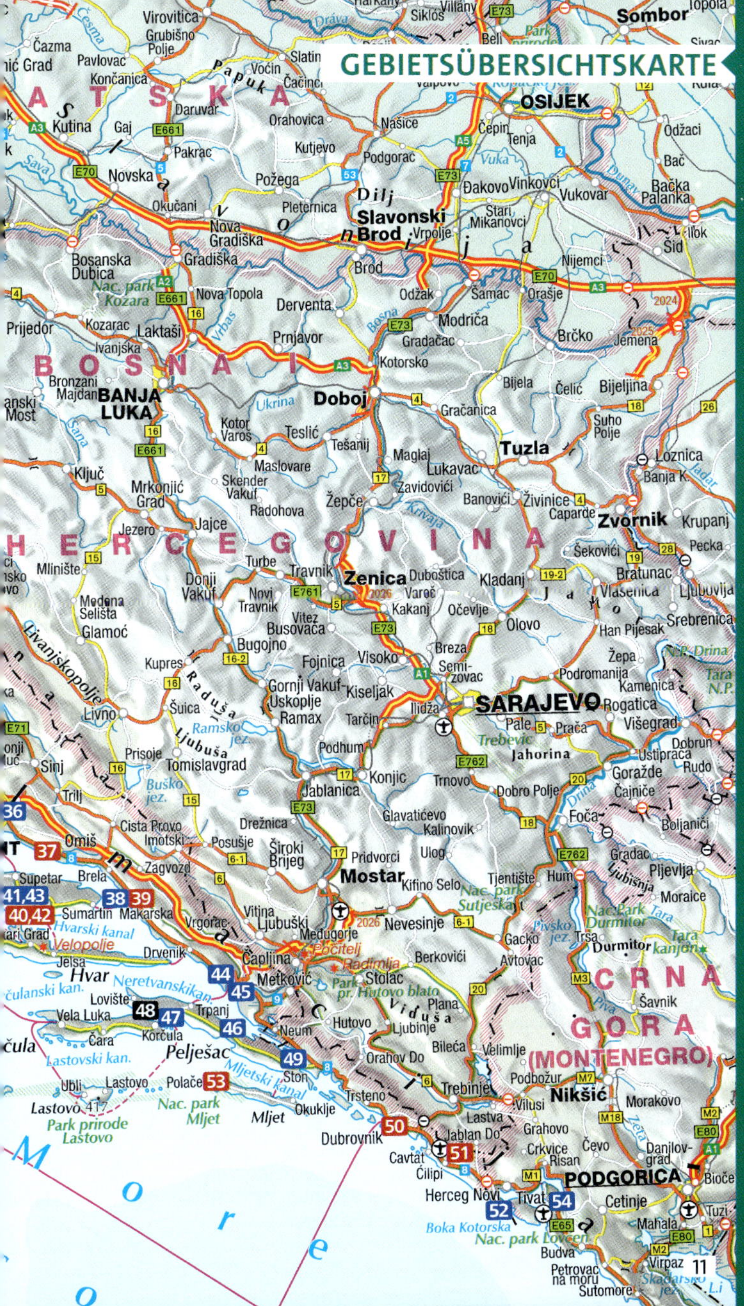
Virovitica
Grubišno Polje
Čazma
Pavlovac
Končanica
Slatina
Voćin
Papuk
Čačinci
Daruvar
Orahovica
Našice
Kutina
Gaj
Pakrac
Kutjevo
Podgorač
Osijek
Čepin
Tenja
Sombor
Siklós
Villány
Drava
Odžaci
Bač
Novska
Okučani
Požega
Pleternica
Dilj
Slavonski Brod
Vrpolje
Đakovo
Vinkovci
Vukovar
Stari Mikanovci
Bačka Palanka
Ilok
Šid
Dunav
Vuka
Sava
Nova Gradiška
Gradiška
Bosanska Dubica
Nac. park Kozara
Nova Topola
Brod
Odžak
Šamac
Orašje
Nijemci
Modriča
Derventa
Prijedor
Kozarac
Laktaši
Ivanjska
Prnjavor
Gradačac
Brčko
Jemena
Kotorsko
Bosna
Vrbas
Bronzani Majdan
BANJA LUKA
Doboj
Ukrina
Bijela
Čelić
Bijeljina
Gračanica
Suho Polje
Kotor Varoš
Teslić
Tešanj
Maglaj
Tuzla
Lukavac
Loznica
Banja K.
Jadar
Ključ
Mrkonjić Grad
Maslovare
Skender Vakuf
Zavidovići
Žepče
Radohova
Banovići
Živinice
Caparde
Zvornik
Krupanj
Jajce
Jezero
Krivaja
BOSNA I HERCEGOVINA
Šekovići
Pecka
Mlinište
Turbe
Travnik
Zenica
Dubоštica
Kladanj
Bratunac
Ljubovija
Donji Vakuf
Novi Travnik
Vitez
Vareš
Kakanj
Očevlje
Vlasenica
Srebrenica
Medena Selišta
Glamoč
Busovača
Olovo
Han Pijesak
Bugojno
Breza
Žepa
Livanjskopolje
Kupres
Fojnica
Visoko
Semizovac
Podromanija
Kamenica
N.P. Drina
Tara N.P.
Gornji Vakuf-Uskoplje
Kiseljak
Ilidža
SARAJEVO
Rogatica
Livno
Šuica
Raduša
Ramax
Tarčin
Pale
Prača
Višegrad
Ramsko jez.
Trebević
Jahorina
Ustiprača
Dobrun
Rudo
Ljubuša
Prisoje
Tomislavgrad
Podhum
Goražde
Sinj
Buško jez.
Jablanica
Konjic
Trnovo
Dobro Polje
Čajniče
Trilj
Drina
Foča
Boljanići
Cista Provo
Imotski
Drežnica
Glavatićevo
Kalinovik
Omiš
Posušje
Široki Brijeg
Pridvorci
Ulog
Gradac
Pljevlja
Zagvozd
Mostar
Kifino Selo
Tjentište
Hum
Ljubišnja
Moraice
Supetar
Brela
Nac. park Sutjeska
Sumartin
Makarska
Vitina
Ljubuški
Međugorje
Nevesinje
Nac.Park Durmitor
Tara
Hvarski kanal
Velopolje
Vrgorac
Pivsko jez.
Gacko
Trsa
Durmitor
Tara kanjon
Drvenik
Čapljina
Počitelj
Radimlja
Berkovići
Avtovac
Jelsa
Hvar
Neretvanskikan.
Metković
Stolac
Park pr. Hutovo blato
Plana
CRNA GORA (MONTENEGRO)
Šavnik
Piva
Lovište
Vela Luka
Trpanj
Vidуša
Hutovo
Ljubinje
Čara
Korčula
Neum
Bileća
Velimlje
Pelješac
Lastovski kan.
Orahov Do
Podbožur
Nikšić
Morakovo
Ston
Mljetski kanal
Trebinje
Ubli
Lastovo
Polače
Vilusi
Nac. park Mljet
Lastovo 417
Mljet
Okuklje
Trsteno
Lastva
Grahovo
Zeta
Park prirode Lastovo
Dubrovnik
Jablan Do
Crkvice
Čevo
Danilovgrad
Cavtat
Ćilipi
Risan
PODGORICA
Bioče
Herceg Novi
Tivat
Cetinje
Tuzi
Boka Kotorska
Nac. park Lovćen
Mahala
Budva
Virpaz
Petrovac na moru
Sutomore
Skadarsko jez.
Jadransko More

DAS GEBIET

In diesem Wanderführer sind Touren beschrieben, die im Bereich der östlichen Adriaküste liegen – von Italien im Nordwesten bis Montenegro im Südosten. Den größten Teil des Führers nimmt natürlich die kroatische Küste ein. Kroatien hat 1244 Inseln; viele sind unbewohnt, manche haben auch keinen Namen. Bei Flut werden einige Halbinseln kurzzeitig zu Inseln.

Im Jahr 2023 hat Kroatien den Euro als Währung übernommen und somit ist das Wandern für andere Europäer noch einfacher geworden.

Nachdem die Adria-Autobahn inzwischen bis Ploče ausgebaut wurde, rücken auch die südlichsten Touren um Dubrovnik und in Montenegro in greifbare Nähe.

Die Mehrzahl der Besucher reist in denjenigen Monaten in dieses Gebiet, in denen auch das Baden möglich ist. In Süddalmatien und in Montenegro dauert die Badesaison um ca. drei Wochen länger als im Norden um Triest.

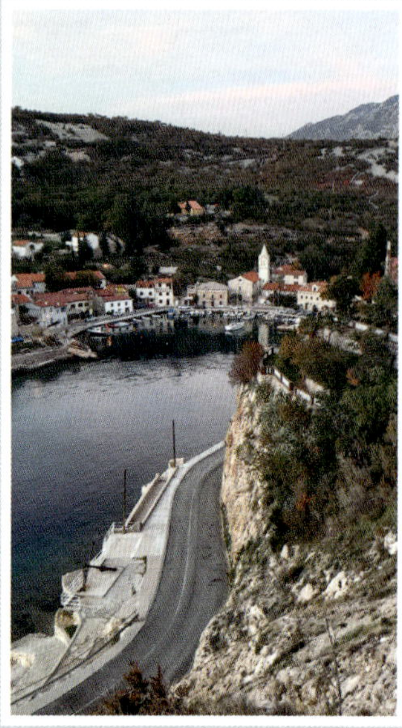

Das Dorf Jablanac (Tour 23).

ANREISE

Die Küste der östlichen Adria ist von Triest im Norden bis Ploče in Süddalmatien durch eine Autobahn verbunden. Bis Dubrovnik gibt es noch 100 km Bundesstraße und nach Kotor in Montenegro kommen noch 70 km dazu. Es gibt zahlreiche Flughäfen, die im Winter mehr oder weniger ruhen, die aber im Hochsommer auch Hochkonjunktur haben: Tivat, Dubrovnik, Split, Zadar, Rijeka, Pula, Portorož, Ronchi. Natürlich kann man an den Flughäfen und Bahnhöfen Autos mieten. Noch zahlreicher sind die Häfen, in denen die Fähren anlegen, und wiederum häufiger sind unzählige kleine Häfen, die man mit dem eigenen Boot erreichen kann.

Die Eisenbahn an der östlichen Adria ist ein Kapitel für sich. In Italien fahren die Züge noch ziemlich schnell. Dagegen sind die Züge in Slowenien und Kroatien eher Museumszüge und auch ihr Tempo erinnert an die Zeit der österreichisch-ungarischen k.u.k.-Monarchie.

Mit der Bahn erreicht man die Adria in Koper, in Pula, in Rijeka, in Zadar, in Šibenik, in Split und in Ploče. Vor allem die Zugfahrt nach Pula bleibt den Reisenden, die die Umstände bei den Intercity-Zügen kennen, in langer Erinnerung.

SCHWIERIGKEITSGRADE

■ LEICHT

Diese Wanderungen sind einfach. Sie verlaufen auf Forststraßen, alten Militärwegen und auf gut markierten Bergwegen. Sie können zwar steil sein, aber nicht stetig, und sie sind höchstens auf kurze Strecken felsig. Eine ernste Absturzgefahr besteht normalerweise nicht.

■ MITTEL

Bergtouren dieser Art sind von gut trainierten Bergwanderern ohne besondere Vorbereitung zu bewältigen. Sie erfordern bisweilen etwas Trittsicherheit und Schwindelfreiheit. Mitunter verlaufen diese Routen auf nicht markierten Etappen, die etwas Orientierungsgabe erfordern.

■ SCHWER

Kletterwege dieser Kategorie sind als anspruchsvoll zu bezeichnen. Sie eignen sich nur für Bergsteiger mit hervorragender körperlicher Verfassung, absoluter Trittsicherheit, Schwindelfreiheit und alpiner Erfahrung. Eine sichere Wetterlage ist zwingende Voraussetzung. Die Routen verlaufen zum Teil über längere Strecken in abgeschiedenem, unerschlossenem, weglosem und nicht markiertem Berggelände.

MEINE LIEBLINGSTOUR

Der Wasserfall Zrmanja ist für jedermann erreichbar. Die Umgebung ist fantastisch, Baden ist an jeder Stelle möglich und wir werden überall von Wildziegen begleitet. Hier wurden übrigens die Old Shatterhand- und Winnetou-Filme von Karl May gedreht.

→ Tour 28, Seite 92

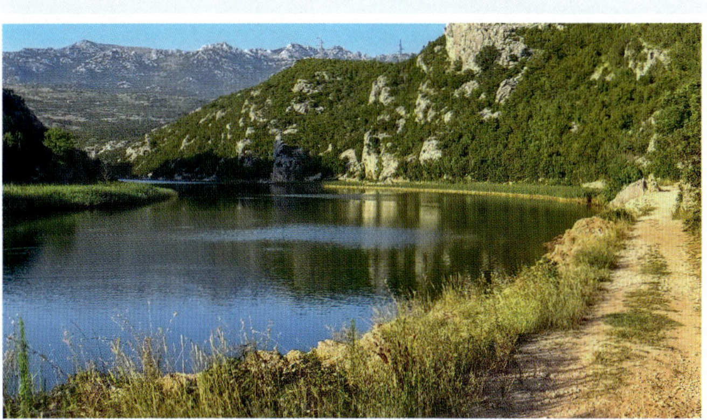

Auf dem Weg zum Wasserfall.

MEINE HIGHLIGHTS

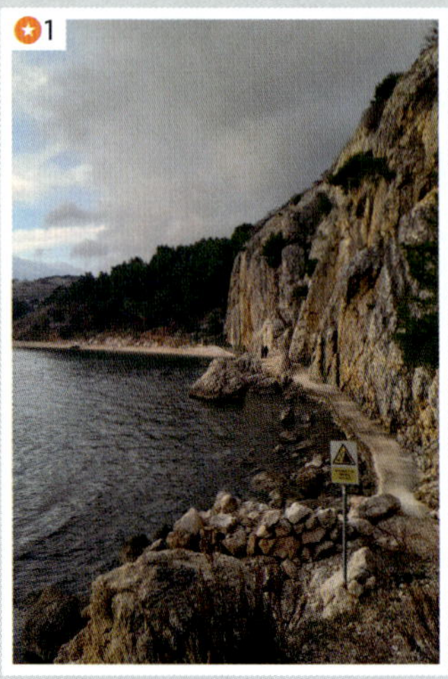

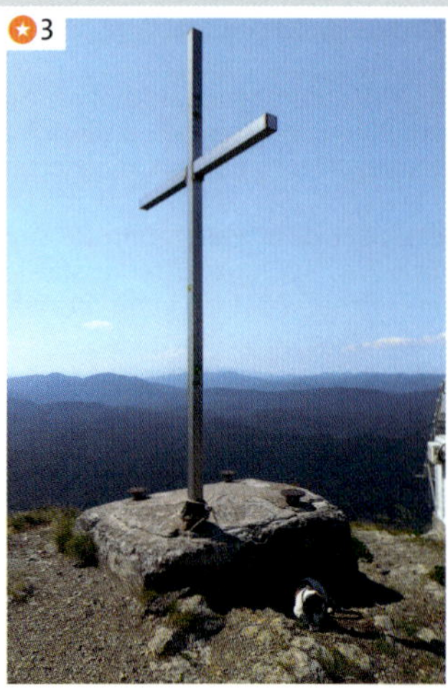

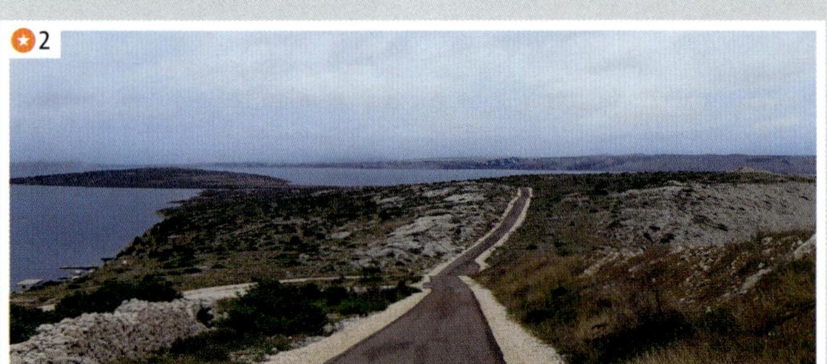

1: Baška – Vela luka
Eine Wanderung an der wilden Ostküste der Insel Krk. Die Seeleute können auch von Vela luka Richtung Baška gehen. Malerische Badeplätze in Vela und Mala luka.
→ Tour 13, Seite 50

2: Insel Zečevo
Eine kleine Insel mit einer Kirche. Die Insel ist je nach Flut und Ebbe mit Badeschuhen vom Festland aus zu erreichen. Der flache Kanal ist für Boote unpassierbar.
→ Tour 24, Seite 82

3: Klek
Der einzige Berg, von dem aus kein Meer zu sehen ist. Wegen seiner einzigartigen Form ist der stilisierte Gipfel das

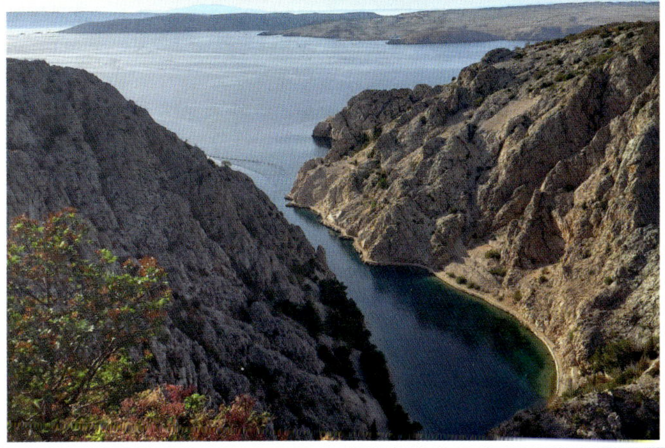

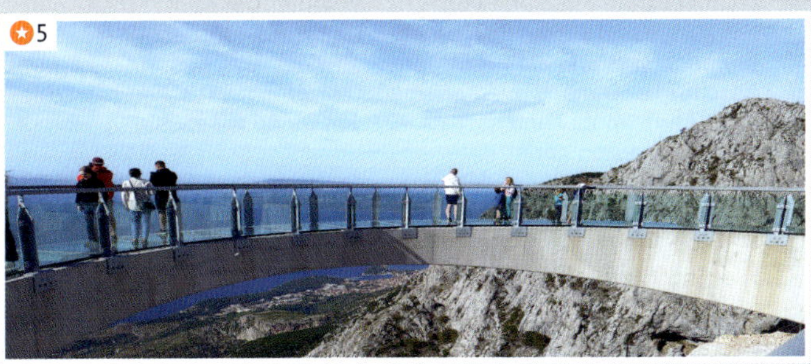

Markenzeichen des kroatischen Alpenvereins.
→ Tour 55, Seite 171

4: Zavratnica
Eine malerische Bucht mit erstklassigem Aussichtspunkt. In der Bucht liegt ein gesunkenes Kriegsschiff aus dem Zweiten Weltkrieg.
→ Tour 23, Seite 79

5: Biokovo Vošac
Wegen der touristischen Attraktion „Skywalk" und des Gipfels Vošac ist das Gebiet ein wahres Wanderparadies. Der erschwerte Zugang zum Nationalpark (nur 20 Autos pro Stunde) fordert Bergsteiger immer mehr, andere Lösungen zu finden (E-Bike oder gar zu Fuß von der Küste).
→ Tour 39, Seite 124

RILKEWEG

Auf den Spuren von Rainer Maria Rilke

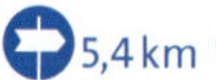

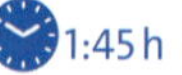

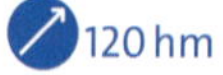

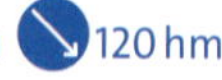

START | Sistiana
[GPS: UTM Zone 33 x: 393.293 m y: 5.069.673 m]
CHARAKTER | Eine Tour, die hoch über dem Ufer die Orte Sistiana und Duino verbindet. Die Küste ist unzugänglich. Zum Meer kann man in Sistiana oder Duino kommen.

Am kleinen **Parkplatz** 01 (für 10 Autos) steht eine Informationstafel in vier Sprachen, darunter auch Deutsch. Gleich hinter ihr beginnt der ca. 2 m breite Weg, der langsam hinaufsteigt. Auf der rechten Seite steht ein großer Komplex von Ferienhäusern und auf der linken Seite befinden sich die letzten Strandabschnitte. Danach werden die Kliffe immer höher und nach ca. 15 Wanderminuten gähnt unter uns schon ein Abgrund. Auf dem Weg gibt es sehr viele Aussichtspunkte, von denen wir das Festland von Grado bis zum kroatischen Savudrija sehen können. Am höchsten Punkt des Rilke-Weges (ca. 60 m über dem Meeresspiegel) steht ein **Militärbunker** 02. Wir können auch die unterirdische Ebene betreten. Eine Lampe hilft uns, die Treppen richtig zu sehen und zu begehen. Das ist der Scheitelpunkt. Danach verläuft der Weg nur noch abwärts. Von den Aussichtspunkten können wir schon das **Schloss von Duino** 03 erkennen.

Kurz vor dem Schloss biegt der Weg in die Ortschaft Duino ab. Im Schloss befindet sich eine Privatschule, somit können wir nur das Eingangsportal besichtigen.

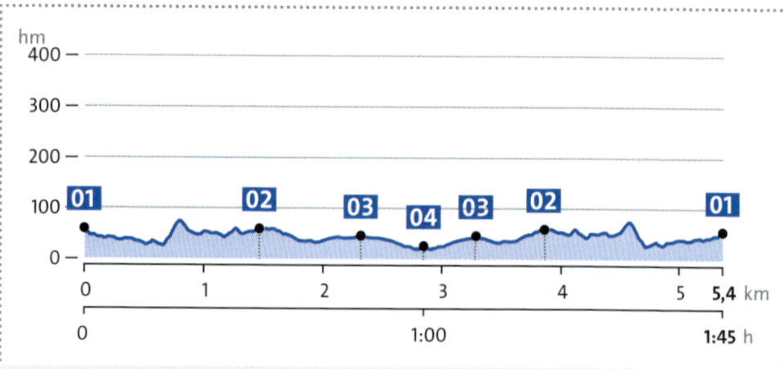

01 Parkplatz, 55 m; 02 Militärbunker, 56 m; 03 Schloss von Duino, 45 m; 04 Castello Vecchio, 5 m;

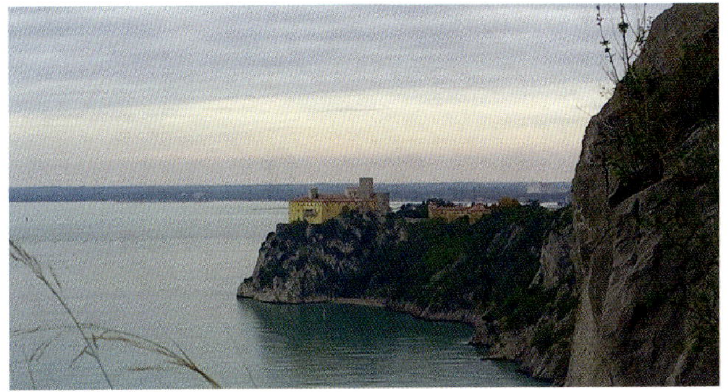

Blick auf das Schloss von Duino.

Es lohnt sich, einige Schritte in Richtung **Castello Vecchio** 04 zu machen. Es ist nur eine Ruine, für die man Eintritt zahlen muss, aber die Aussicht von dieser Ruine lohnt die Mühe und das Eintrittsgeld. Die einmalige Aussicht vom Rilkeweg ist so faszinierend, dass es zweifellos besser ist, wieder auf demselben Weg zurückzukehren. Zum Ausgangspunkt könnten wir nämlich auch auf Wegen und Straßen im Landesinneren gelangen. Bei Duino ist das italienische Territorium ganz schmal. Vom Kliff bis zur Grenze nach Slowenien sind es nicht einmal 15 Kilometer Luftlinie. Deswegen verlaufen auf diesem schmalen Streifen die Eisenbahn nach Venedig und die Autobahn nach Udine und Venedig. Bei Windstille hören wir den Verkehrslärm auch auf dem Rilkeweg. Dafür sind diese knappen 3 Wanderkilometer ein wahres Paradies für die Augen.

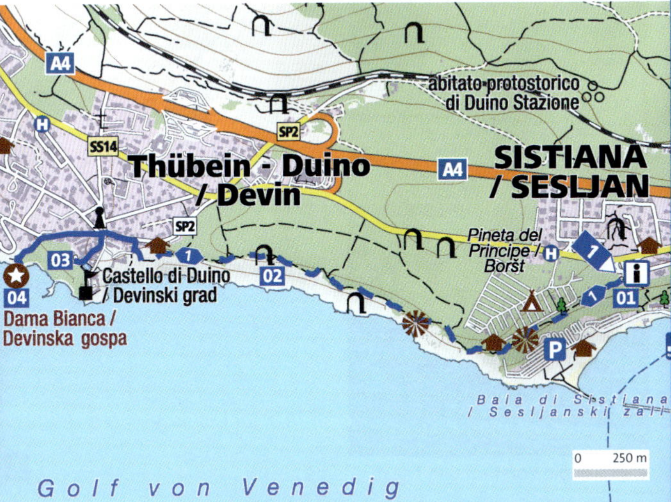

2

NAPOLEONICA

Auf dem Napoleonweg

  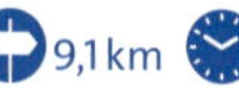 9,1 km 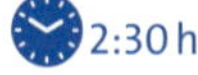 2:30 h 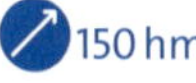 150 hm 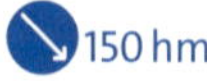 150 hm

START | Monte Grisa (Wallfahrtskirche)
[GPS: UTM Zone 33 x: 402.585 m y: 5.060.722 m]
CHARAKTER | Eine Tour, die oben mit schönen Ausblicken beginnt und dann bergab nach Prosecco führt. Dort biegen wir nach Südosten ab und im leichten Anstieg wandern wir auf dem Napoleonweg nach Opicina.

Zuerst besichtigen wir die riesige Kirche. Sie ähnelt einem Käse-Eck oder einem Stück Toblerone-Schokolade. Auch die Blicke auf den Golf von Triest sind prachtvoll.

▶ Von der **Kirche** 01 suchen wir den Weg nach Nordwesten. Ein typischer Pfad bringt uns etwa 100 Höhenmeter tiefer in einen

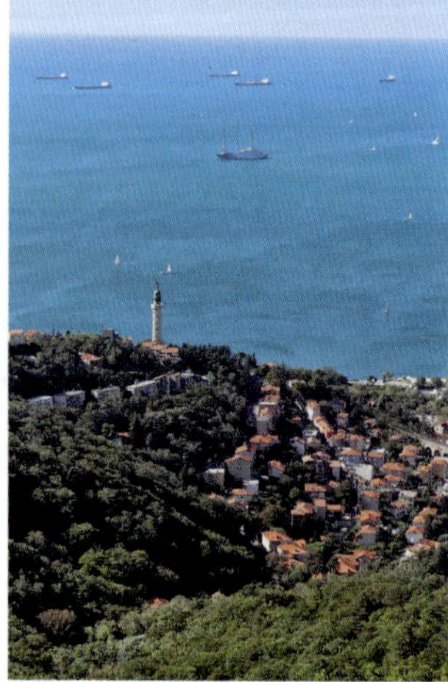

Blick auf die Vorstadt von Triest.

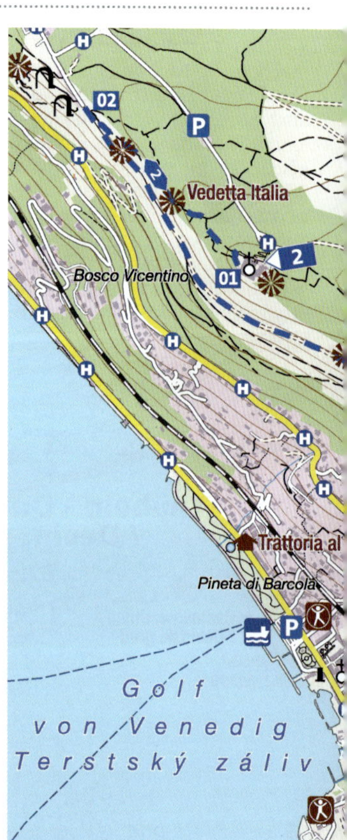

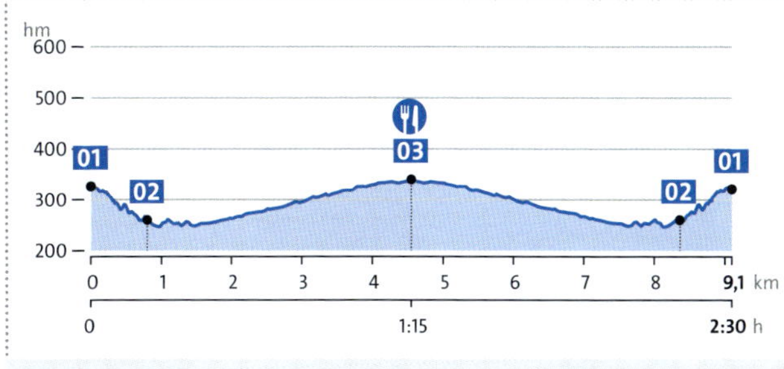

01 Wallfahrtskirche Monte Grisa, 325 m; **02** Napoleonweg, 264 m; **03** Opicina, 325 m;

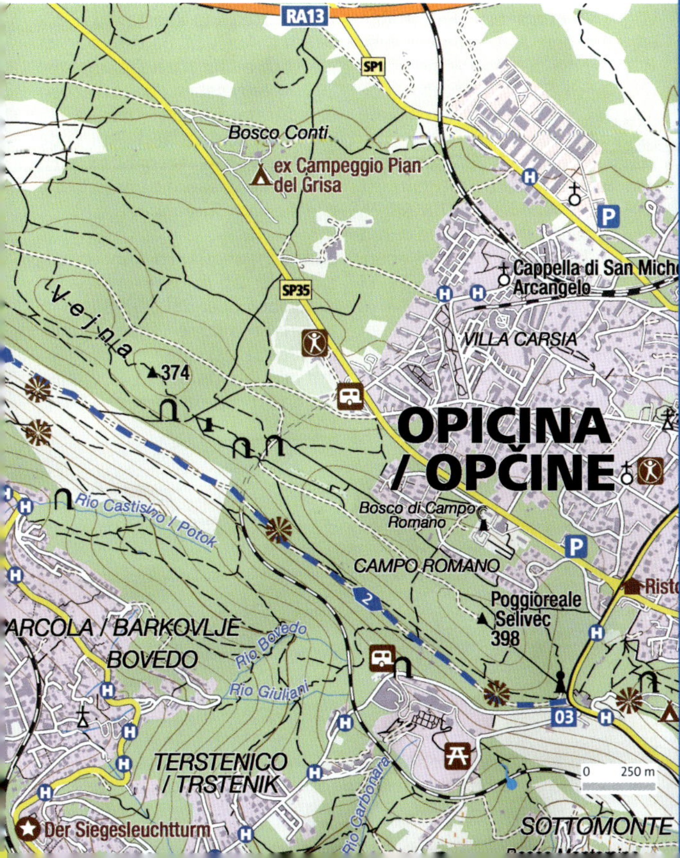

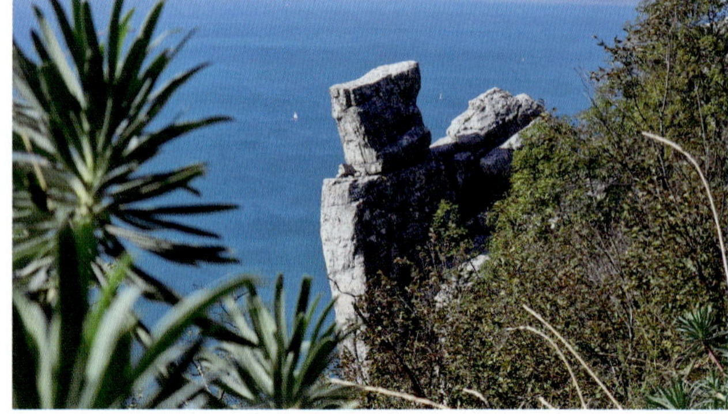

Eigenartige Felsformen hoch über dem Meer.

Vorort von Prosecco. Dort stoßen wir auf den **Napoleonweg** 02. Wir wenden unsere Wanderrichtung nach Südosten nach Opicina. Der entlang der Karstkante führende Weg wurde im 18. Jahrhundert angeblich von den Truppen Napoleons erbaut. Heute ist dieser ein Wanderweg für Pilger, Läufer, Wanderer und Eltern mit Kinderwagen. Der Belag ist eben, die Breite variiert zwischen 3 und 5 m. Auf dem Weg gibt es Bänke zum Rasten und zum Genießen der Aussicht. Die Hafenstadt Triest liegt zum Greifen nah. Es gibt auf dem Weg keine Besonderheiten, da die Steigung konstant ca. 2% beträgt. Auf den Bordsteinen ist die Entfernung nach Opicina alle 200 m angegeben. Wir erreichen den Triestiner Vorort **Opicina** 03 an seiner Südausfahrt. Am Ende des Napoleonweges gibt es auch eine steile Straße, die uns mit 20% Gefälle nach Triest bringt.

Zum Ausgangspunkt können wir entweder auf demselben Weg zurückgehen oder mit dem Bus zum Monte Grisa fahren. Diese Tour ist zu allen Jahreszeiten ein Erlebnis. Auf dem Monte Grisa gibt es eine Bar und Toiletten.

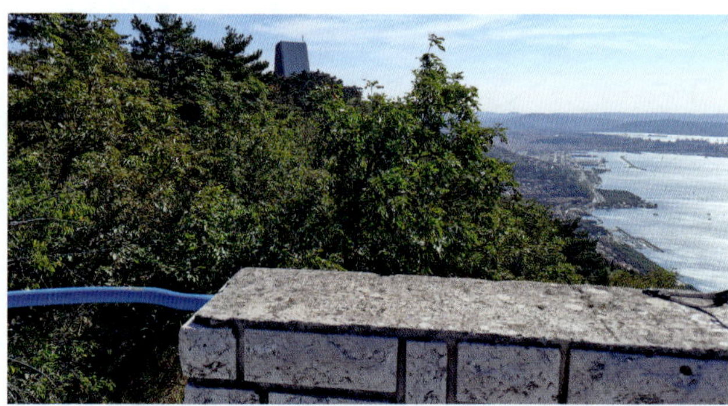

Links Monte Grisa, rechts in der Ferne der Hafen von Triest.

PIRAN STRUNJAN • 251 m

Familienrunde an der Küste

 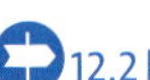 12,2 km  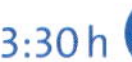 3:30 h 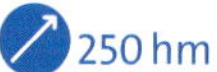 250 hm  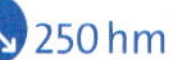 250 hm  238

START | Portorož, Hotel Histrion
[GPS: UTM Zone 33 x: 388.460 m y: 5.041.116 m]
CHARAKTER | Eine einfache Küstenwanderung mit schönen Blicken auf die Küste und die Adria. Unterwegs gibt es viele Verpflegungsmöglichkeiten.

An jedem Ort **Portorož** 01 können wir diese Tour starten. Wir begeben uns entlang der Küste in Richtung Norden. Der Weg nach Piran verläuft entlang der Küste. Auf dem großen Parkplatz FORNAČE können wir gratis in den Bus einsteigen, der uns ins Zentrum von Piran bringt. Das spart uns einen Kilometer Fußweg.

Von dort können wir direkt über den Tartini-Platz oder über das Kap zur Kirche aufsteigen. Nun folgen wir dem Weg, der uns zuerst hoch über das Meer und dann langsam zum Strand von **Fiesa** 02 führt. In Fiesa wenden wir uns ins Landesinnere. Vom Hotel Barbara aus nehmen wir die einzige aufsteigende Straße nach Pacug und folgen den gelben Markierungen. Vorbei an verschiedenen Bauten, VIllen und Datschen kommen wir hoch über dem Meer zur Straße, die von Beli Križ nach Strunjan führt. Bald sind wir wieder an der Küste und betreten das Naturschutzgebiet der **Saline von Strunjan** 03. Über die Brücke erreichen wir die Nordseite der Bucht von Strunjan und somit auch den Strand. Vom Strand aus folgen wir der Straße nach Koper (hier verlassen wir die gelben Markierungen) und wandern bis zum Kreisver-

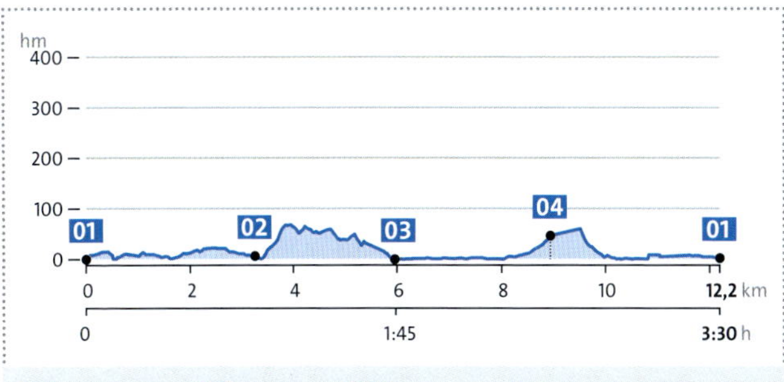

01 Portorož, 0 m; 02 Fiesa, 2 m; 03 Saline, 0 m; 04 Tunnel, 42 m;

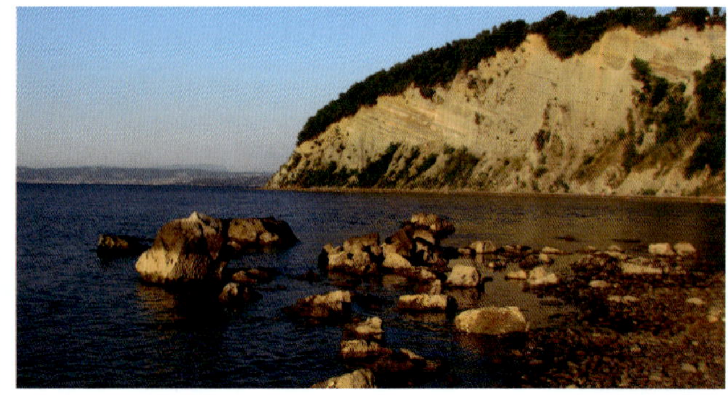

Hier wurde 1944 das italienische Luxusschiff „Rex“ von britischen Spitfire-Jagdflugzeugen versenkt.

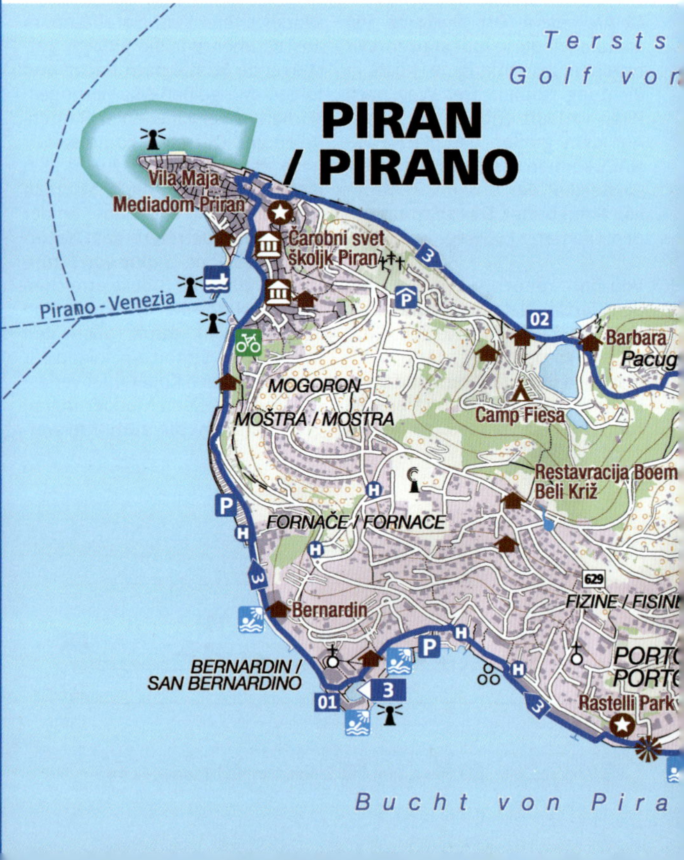

Tersts
Golf vor
PIRAN
/ PIRANO
Vila Maja
Mediadom Piran
Čarobni svet
školjk Piran
Pirano - Venezia
02
Barbara
Pacug
MOGORON
MOŠTRA / MOSTRA
Camp Fiesa
Restavracija Boem
Beli Križ
FORNAČE / FORNACE
629
FIZINE / FISINI
Bernardin
BERNARDIN /
SAN BERNARDINO
01
3
PORT
PORT
Rastelli Park
Bucht von Pira

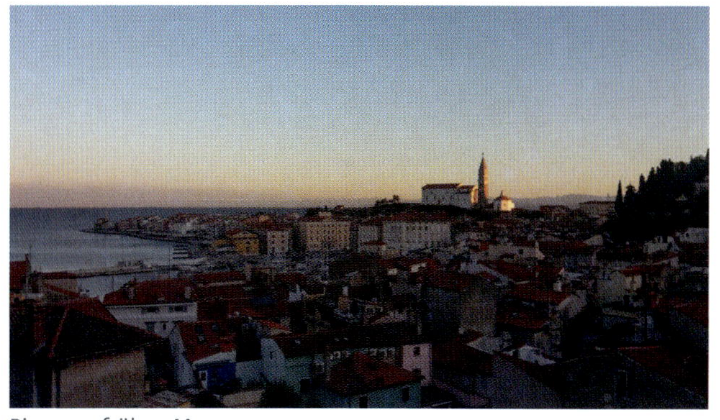

Piran am frühen Morgen.

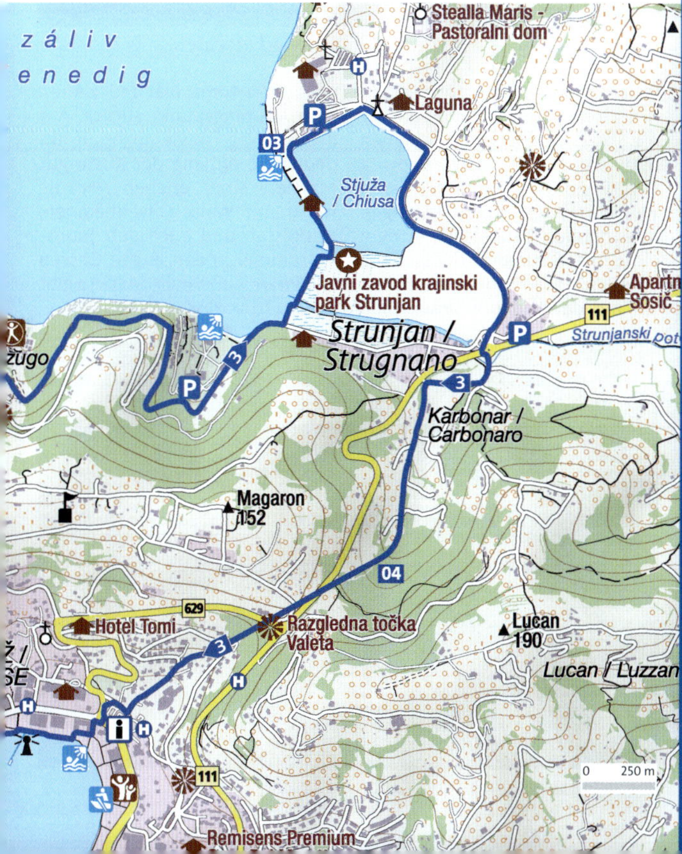

záliv
enedig
Stealla Maris - Pastoralni dom
Laguna
03
Stjuža / Chiusa
Javni zavod krajinski park Strunjan
Apartm Sosič
111
Strunjanski pot
Strunjan / Strugnano
žugo
3
Karbonar / Carbonaro
Magaron 152
04
629
Hotel Tomi
Razgledna točka Valeta
Lucan 190
Lucan / Luzzan
0 250 m
Remisens Premium

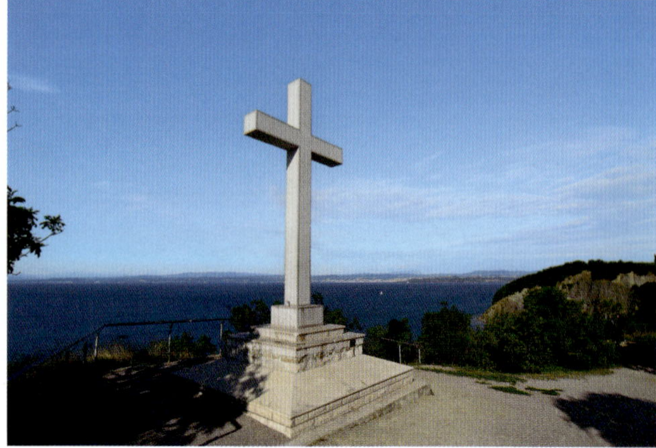
Dieses Kreuz wurde bereits im 16. Jahrhundert errichtet.

kehr an der Hauptstraße Koper – Portorož. Dort überqueren wir die Straße und folgen den blauen Markierungen für den Radweg nach Portorož. Dieser asphaltierte Weg bringt uns zum 550 m langen beleuchteten **Tunnel** 04, in dem einst die Schmalspurbahn fuhr. Durch diesen Tunnel erreichen wir auf der anderen Seite schon wieder **Portorož** 01 und kehren zum Ausgangspunkt zurück. Auf diesem Weg (sowie auch auf anderen, die entlang der Küste gut markiert sind) erleben wir die Natur mit Wald, Olivenbäumen, Felsküsten und auch den Touristenrummel in den engen Gassen von Piran. Außerhalb der Orte gibt es kein Trinkwasser.

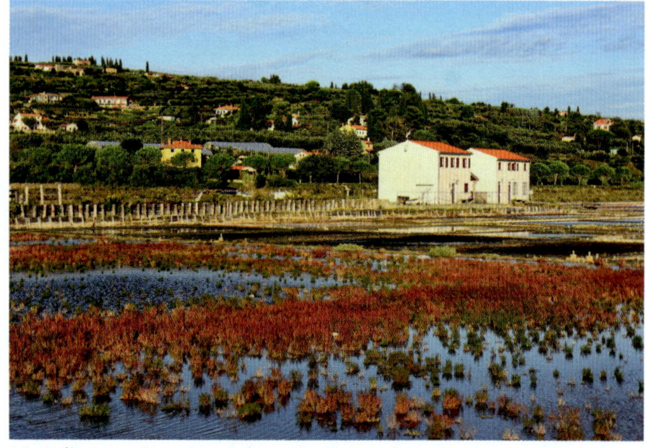
Die Saline von Strunjan steht unter Naturschutz.

DRAGONJA-TAL

Auf zum Wasserfall!

 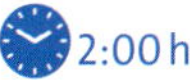 5,4 km 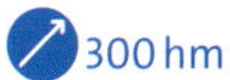 2:00 h 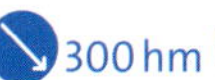 300 hm  300 hm 238

START | Dragonja-Tal, gelber Wegweiser zum Wasserfall „Supot 2,1 km" (5 km östlich des Ortes Dragonja) [GPS: UTM Zone 33 x: 402.079 m y: 5.036.356 m]
CHARAKTER | Eine Tour zu einem verstecktem Wasserfall

Auf der Strecke von Dragonja zum Ausgangspunkt gibt es ca. 4 km Schotterstraße, von Pomjan im Osten sind es aber nur 1,5 km.

Der gelbe Wegweiser zeigt vom **Ausgangspunkt** 01 hinauf zu einem Feldweg. Wir kommen zu einem Weinberg, den wir an seiner rechten Seite umgehen. Kurz vor einem Wasserbehälter biegt unser Weg nach links bergauf ab, der Fahrweg führt nach rechts bergab. Dann beginnt die wahre Lust beim Wandern. Die Steigung lässt nach, die Ausblicke werden immer mehr und zum Schluss kommt noch der Abzweig nach unten zum **Wasserfall** 02, den wir nach ca. 5 Minuten erreichen. Wir erreichen ihn also von oben – eigenartig, aber auch schön. Die Quelle befindet sich 100 m höher. Achtung beim Blick auf den Wasserfall, es gibt keine Schutzzäune! Die Fortsetzung unseres Weges verläuft über den Bach und dann ca. 10 Minuten bergauf, bis wir wieder den Feldweg erreichen. Dort biegen wir links ab und steigen zum Ort **Koštabona** 03 auf. Schon der Name beweist, dass dieser Ort italienischen Ursprungs ist. Es gibt zwei Kirchen, aber keine Gaststätte. Zurück zum Ausgangspunkt wandern wir mit dem blauem MTB-Wegweiser. In einigen Kehren geht es

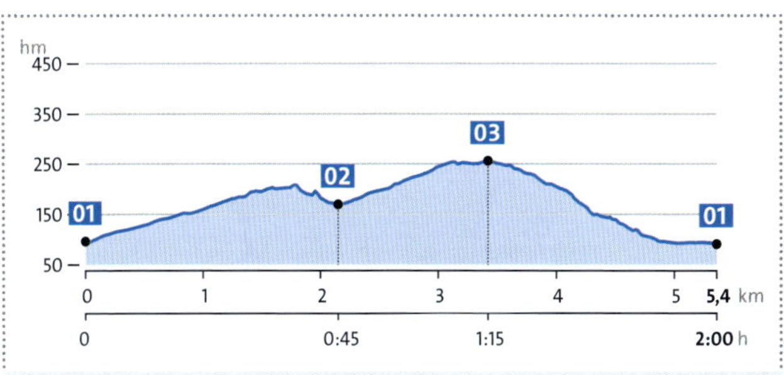

01 Ausgangspunkt, 90 m; 02 Wasserfall, 169 m; 03 Koštabona, 254 m;

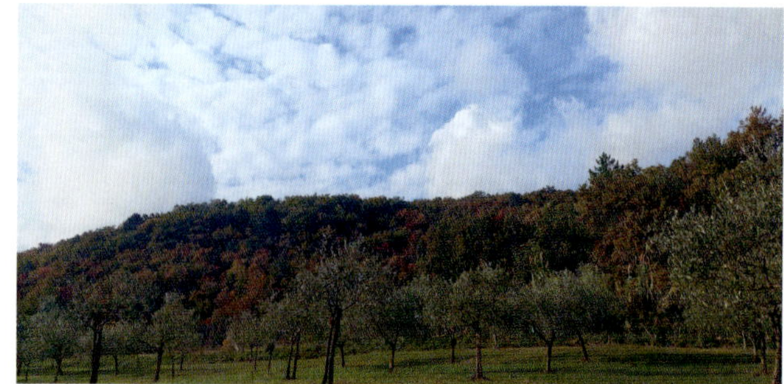

Prächtige Herbstfarben auf den Hängen des Dragonjatals.

hinunter ins Dragonja-Tal. Es gibt noch ein Zuckerl auf dem letzten Drittel des Weges. Wir müssen den Bach queren. Je nach Wasserstand ist das einfach oder schwer durchführbar. Nach dieser Querung gibt es keine technischen Schwierigkeiten mehr. Es ist noch zu erwähnen, dass es unweit (500 m flussaufwärts) von unserem Ausgangspunkt noch den kleinen Wasserfall Pinjevec gibt. Oben über dem Wasserfall führt eine Schotterstraße zu einem berühmten Weinbauer – Brič. Es gibt ein Verkehrszeichen mit dem Hinweis, dass die Querung des Baches auf eigenes Risiko erfolgt. Vor allem die Rückkehr vom Weinbauer kann gefährlich werden.

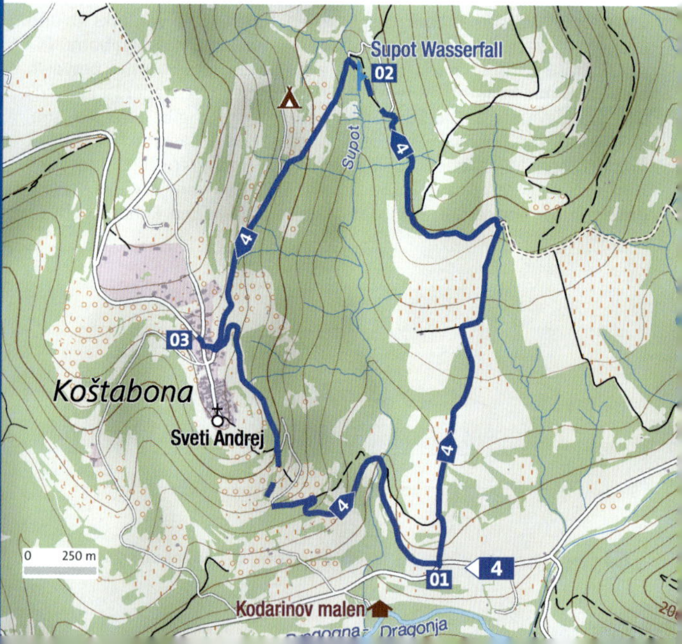

BUZET – MIRNA (ISTRIEN)

Eine Streckentour vom Flachland in eine Schlucht

3,5 km
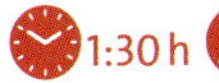1:30 h
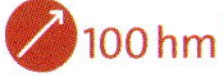100 hm
100 hm
238

START | Buzet, 90 m
[GPS: UTM Zone 33 x: 419.786 m y: 5.027.866 m]
CHARAKTER | Eine Wanderung entlang des Flusses Mirna. Von weichen Wiesen unterhalb von Buzet kommen wir in eine Schlucht mit Wasserfällen und überhängenden Felsen. Das alles in einer Stunde.

Unser Auto parken wir bei der **Brauerei FAVORIT** 01 in Buzet. Dort finden wir eine enge Straße, die zum Fluss Mirna führt. Beim Fluss biegen wir nach links auf eine Schotterstraße ab. Entlang des ruhigen Wassers der Mirna gelangen wir zu einer Stelle, wo sich die Umgebung des Flusses drastisch ändert. Das Flussbett wird steinig und steil; der rechte Abzweig nach Draga führt uns in die Schlucht. In wenigen Minuten gelangen wir zum **ersten Wasserfall** 02. Nach diesem wird der Weg etwas steiler. Der **zweite Wasserfall** 03 ist der höchste. Hoch über uns hören wir oft die Kletterer, die in den überhängenden Felsen über uns ihr Können zeigen. Entlang des Weges befinden sich auch kleine Höhlen. Diejenigen, die offen sind, bieten uns im Sommer eine angenehme Abkühlung.

Auf demselben Weg kehren wir zum Ausgangspunkt zurück. Auch die Altstadt von Buzet lohnt es sich zu besichtigen. Die Wanderung zu diesen zwei Wasserfällen ist Teil der fünfstündigen Wanderung zu sieben Wasserfällen von zwei Bächen. In manchen Gumpen ist zumindest eine Erfrischung für die

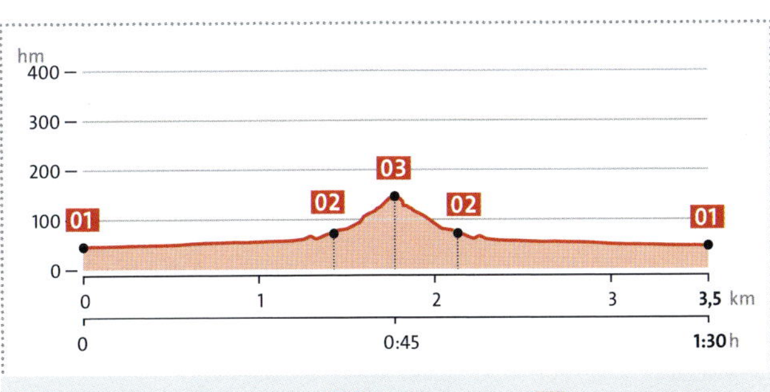

01 Parkplatz bei Brauerei, 46 m; 02 Wasserfall, 87 m; 03 Wasserfall, 140 m;

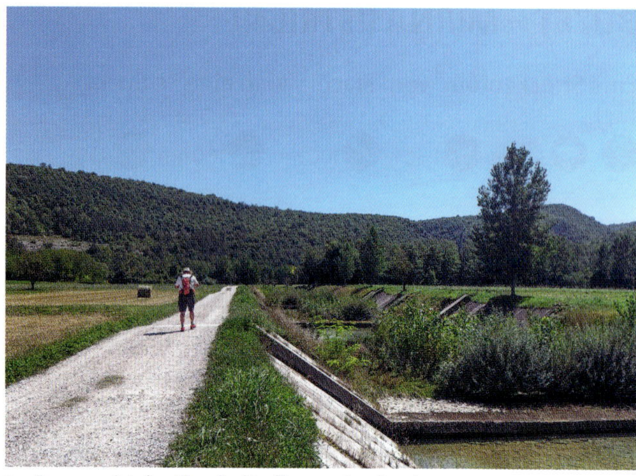

Im Sommer ist das Flussbett oft ausgetrocknet.

Füße möglich, für die Tapferen sogar das Baden. Mehr über den genauen Verlauf der 7-Wasserfälle-Rundwanderung erfährt man im Internet unter dem Stichwort „Staza 7 Slapa". 15 km flussabwärts der Mirna liegt die malerische Stadt Motovun (Montona), eine Wanderung durch die engen Straßen der Stadt ist äußerst lohnend.

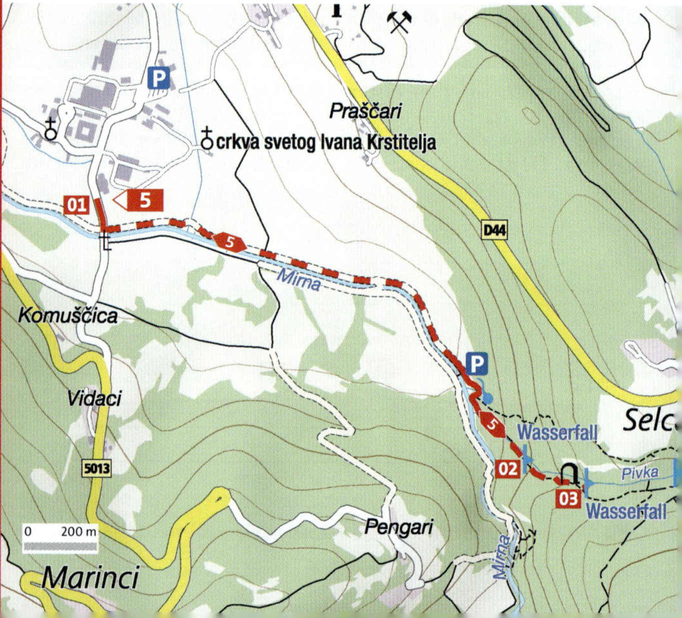

ĐUBA – LOVREČICA

Eine Streckentour an der Küste entlang

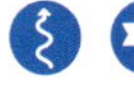
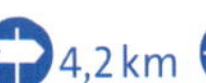

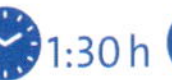

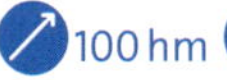

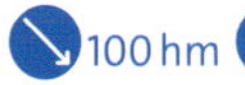

START | Đuba
[GPS: UTM Zone 33 x: 385.133 m y: 5.029.334 m]
CHARAKTER | Eine Wanderung entlang des Meeresufers südlich von Umag. Hier erlebt man das Typische für Istrien. Kleine Orte, Strände, Campingplätze, Äcker und Meer.

Das Auto parken wir in dem Ort Đuba an der Straße Umag – Novigrad, etwa 4 km südlich von Umag. Vom **Parkplatz** 01 wandern wir nach Westen zur kleinen, am Strand gelegenen **Kirche Sveti Pelegrin** 02. Von dort gehen wir auf dem asphaltierten Rad- und Wanderweg entlang der Küste nach Süden. Wir wandern an Špina (Lebensmittelgeschäft und Bar) vorbei und erreichen in einer guten halben Stunde den Ort **Sveti Ivan (San Giovanni)** 03. Unser Weg biegt von der Küste ab und zwischen den Äckern wandern wir zum Campingplatz Finida. Bei der Rezeption steht ein Bankomat. Wir halten uns immer rechts und abseits der Hauptstraße. Nun wandern wir durch eine Waldpassage und in leichtem Abstieg durch den Ort **Lovrečica** 04. Hier erreicht unser Weg wieder das Meer. Dieser Ort bietet eine komplette Verpflegung. Es gibt ein Lebensmittelgeschäft, Unterkünfte, Gasthäuser, eine Bäckerei und Badestrände. Von Lovrečica zur Hauptstraße ist es nur noch ein Kilometer, von wo wir mit Öffis (Bus) zurück nach Đuba fahren können. In Richtung Süden kommen wir in 10 Minuten

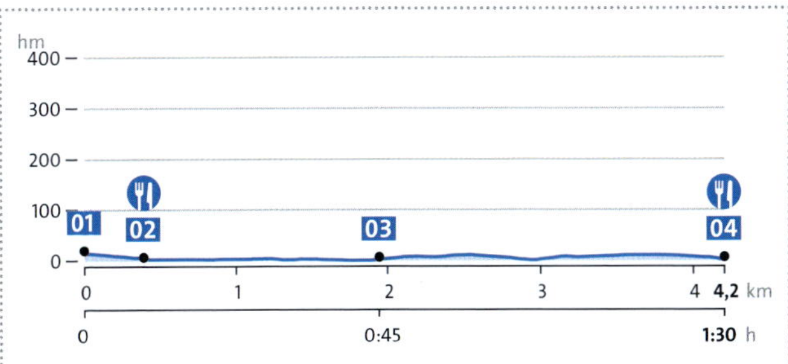

01 Đuba, 16 m; 02 Kirche Sveti Pelegrin, 2 m; 03 Sveti Ivan, 3 m; 04 Lovrečica, 0 m;

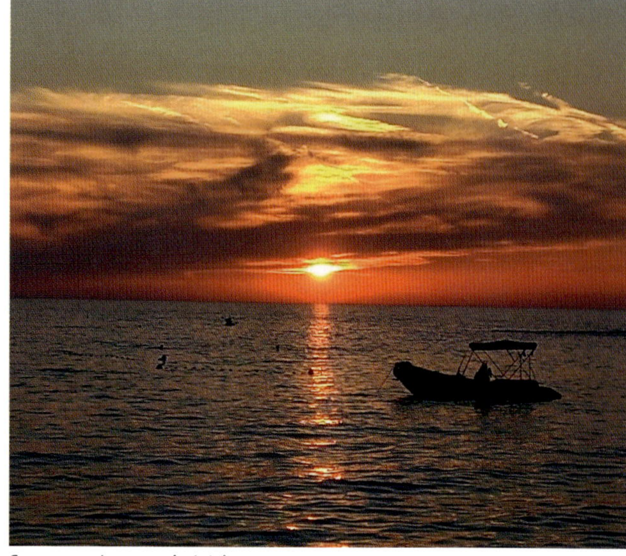
Sonnenuntergang in Istrien.

zum größten Autocamp in Istrien: Park Umag. Dort gibt es unzählige Wasseraktivitäten, Restaurants, Swimmingpools und andere Arten der Unterhaltung. Das Hinterland lockt mit heimischen Erzeugnissen wie Olivenöl, Wein und Honig. Es gibt auch Restaurants, die mit nicht zu hohen Preisen die Touristen vom Meeresufer zu sich einladen. Auf jeden Fall ist Istrien ein Freizeitparadies. Von Ende Mai bis Anfang Oktober gibt es Badetemperaturen. Die Wanderungen und Radtouren können wir aber während des ganzen Jahres durchführen.

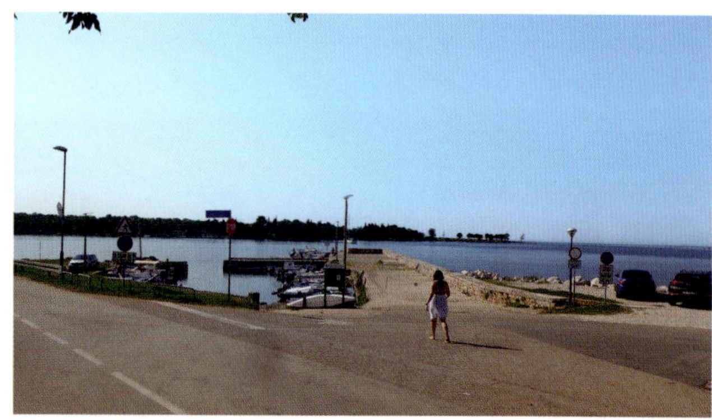
Der kleiner Hafen von Lovrečica – San Lorenzo.

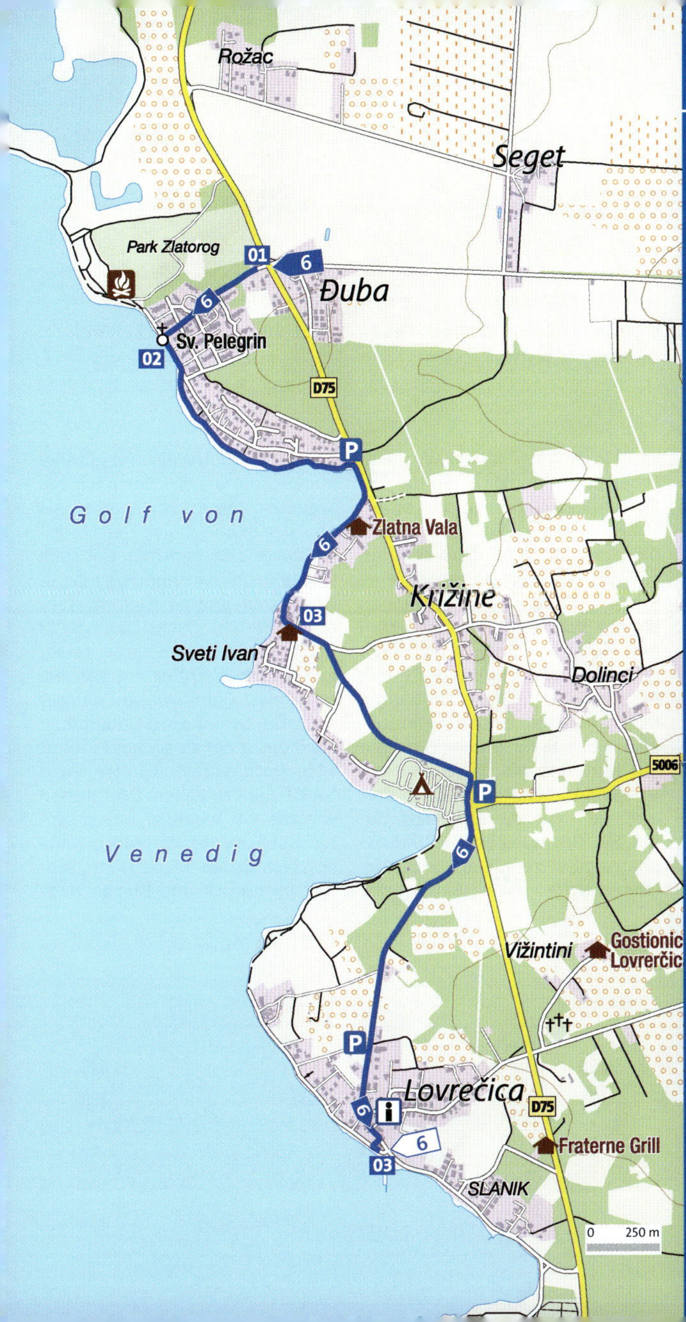

Rožac
Seget
Park Zlatorog
01
6
Đuba
6
Sv. Pelegrin
02
D75
P
Golf von
Zlatna Vala
6
Križine
03
Sveti Ivan
Dolinci
5006
P
Venedig
6
Vižintini
Gostionic
Lovrerčic
P
Lovrečica
D75
6
6
03
Fraterne Grill
SLANIK
0 250 m

ŠPINA – SEGET

Eine Rundwanderung ins Landesinnere von Istrien

 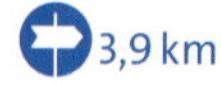 3,9 km 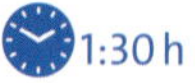 1:30 h 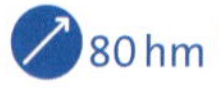 80 hm 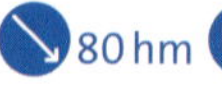 80 hm  238

START | Špina
[GPS: UTM Zone 33 x: 385.446 m y: 5.028.719 m]
CHARAKTER | Ein Wanderweg ins Landesinnere über Äcker und durch Ortschaften

Unser Auto parken wir beim Lebensmittelmarkt in **Špina** 01. Zuerst überqueren wir die Hauptstraße Umag – Novigrad; unter- oder, wenn keine Dornensträucher wachsen, umqueren wir eine Schranke und gehen auf einen breiten Waldweg. Mit nur geringem Aufstieg wandern wir durch den Wald. Dieser Abschnitt bietet viel Schatten, da die Bäume recht groß sind. Nach 20 Minuten endet der Wald und wir treffen auf Kulturen von Olivenbäumen und Weinreben. Nach 1 Kilometer erreichen wir die Ortschaft **Seget** 02. Wir wandern auf der Asphaltstraße geradeaus Richtung Ortszentrum. Viele Bauernhöfe bieten Olivenöl, Wein und seltener auch Honig an. Bei der nächsten Kreuzung biegen wir nach rechts ab. Hier befindet sich der Stancija-Palast. Das zentrale Gebäude wurde im 18. Jahrhundert erbaut. Unter den großen Kiefern steht ein steinerner Tisch. Das ist der richtige Ort für eine Pause. Leider gibt es keine Verpflegung. Von diesem Palast sehen wir schon unser nächstes Ziel – Rožac. Dahinter ist auch das Meer zu sehen. Es lohnt sich, noch einige Schritte Richtung Finida zu gehen. Dort treffen wir auf ein weiteres interessantes Gebäude. Es ist jedoch ohne geschichtlichen Wert. Dann kehren wir zurück und biegen nach

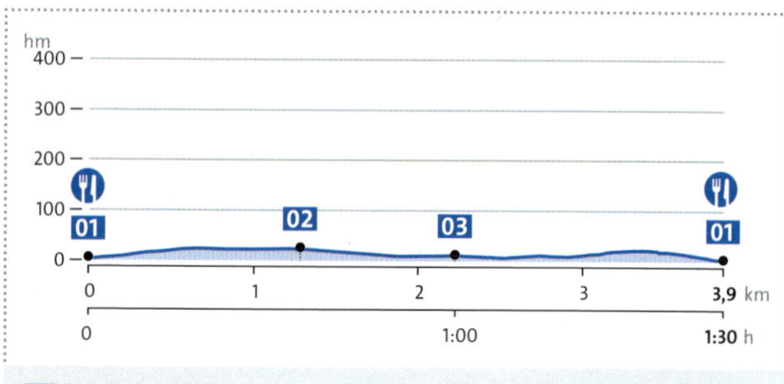

01 Špina, 3 m; 02 Seget, 24 m; 03 Rožac, 11 m;

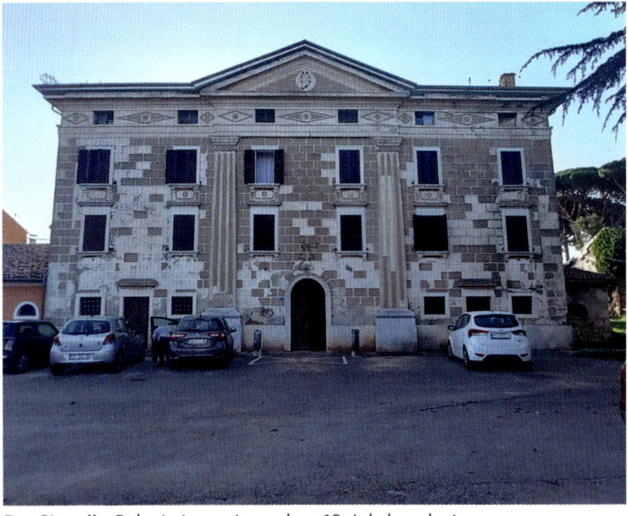

Der Stancija-Palast stammt aus dem 18. Jahrhundert.

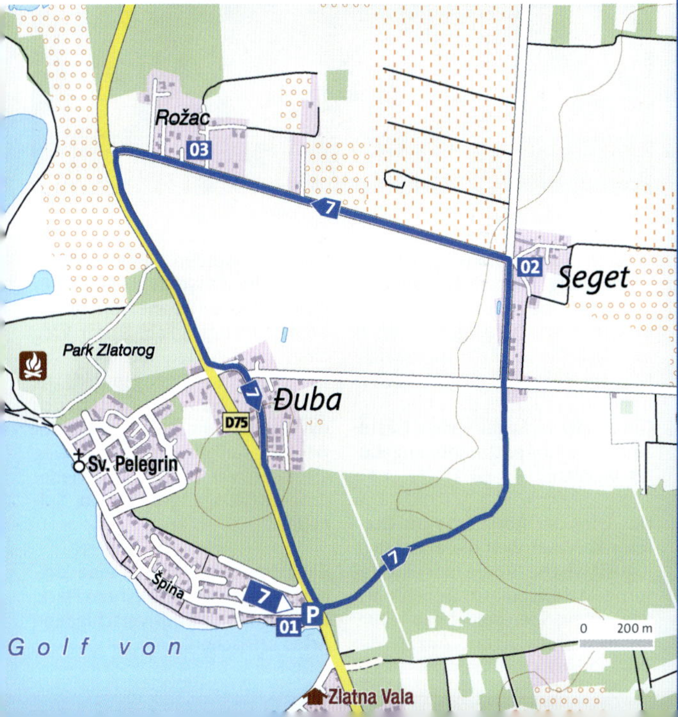

Rožac
03
7
02
Seget
Park Zlatorog
Đuba
D75
Sv. Pelegrin
Špina
7
P
01
Golf von
0 200 m
Zlatna Vala

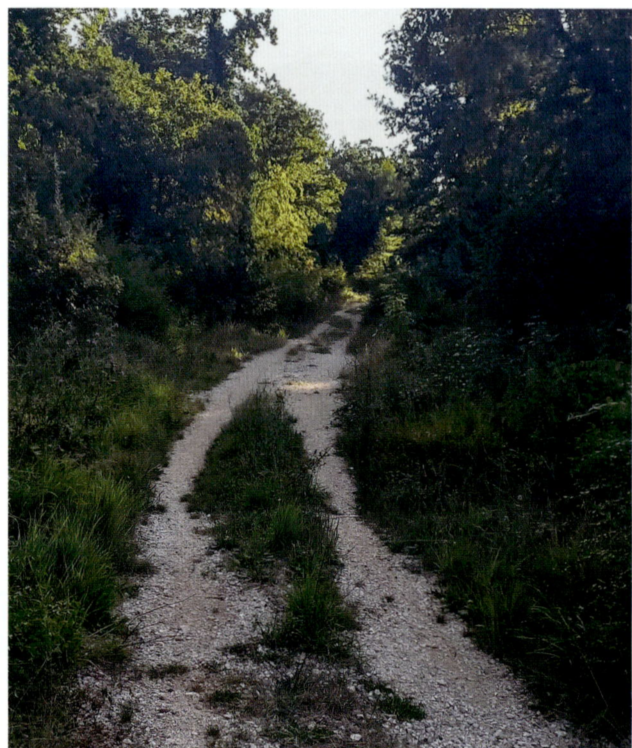

Kurze Waldpassage auf dem Weg nach Seget.

Westen Richtung Rožac ab. Die Wanderung nach Rožac verläuft auf einer Straße, die von Feldern umgeben ist. Deswegen schweift der Blick frei in alle Himmelsrichtungen. **Rožac** 03 liegt schon so nahe an der Küste, dass hier – im Gegensatz zu Seget – viele Gästezimmer und Apartments angeboten werden.

Das Ufer der Adria ist zum Greifen nah. Aber weil die ehemalige jugoslawische Armee hier eine Kaserne hatte, ist dieses Gebiet nach wie vor ein Sperrgebiet geblieben. Beim unfreiwilligem Abzug der Soldaten wurden Minen verlegt und bis heute wurde diese Gefahr nicht behoben; daher ist dieses Gebiet unzugänglich. Unser Weg biegt nach Süden Richtung Špina, unserem Ausgangspunkt, ab. Neben der Hauptstraße ist auch ein Wander- und Radweg errichtet worden. Auf diesem Wanderweg erreichen wir nach 2 km wieder unseren **Ausgangspunkt in Špina** 01.

Badestrand, Markt und eine kleine Kneipe – alles auf einem Fleck. Wir können uns auf verschiedene Arten erfrischen.

VELIKI BRIJUN

Eine Rundwanderung um die größte Insel des Nationalparks

  9,3 km  3:30 h  100 hm  100 hm  238

START | Fažana – Festland
[GPS: UTM Zone 33 x: 402.825 m y: 4.974.436 m]
CHARAKTER | Eine Rundwanderung, auf der wir Geschichte und Flora einer einzigartigen Insel erleben

Die meisten Besucher gelangen mit dem Schiff von Fažana aus zur Insel. Alle Brijuni-Inseln gehören zum Nationalpark Brijuni. Die größte Insel umwandern wir gegen den Uhrzeigersinn. Die Wege sind sehr breit und bequem. Auf einigen Wegen verkehren Shuttlezüge und E-Mofas. Man kann auch Fahrräder ausleihen. Wegen der geringen Höhenunterschiede ist auch das Radfahren sehr angenehm. Die höchste Erhebung der Insel beträgt 42 m.

▶ Zuerst gehen wir von unserem **Ausgangspunkt** 01 Richtung Norden, bis wir über einen **Damm** 02 kommen, der eine Bucht vom offenem Meer trennt. In der engen Wasserverbindung erleben wir bei Flut und Ebbe eine starke Meeresströmung. Danach gelangen wir zur **engsten Stelle** 03 zwischen den Inseln Veliki Brijun und Mali Brijun. Der Kanal ist nicht einmal 50 m breit, jedoch ist das Schwimmen im Kanal verboten. Dann kommen wir in den **Safaripark** 04.

Leider dürfen wir diesen Bereich nicht mit Hunden betreten. Es gibt einige Tiere und Pflanzen zu sehen. Beim Ausgang steht zu

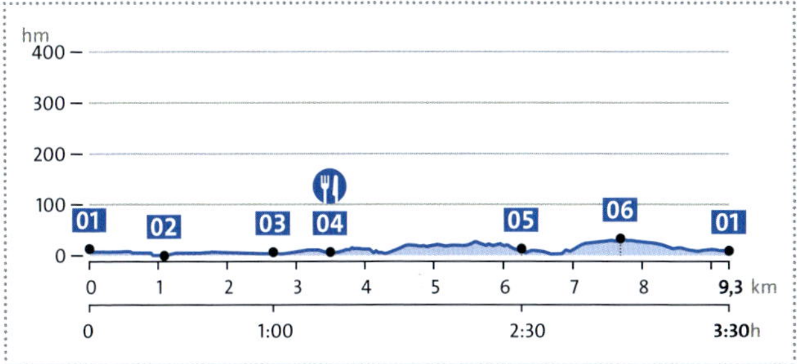

01 Startpunkt, 1 m; 02 Damm, 0 m; 03 Engstelle, 4 m; 04 Safaripark, 3 m; 05 Altrömischer Hafen Kastrum, 5 m; 06 Aussichtspunkt, 28 m;

unserer Erfrischung eine nette Bar mit malerischen Blicken auf das offene Meer. Danach wandern wir eine Weile im Insel-Inneren. Zuerst finden wir die Reste einer Marienkirche, danach biegen wir nach rechts zum **altrömischen Hafen Kastrum** **05**.

Von dort können wir noch einen **Aussichtshügel** **06** besteigen. In einer halben Stunde erreichen wir den **Hafen** **01** – unseren Ausgangspunkt.

Falls unsere Beine noch Kraft haben, können wir noch eine der interessanten Buchten mit Badeständen aufsuchen. Zu allen Jahreszeiten ist dieser Nationalpark einen Besuch wert.

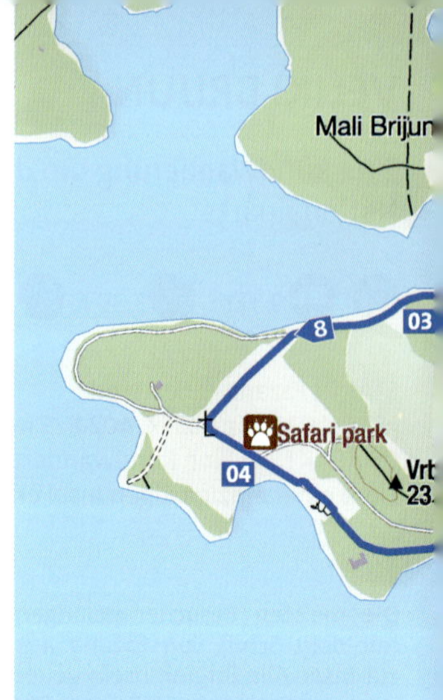

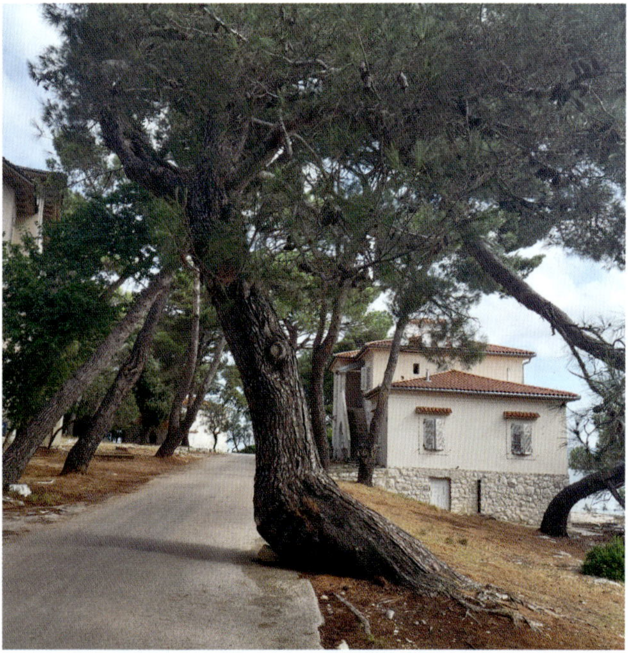

Auf der Insel treffen wir auf Jahrhunderte alte Kiefern.

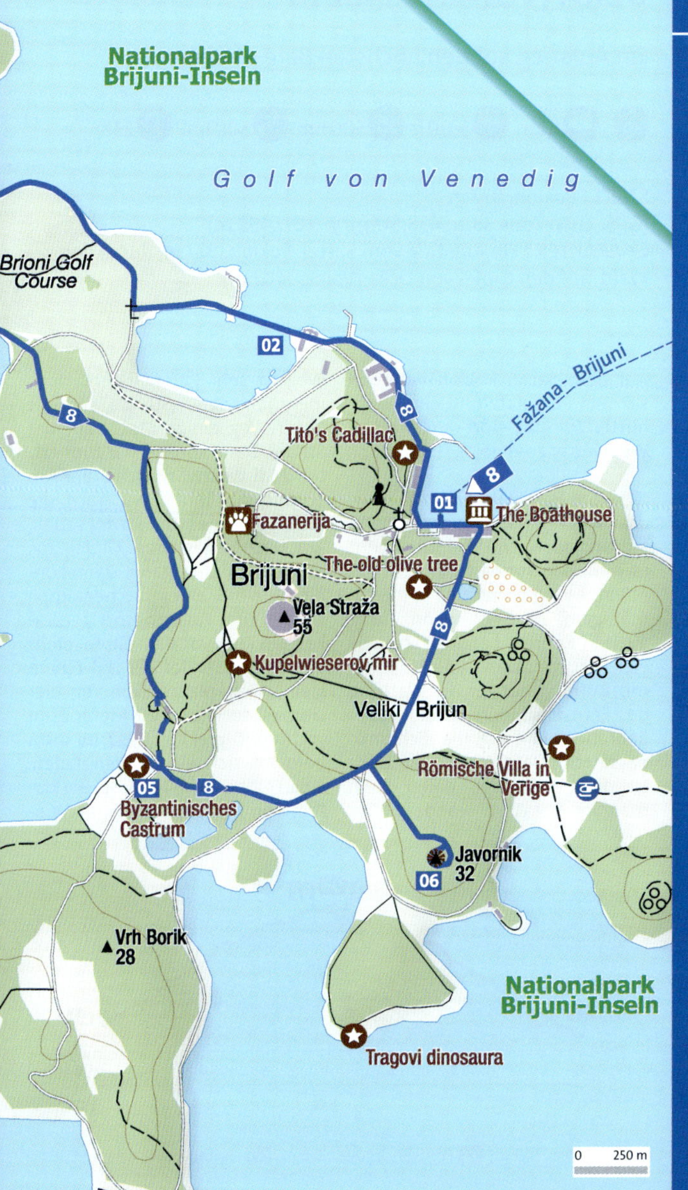
Nationalpark Brijuni-Inseln
Golf von Venedig
Brioni Golf Course
02
8
Tito's Cadillac
Fažana - Brijuni
01
The Boathouse
Fazanerija
The old olive tree
Brijuni
Vela Straža 55
Kupelwieserov mir
Veliki Brijun
Römische Villa in Verige
05
Byzantinisches Castrum
Javornik 32
06
Vrh Borik 28
Nationalpark Brijuni-Inseln
Tragovi dinosaura
0 250 m

9

UČKA (VOJAK) • 1402 m

Ein Aufstieg auf den höchsten Berg in Istrien

 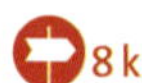 8 km  3:00 h 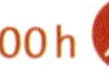 500 hm 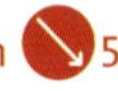 500 hm 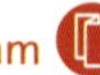  238

START | Poklon, 927 m
[GPS: UTM Zone 33 x: 438.517 m y: 5.017.492 m]
CHARAKTER | Ein Aufstieg vom Sattel Poklon, 927 m, durch den Wald auf den Gipfel von Učka (Vojak, 1402 m)

Auf dem Sattel Poklon befinden sich ein Parkplatz und eine Berghütte. Es gibt dort auch einen Wegweiser zum Vojak (1:30 h).

▶ Vom **Parkplatz** 01 folgen wir diesem Weg und wandern zuerst auf und ab. Nach 15 Minuten geht es nur noch aufwärts. Ein gut gepflegter Weg bringt uns in gleichmäßigem Anstieg, wenn nötig auch in Kehren, bergauf. Er quert vier Mal die Straße (die Nutzung mit Auto ist nur für die Wartung des Fernsehsenders erlaubt, aber Radfahrer können die Schranke passieren). Der Osthang der Učka ist dicht bewaldet, daher kann man im Schatten wandern. Der Weg ist sehr gut markiert. Nach mehr als einer Stunde verläuft unser Weg einige Meter auf der Straße. Dann können wir zum ersten Mal westwärts schauen. Am Vormittag können wir auch die Küste mit Poreč und Rovinj sehen, am Nachmittag vom Gipfel aus den Sonnenuntergang. Dann können wir mit einer Taschenlampe wieder zum Ausgangsort zurückkehren. Kurz vor dem Gipfel steht ein **Fernsehsender** 02 mit einem kleinen Parkplatz davor. Von hier sind es noch ca. 300 Meter zum „echten" **Gipfel Vojak** 03. Im Turm befindet sich ein Souvenirladen. Oben gibt es eine Terrasse. Bei klarem Himmel (vor allem im Win-

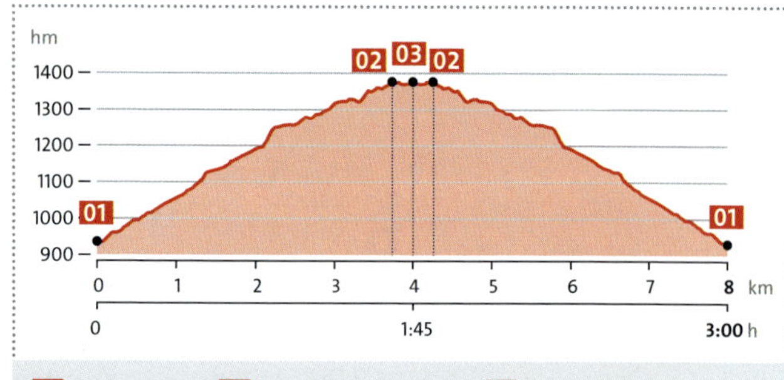

01 Poklon, 927 m; 02 Fernsehsender, 1376 m; 03 Gipfel Vojak, 1384 m;

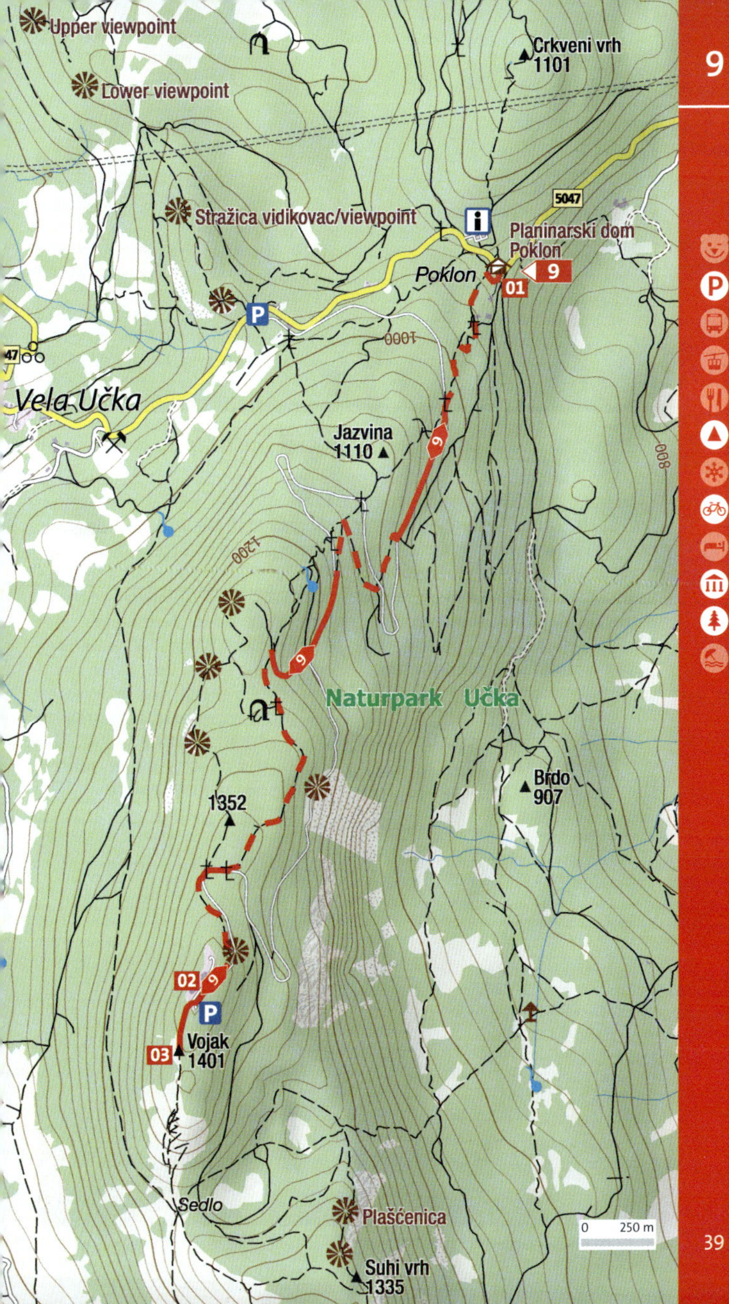

Upper viewpoint
Lower viewpoint
Crkveni vrh
1101
5047
Stražica vidikovac/viewpoint
Planinarski dom
Poklon
Poklon
9
01
47
Vela Učka
1000
Jazvina
1110
800
1200
Naturpark Učka
Brdo
907
1352
02
03
Vojak
1401
Sedlo
Plašćenica
Suhi vrh
1335
0 250 m

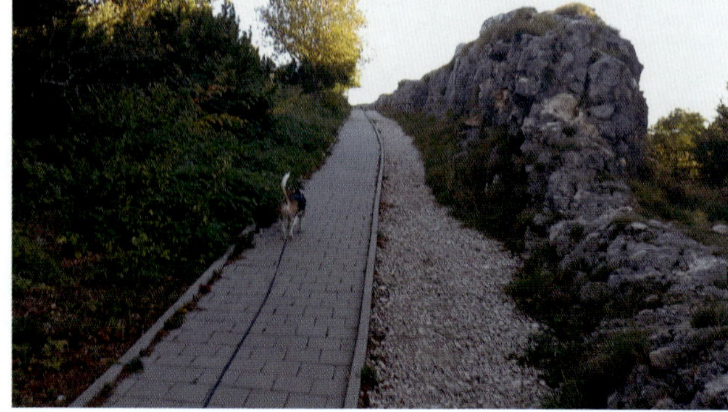

Die letzten 300 m des Weges sind gepflastert.

ter) hat man eine weite Aussicht. Man kann mit dem Fernglas sogar bis nach Zadar sehen – wegen der Erdkrümmung zwar nicht die Stadt selbst, aber alle Erhebungen in ihrer Nähe. Noch besser ist die Fernsicht nach Norden; man sieht die Julischen Alpen, die Karnischen Alpen und die Dolomiten.

Für „Ironmen" gibt es auch einen Aufstieg von Opatija oder von Moščenička Draga (beide auf Höhe des Meeresspiegels) zum Gipfel. Aber das ist schon eine Tagestour mit wenig oder keiner Möglichkeit für die Verpflegung. Wenn die Berghütte auf dem Poklon und der Souvenirladen geschlossen sind, dann ist man als Wanderer oder Bergsteiger arm dran. Zudem ist das Učka-Gebirge ein Bärengebiet. Die Bären wurden jedoch meist nur im Westen gesichtet, wo es wenige markierte Wege gibt. Also: Keine Angst... Der Gipfel ist wirklich zu allen Jahreszeiten sehr zu empfehlen.

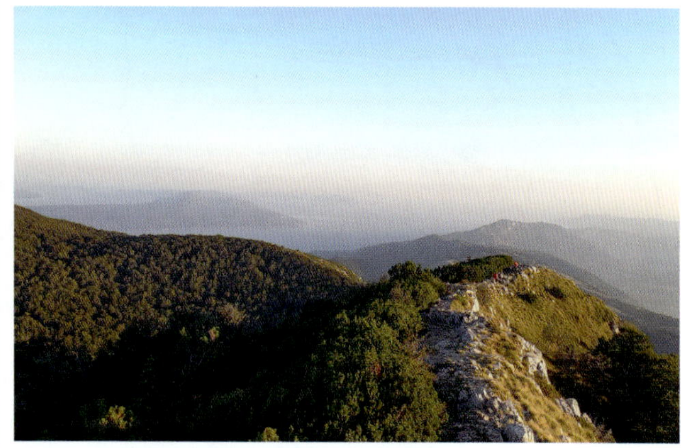

Blick nach Süden – links sieht man die Insel Cres.

OPATIJA – LOVRAN

Eine Streckentour entlang der Küstenorte, Rückfahrt mit dem Bus

 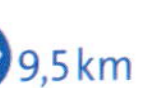 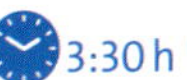 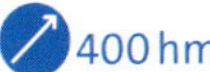  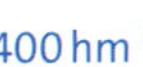 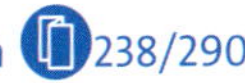
9,5 km 3:30 h 400 hm 400 hm 238/2900

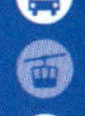
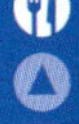

START | Volosko (nördlicher Stadtteil von Opatija)
[GPS: UTM Zone 33 x: 446.771 m y: 5.021.946 m]
CHARAKTER | Eine Streckentour entlang der Küste. Der Weg wurde errichtet schon im 19. Jahrhundert und benannt nach Kaiser Franz Josef I.

Der Franz-Josef-Wanderweg beginnt in **Volosko** 01 in der Nähe einer Klinik. In dieser Gegend gibt es keine Gratis-Parkplätze. Der nächste liegt ca. 2 km östlich im kleinen Hafen Preluk, der schon zu Rijeka gehört. Es gibt nur einen Weg, der entlang der Küste Richtung Süd-Westen verläuft. So quert der Weg das steile Ufer. Oberhalb befinden sich die Orte Opatija, Ičiči und Ika. Es gibt überall Verpflegung. Wir können auch jederzeit von der Wanderung ins Landesinnere abkehren. Dort wartet der Bus mit der Nummer 32, der von Lovran nach Rijeka fährt. Der Weg verläuft auf der ganzen Strecke nur am steilen Ufer der Učka. Am Vormittag scheint die Sonne, aber ab 16 oder 17 Uhr geht man meist im Schatten. Es gibt unterwegs sehr viele Strände; wir können wählen zwischen voller Sonne und etwas Schatten. Für Wanderer mit Hunden gibt es nur 2 Strände, an denen Hunde erlaubt sind. Es gibt viele Orte, an denen wir uns aufhalten können. Verschiedene Villen aus dem 19. Jahrhundert, ein Theater unter freiem Himmel, die **Statue „Mäd-**

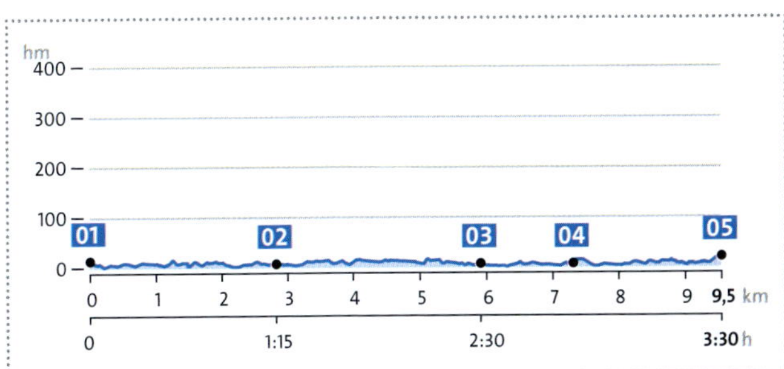

01 Volosko, 5 m; 02 Statue „Mädchen mit der Möwe“, 2 m; 03 Ičiči, 2 m; 04 Ika, 3 m; 05 Lovran Kirchturm, 17 m;

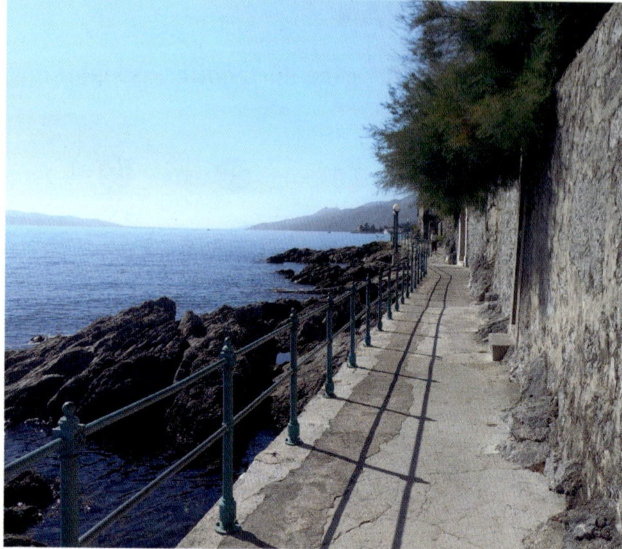
Ein Abschnitt des Franz-Josef-Uferwegs.

chen mit der Möwe" 02 und vieles mehr. Nacheinander spazieren wir jetzt durch **Ičiči** 03 und **Ika** 04. In Lovran endet der Wanderweg, deswegen suchen wir dort den **Kirchturm** 05. Dafür verlassen wir die Trasse des Uferwanderweges „Franz Josef I.", am besten gehen wir an einer Konditorei vorbei zur Kirche und zur Busstation. Die Buslinie 32 fährt je nachSaison alle 20, 30 oder 50 Minuten nach Rijeka. Diese ist eine der gemütlichsten Touren in diesem Wanderführer.

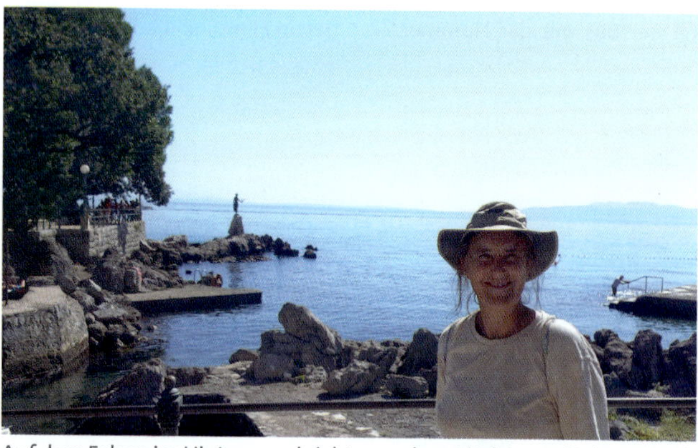
Auf dem Felsen im Hintergrund sieht man das „Mädchen mit der Möwe".

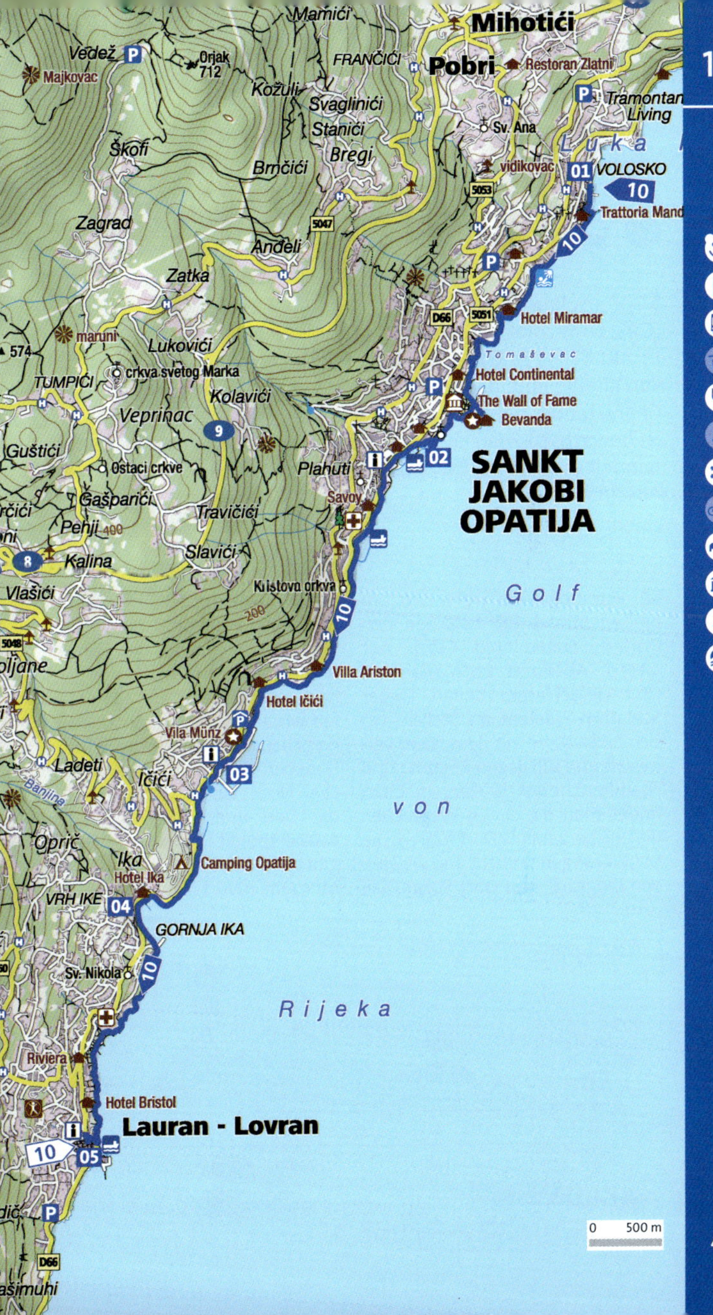
Mihotići
Pobri
Restoran Zlatni
Tramontana Living
Sv. Ana
Luka
vidikovac
01 VOLOSKO
10
Trattoria Mand
Hotel Miramar
Tomaševac
Hotel Continental
The Wall of Fame
Bevanda
02
SANKT JAKOBI OPATIJA
Savoy
Golf
Kristova crkva
Villa Ariston
Hotel Ičići
Vila Münz
03
von
Camping Opatija
Hotel Ika
04
GORNJA IKA
Sv. Nikola
Rijeka
Riviera
Hotel Bristol
Lauran - Lovran
05
Mamići
FRANČIĆI
Vedež
Orjak 712
Majkovac
Kožuli
Svaglinići
Staniči
Bregi
Škofi
Brnčići
Zagrad
Anđeli
Zatka
maruni
574
Lukovići
TUMPIĆI
crkva svetog Marka
Kolavići
Veprinac
Guštići
Ostaci crkve
Plahuti
Gašparići
Travičići
Pehji
400
Kalina
Slavići
Vlašići
200
Ladeti
Ičići
Banjina
Oprič
Ika
VRH IKE
0 500 m

SUŽAN – DOBRINJ – SUŽAN (INSEL KRK)

Eine Rundwanderung von der Bucht Klimno in das Landesinnere und auf anderem Weg zurück

  13,1 km  5:00 h 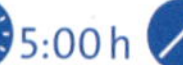  750 hm  750 hm 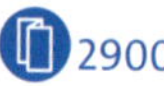 2900

START | Soline
[GPS: UTM Zone 33 x: 468.520 m y: 4.999.713 m]
CHARAKTER | Eine Tour, die einige Dörfer im Hinterland der Bucht von Klimno miteinander verbindet. Auf dieser Tour lernt man den Charakter des nördlichen Teils der Insel Krk kennen. Die Landschaft ist bewachsen, man läuft oft im Schatten von Bäumen. Insgesamt handelt es sich um eine lange Tour, die man aber auch auf kürzere Abschnitte aufteilen kann.

Wir beginnen irgendwo am breiten **Strand** 01 zwischen den Dörfern Soline und Čižići. Auf diesem Abschnitt kann man am Ufer Heilschlamm finden. Dieser Schlamm entsteht an Stellen, wo sich Süßwasser mit dem Meer vermischt und soll gegen Rheuma und Hautkrankheiten wirken. In Čižići findet man die ersten Wegweiser, die uns bergauf ins Dorf führen. Die Markierungen sind gut und wir steigen langsam zum Dorf Sužan. Die Straße wird zum breiten Pfad und wir haben einiges zu tun mit den Dornsträuchern. Bei der Funkantenne biegt unser markierter Weg nach rechts. Die letzten Meter laufen wir auf einem engen Pfad und erreichen den Friedhof von Sužan. Daneben steht eine verlassene Kirche. Noch einige Minuten durch das Dorf und wir erreichen den **Aussichtpunkt (Vidikovac)** 02. Hier gibt es sogar ein Fernglas, das ohne Münzeneinwurf funktioniert.

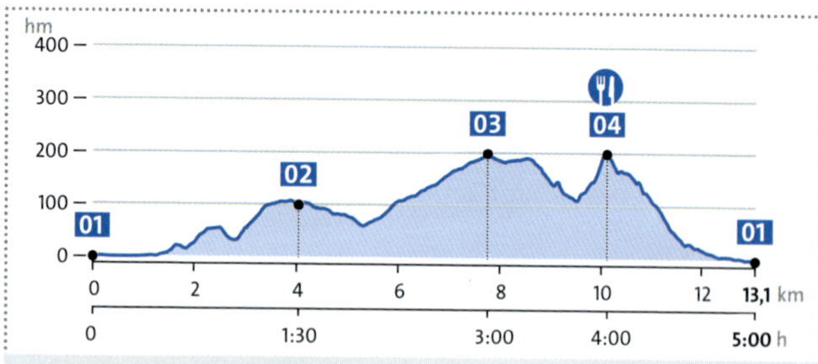

01 Strand, 0 m; 02 Aussichtspunkt (Vidikovac), 94 m; 03 Kirche Sv. Ivan Dobrinjski, 194 m; 04 Dobrinj, 198 m;

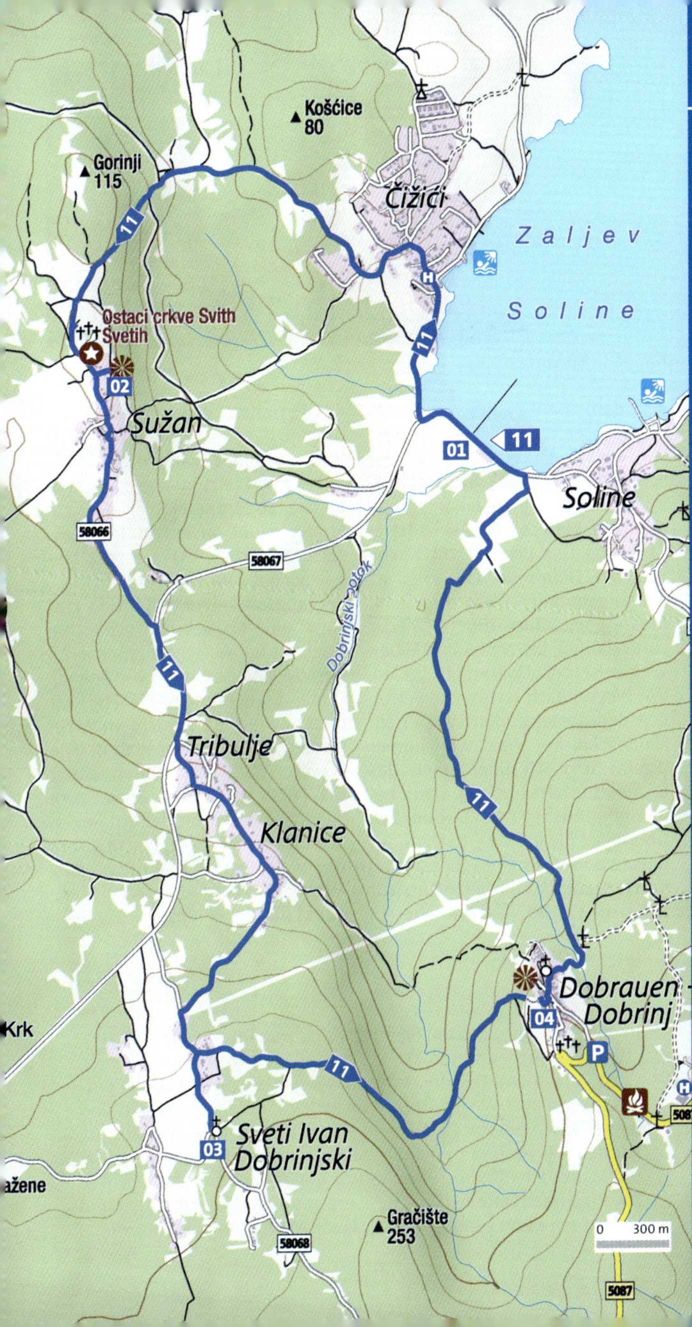

Košćice
80

Gorinji
115

Čižići

Zaljev
Soline

Ostaci crkve Svith
Svetih

02

Sužan

01

11

Soline

58066

58067

Dobrinjski potok

Tribulje

Klanice

Dobrauen –
Dobrinj

04

Krk

03

Sveti Ivan
Dobrinjski

ažene

Gračište
253

58068

0 300 m

5087

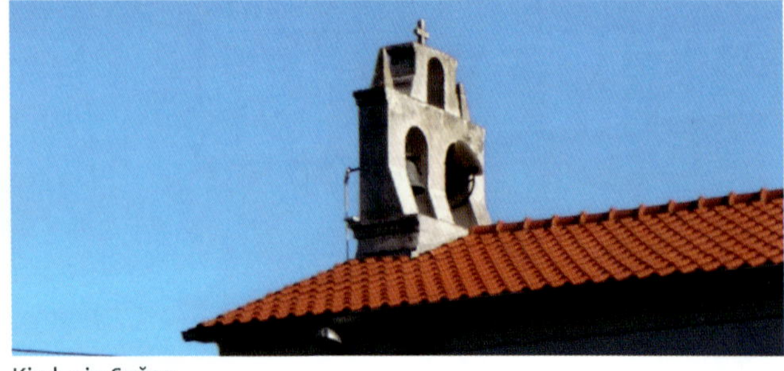

Kirche in Sužan.

Auf dem Hauptplatz von Sužan biegt unser Weg nach rechts und wir verlassen das Dorf. Auf der Schotterstraße, die gut markiert ist, erreichen wir in einer Stunde das Dorf Klanice. Die Asphaltstraße bringt uns bergauf zur **Kirche Sv. Ivan Dobrinjski** 03. Hier ist ein angenehmer Rastplatz. Dann müssen wir etwa 300 m wieder zurücklaufen, bis wir einen kleinen Wegweiser für „Dobrinj 1 h" finden. Wir biegen nach rechts und verfolgen den absteigenden Weg in ein kleines Tal. Der Wald wird immer dichter und wir überqueren das Bachbett (meist trocken). Dann beginnt der Anstieg nach **Dobrinj** 04. Dobrinj ist die größte Ortschaft auf unserem Weg. Es gibt Lebensmittel und Restaurants, die beste Aussicht hat man bei der Kirchenmauer. In der Ortschaft fehlen die Markierungen. Bei einer großen Uhr beim Wasserbrunnen am Hauptplatz müssen wir jetzt in eine enge, steil abfallende Straße einbiegen. Diese Straße endet an einem Trinkwasserseparator. Ca. 100 m danach biegen wir links auf einen breiten Pfad, der langsam talwärts führt. Es gibt sogar eine im Gebüsch versteckte Tafel mit der Aufschrift „Meline 2,5 km" (Meline ist ein Teil von Soline). Ohne Markierungen folgen wir diesem Pfad. Kurz vor dem Meeresufer mündet unser Pfad in eine Schotterstraße (wir halten uns 2 mal links). Dann kommen wir zum Supermarkt, der an der Straße Soline Čižići steht. Noch einige 100 m und wir haben unseren Rundgang mit der Rückkehr zu unserem **Startpunkt** 01 abgeschlossen.

Achtung!

In den Sommermonaten ist es besser, diese Tour in den Morgenstunden durchzuführen. Lebensmittelläden gibt es in Soline, Čižići, Sužan und Dobrinj. Trinkwasser gibt es außerhalb der Ortschaften keines. Wegen Dornensträuchern und Brennnesseln sind lange Hose von Vorteil. Falls uns die 5 Gehstunden zu viel sind, können wir auch nur eins der beiden Dörfer mit dem Aussichtspunkt besuchen. Sužan finden wir dank Markierungen leichter, der Pfad nach Dobrinj ist vom Meeresufer schwerer zu finden und ihm ist schwerer zu folgen, da es keine Markierungen gibt.

OBZOVA • 569 m (INSEL KRK)

Ein Aufstieg für Wanderer jedes Könnens auf den höchsten Berg von Krk

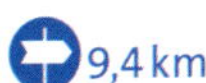

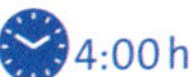

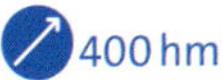

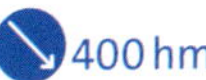

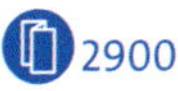

START | Treskavac, 319 m; 2 km südlich des Startpunkts ist vor einer Weidesperre ein kleiner Parkplatz
[GPS: UTM Zone 33 x: 474.124 m y: 4.986.332 m]
CHARAKTER | Eine Tour, bei der man aus dem Wald in eine Mondlandschaft aufsteigt

Auf dem **Sattel** 01 finden wir einen großen Wegweiser für Obzova und andere Richtungen und Gipfel – Markierungen sind sehr häufig auf Steine aufgemalt. Die Landschaft ändert sich mit jedem Schritt zusehends.

Während wir im Wald dem Weg noch recht leicht folgen können, wird es in der immer steinigeren Landschaft schwieriger und schwieriger. Bei dichten Wolken oder gar Nebel ist von diesem Weg abzuraten. Zuerst besteigen wir den **Veli Vrh** 02, danach gibt es noch ein 45-minütiges Auf und Ab, bis wir den Gipfel von **Obzova** 03 erreichen, auf dem wir die Fernsicht genießen können. Umliegende Inseln und die Berge von Gorski Kotar auf dem Festland befinden sich an unserem Horizont. Für den Rückweg empfehle ich den Weg durch das Schafweidegebiet (Alm Žičevo).

Wir verlassen den Weg Richtung Westen – Treskavac. Es gibt Markierungen. Beim Abstieg erblickt unser Auge mehr Grün und sogar kleine Teiche lassen sich finden. Bei dem Gebäude der Alm Žičevo

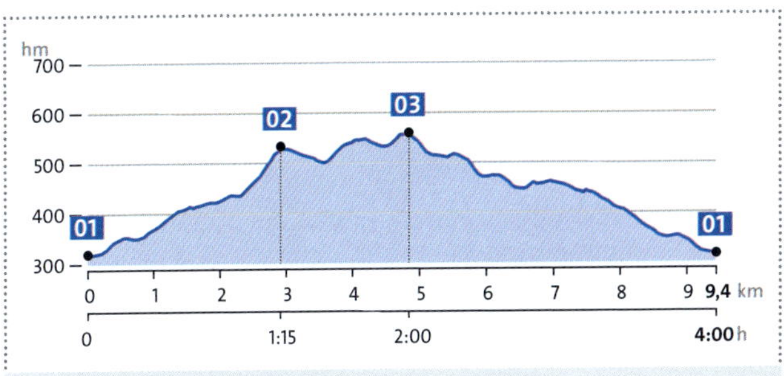

01 Ausgangspunkt, 318 m; 02 Veli Vrh, 533 m; 03 Obzova, 560 m;

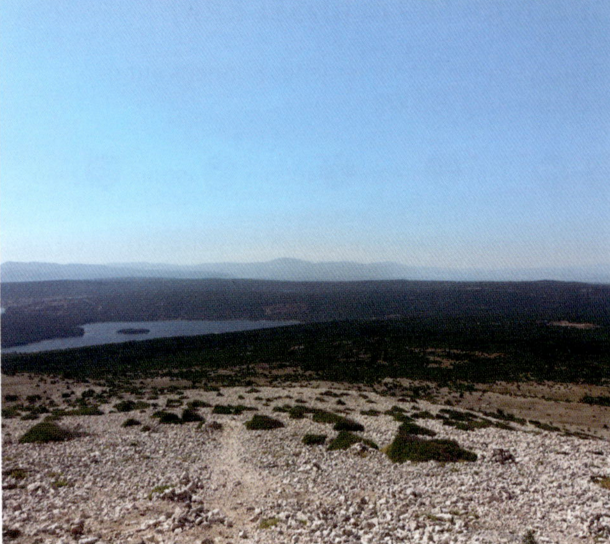
Blick vom Gipfel Obzova nach Norden.

erreichen wir wieder den Aufstiegsweg. Die letzten 30 Minuten laufen wir auf der Straße zum Sattel Treskavac. Achtung! Es gibt kein Trinkwasser auf dem Weg. Bei Nebel oder dichten Wolken sollte man die Tour gar nicht erst probieren. Im Winter ist auf dem Gipfel auch Schnee möglich. Dann sind die Markierungen bedeckt und wir müssen uns nur mit Navigationsgerät orientieren.

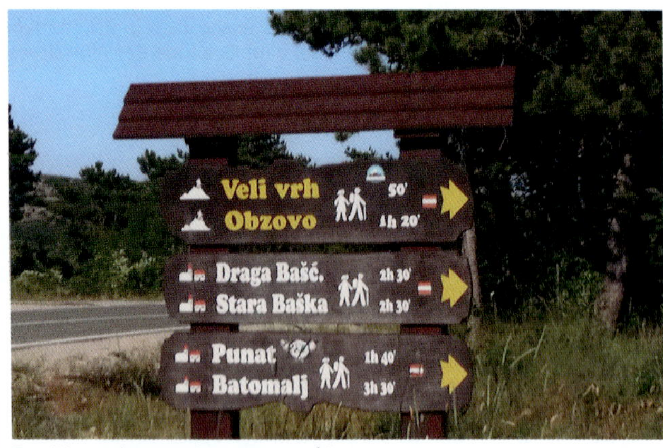

Der Wegweiser am Ausgangspunkt.

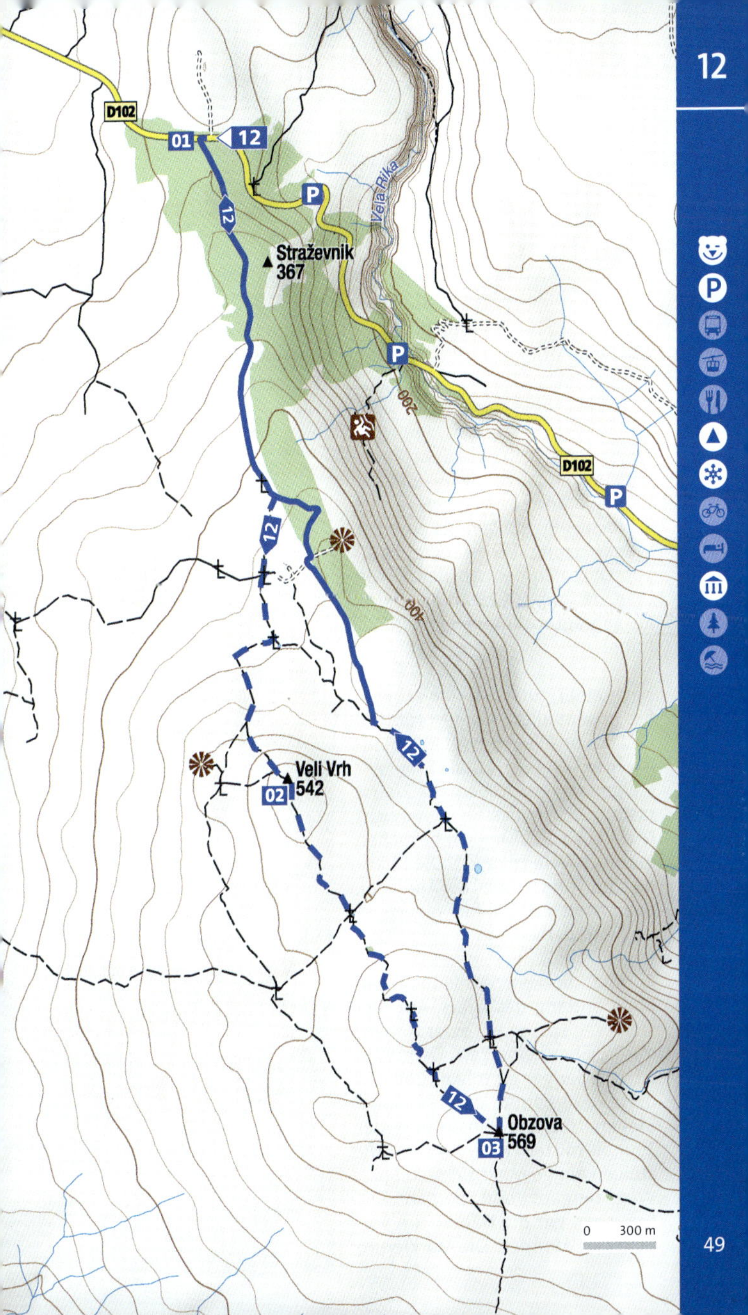
D102
01
12
P
Vela Rika
Straževnik
367
200
D102
P
12
400
12
Veli Vrh
542
02
12
Obzova
569
03
0
300 m

13

BAŠKA – VELA LUKA (INSEL KRK)

Wanderung der Gegensätze

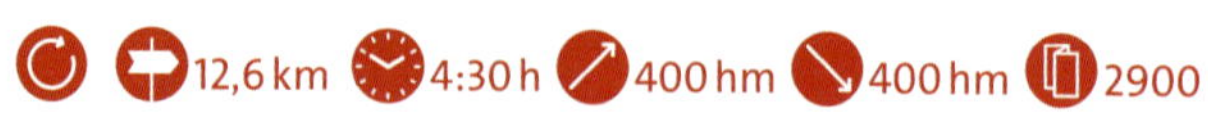

START | FKK Camp Bunculuka, 25 m, Baška (Insel Krk) [GPS: UTM Zone 33 x: 481.604 m y: 4.979.545 m]
CHARAKTER | Eine Tour, auf der man krasse Gegensätze vorfindet: von Wald über schöne Strände bis hin zu felsiger Landschaft

Zuerst folgen wir dem Zaun, der den **Campingplatz** 01 umgibt. Wir queren eine kleine felsige Schlucht und steigen bis zu einer **Wegkreuzung** 02 ständig bergauf. Dort nehmen wir den linken Weg, der uns auf einen nicht sehr ausgeprägten **Kamm** 03 hinaufbringt.

Nach einer guten Stunde schweifen unsere Blicke nach Nordosten und vor uns liegen zwei Märchenbuchten – Vela und Mala Luka. Wir steigen langsam bergab. Zuerst rasten wir in der kleinen Bucht **Mala Luka** 04. Danach besuchen wir noch **Vela Luka** 05. Die Strände sind von Oktober bis April leer, ansonsten herrscht hier reger See- und Wanderverkehr.

Für die Rückkehr wählen wir den Steig entlang des Ufers. Auf diesem Weg sparen wir zwar Höhenmeter, aber keine Zeit. Dem Weg ist schwieriger zu folgen und auf diesem Abschnitt gibt es einige Stellen, die die Einstufung der Tour als mittelschwer fordern. Wir steigen einige Male auf steinigem Weg bergauf und bergab. Oft brauchen wir die Hände, um vorwärts zu kommen. Die Markierun-

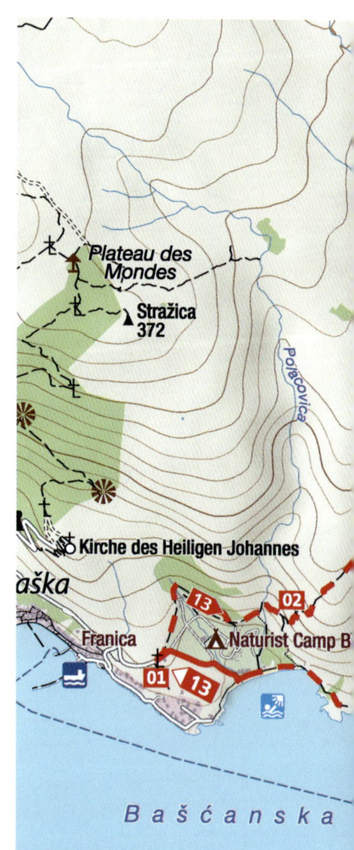

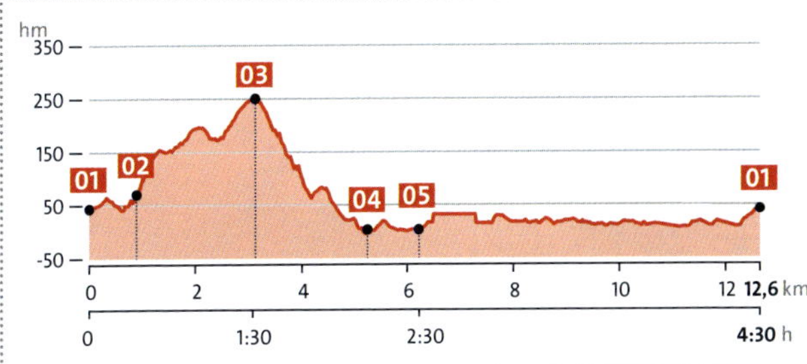

01 Startpunkt, 41 m; 02 Wegkreuzung, 65 m; 03 Kamm, 250 m; 04 Mala Luka, 0 m; 05 Vela Luka, 4 m;

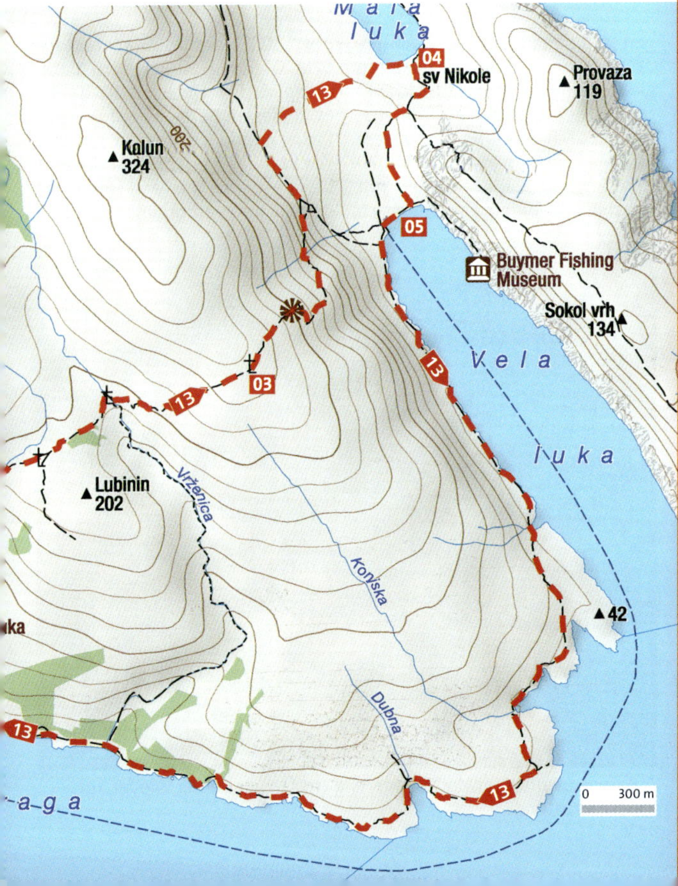

Mala Luka
04
sv Nikole
Provaza 119
13
Kalun 324
200
05
Buymer Fishing Museum
Sokol vrh 134
Vela Luka
13
03
13
Lubinin 202
Vrženica
Konjska
42
ka
Dubna
13
13
aga
0 300 m

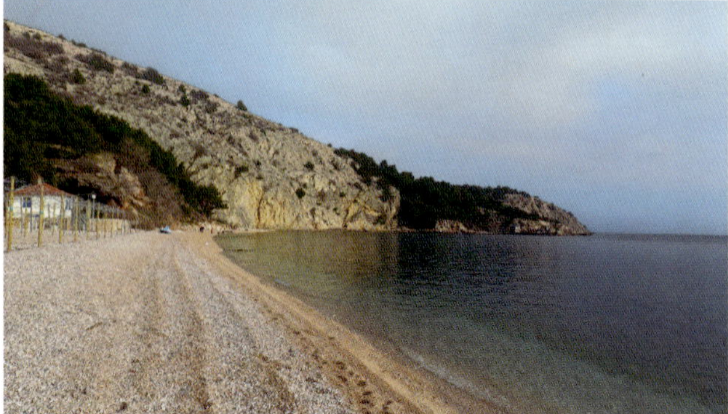
Der Strand von Bunculuka.

gen sind genaustens zu beachten, da wir sonst in Schwierigkeiten geraten oder aus der mittelschweren Tour eine schwarze Tour machen. Zur Belohnung für unsere Mühen treffen wir alle 15 bis 20 Minuten auf kleine Buchten mit winzigen Stränden. Es reihen sich über 10 derartige Buchten auf dem Uferweg zurück zum **Campingplatz 01**. Die Seeleute haben es in diesem Bereich der Insel einfacher mit der Ortung der Strände. Wir Wanderer erleben aber bezaubernde Blicke aus der Höhe, die den Jachten verborgen bleiben.

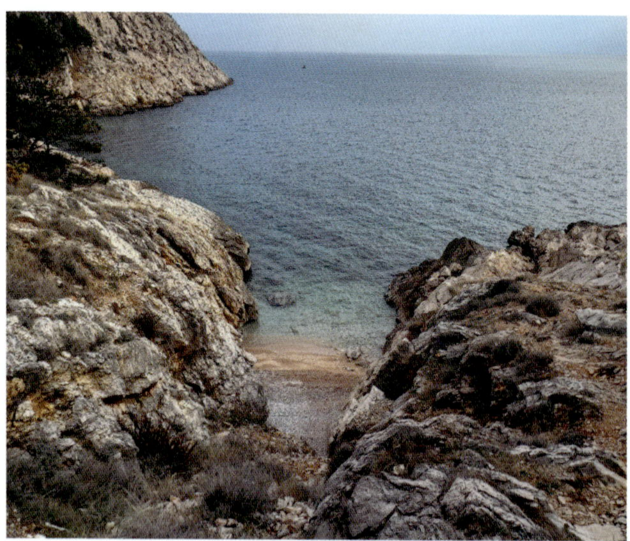
Auf dem zweiten Teil der Wanderung treffen wir immer wieder auf Kleine Buchten.

TUHOBIĆ • 1107 m

Rundtour auf einen Randgipfel der Bergkette

  7 km   3:00 h  450 hm 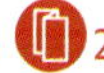 450 hm 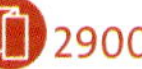 2900

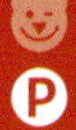
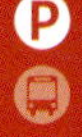
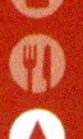
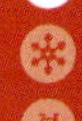

START | Gornje Jelenje, 870 m
[GPS: UTM Zone 33 x: 471.046 m y: 5.022.924 m]
CHARAKTER | Eine mittelschwere Wandertour auf einen aussichtsreichen Gipfel. Hier erleben Sie den krassen Gegensatz zwischen der sonnigen Südseite, die zum Meer zeigt, und der schattigen Nordseite, die viele kleine und große Dolinen hat und dicht bewaldet ist.

▶ Wir verlassen die alte Bundesstraße von Rijeka nach Delnice kurz nach der Kreuzung nach Čabar (in der Mitte einer langen Gerade). An dem Baum steht der Wegweiser Richtung Tuhobić. Die Schotterstraße bringt uns nach einem Kilometer zu einem **Parkplatz** 01 mit Wegweiser für „Risnjak 4:15 h" und „Tuhobić 1:15 h". Bis hier können wir auch mit dem Auto fahren. Dann folgen wir sehr guten Markierungen, die uns in einem großen Bogen nach rechts führen. Nach 10 Minuten müssen wir scharf links einbiegen. Der Pfad ohne Markierungen verläuft noch geradeaus. Nach wenigen Minuten verlassen wir den angenehmen Weg und müssen (wie sehr oft bei diesem Aufstieg) den Markierungen folgend etwas absteigen. Der Weg ist holprig und unüberschaubar. Es gibt aber nur diesen einen Weg, deswegen ist die Orientierung einfach. Oft steigen wir kurz ab um später wieder aufzusteigen. Nach etwas mehr als einer halben Stunde wird der Weg steil. Wir kommen atemlos auf den bewaldeten Kamm von Tuhobić. Der Weg bleibt immer an der Westseite des

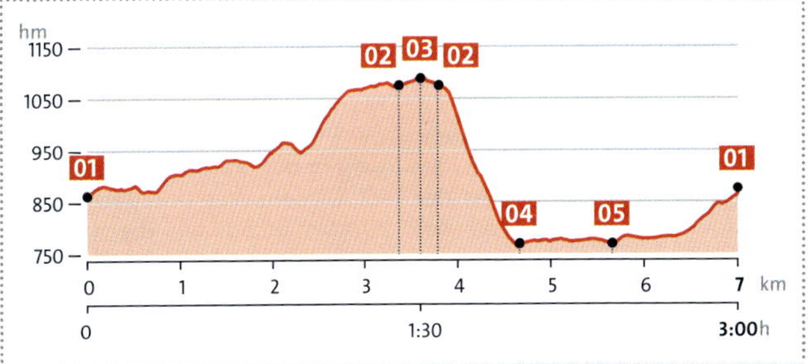

01 Parkplatz, 862 m; 02 Waldrand, 1075 m; 03 Tuhobić, 1089 m;
04 Wegkreuzung, 765 m; 05 Dom izviđaća, 767 m;

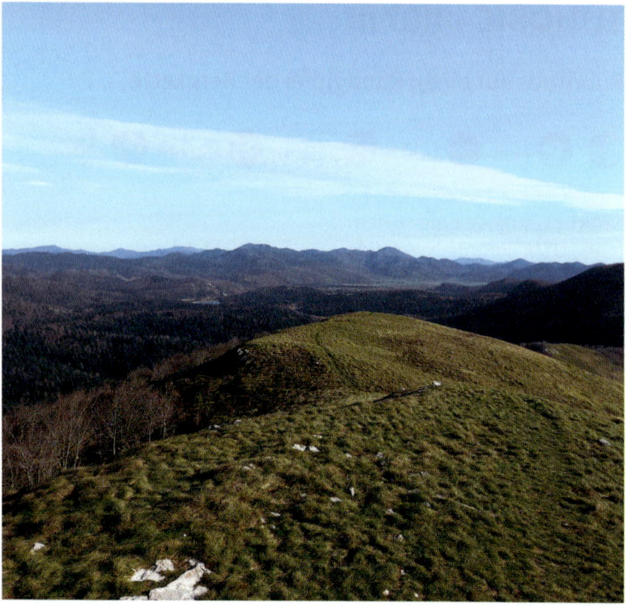

Blick nach Norden auf die bewaldeten Berge im Gorski Kotar und den See Lepenica, sichtbar als kleiner blauer Punkt.

Hanges. Der Kamm lässt uns ein paar Mal absteigen und wieder aufsteigen. Endlich kommen wir **aus dem Wald heraus** 02 (gleich hinter einer Wegkreuzung). Auf dem Felsen steht „VRH 5 MIN" – das braucht man nicht zu übersetzen.... Und diese letzten 5 Minuten sind ein wahrer Genuss. Die Aussicht wird mit jedem Schritt weiter. Der **Gipfel** 03 ist erreicht, hurra!

Im Westen und Süden das Meer mit Inseln. Im Westen auch der Učka (1396 m), im Norden ist der höchste Gipfel von Gorski Kotar, der Risnjak zu sehen und im Osten die vielen anderen Gipfel von Gorski Kotar sowie der See Lepenica, im Südwesten kann man schon die ersten Gipfel vom Velebit erkennen. Für den Abstieg wählen wir eine andere Route. Nach den ersten 5 Minuten Abstieg, wenn wir wieder **Wald** 02 erreicht haben, steigen wir bei der Kreuzung nach rechts ab (Dom Izviđaća). Der Weg fällt sehr steil ab. Wegen den folgenden 20 Minuten Abstieg ist diese Tour als mittelschwer eingestuft. Wir queren zwei Querpfade und beim **Dritten** 04 leiten uns die Markierungen nach links, entlang des Pfades, der auch als Fahrradweg in den Karten eingezeichnet ist. Diesem Weg und den Markierungen folgen wir die nächsten 2,5 km und erreichen die **Hütte (Dom izviđaća)** 05 – keine Einkehrmöglichkeit.

Einige 100 m weiter kommen wir zum **Parkplatz** 01 und zur alten Bundesstraße Rijeka Delnice.

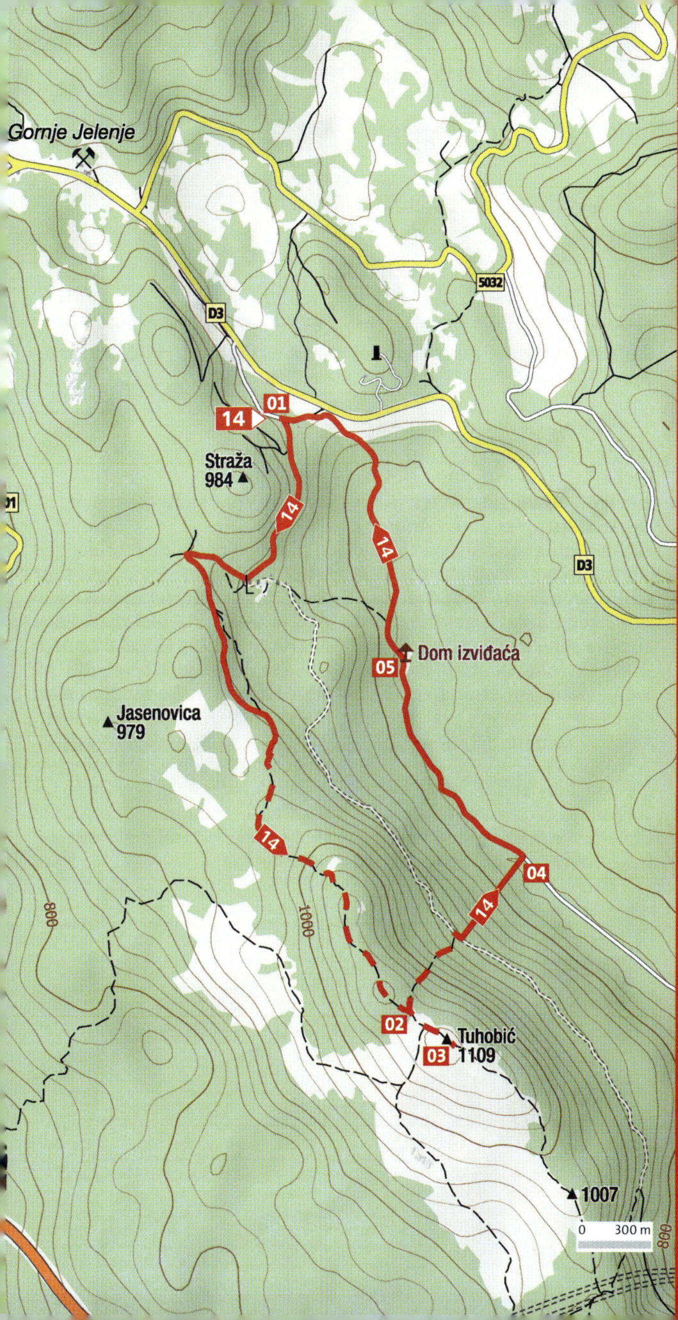

Gornje Jelenje

D3

5032

14 01

Straža
984

Dom izviđaća

05

Jasenovica
979

14

04

800

1000

02

Tuhobić
03 1109

1007

0 300 m

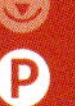

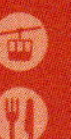
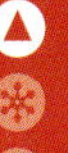
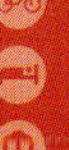

SIS • 639 m (INSEL CRES)

Immer entlang der Steinmauer

 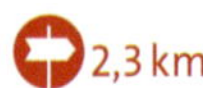 2,3 km 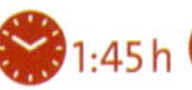 1:45 h 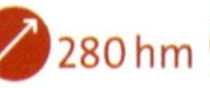 280 hm 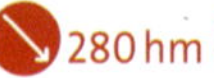 280 hm 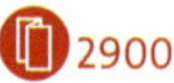 2900

START | Križići (Abzweig nach Beli)
[GPS: UTM Zone 33 x: 449.848 m y: 4.989.764 m]
CHARAKTER | Eine Tour, die ständig entlang einer Steinmauer verläuft. An einigen Passagen muss man die Hände zu Hilfe nehmen.

An der Abzweigung zum idyllischen Ort Beli (8 km) gibt es wenige Parkmöglichkeiten. Aber keine Angst, hier einen Andrang zu befürchten, ist utopisch. Die einheimischen Bewohner der Insel schütteln nur den Kopf, wenn sie vereinzelte Bergsteiger, die meist aus Tschechien, Polen, Slowenien, Österreich oder Deutschland kommen, später am Strand erzählen hören, wie schön es war, diesen Aufstieg zu unternehmen.

Die Insel Cres ist über 80 Kilometer lang und genau an der Stelle, wo der Gipfel Sis liegt, ist sie nur 2 km breit. Das ist die engste Stelle der ganzen Insel. Dafür sind auch die Hänge links und rechts des Kamms sehr steil und die Fernsicht ist ausgezeichnet.

In dieser Umgebung lebt der seltener Raubvogel „bjeloglavi sup“ – der Weißkopfgeier. Diese Vögel sind in diesem Gebiet die Könige des Himmels. Die Flügel erreichen eine Spannweite von bis zu 300 cm. Sie sind wahre Weltenbummler: Markierte Weißkopfgeier wurden von Afrika bis Schweden gesichtet. Wegen der steilen Hänge haben sie im Norden der Insel Cres ihren Lebensraum gefunden. Ihre Anzahl steigt oder sinkt mit der Größe der Schafherden.

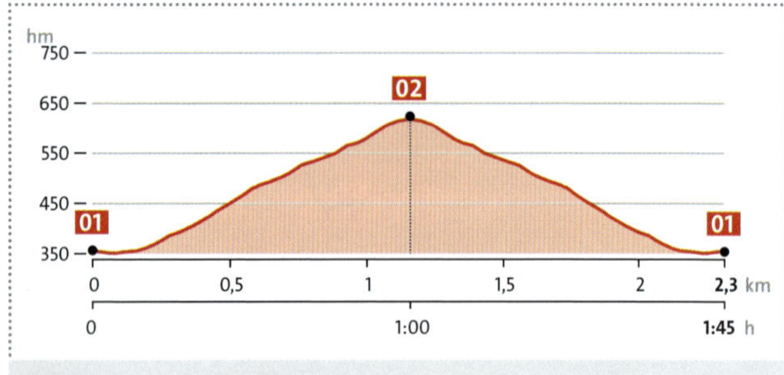

01 Parkplatz, 358 m; 02 Sis, 628 m;

Nun zum Bergsteigen: In den ersten 20 Minuten nach dem Start am **Parkplatz** 01 erwartet uns eine steile Passage entlang der Steinmauer. Im Hochsommer kann dieser Abschnitt auch mehr als eine halbe Stunde in Anspruch nehmen. Kein Schatten auf den ersten 80% des Weges. Nach dieser steilen Passage warten auf uns ein paar knifflige Stellen, in denen wir die Hände zu Hilfe nehmen müssen, um vorwärts zu kommen. Danach wird es zusehends flacher und deswegen leichter, dafür aber mit eingeschränkten Rundblicken im Vergleich zum Beginn der Tour.

Wir erreichen die ersten Bäume. Die verkrümmten Stämme beweisen, dass die harten klimatischen Bedingungen dieses Holz sehr stark gefordert haben. Der starke Bora-Wind kann einige Tage im Jahr auch unsere Absicht zunichtemachen, den Sis zu besteigen. Bei Windgeschwindigkeiten über 120 km/h ist es besser, in seinen vier Wänden zu bleiben. Der Gipfelbereich ist nur schwer zu erraten. Zuerst kommt die Informationstafel für den **Gipfel Sis** 02. An dieser Stelle stand einmal eine Wache. Von dort kann man den gesamten Schiffsverkehr von und nach Rijeka kontrollieren. Heu-

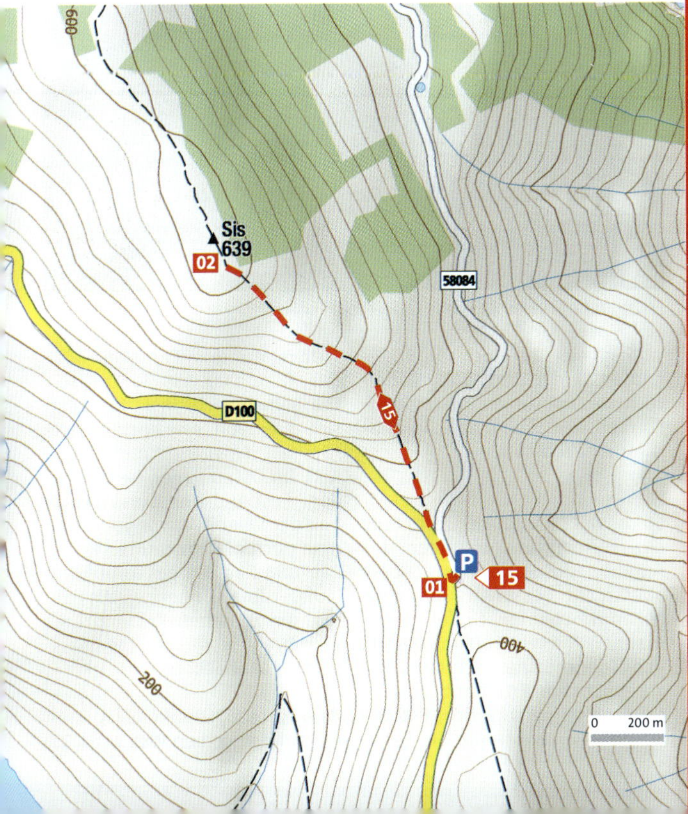

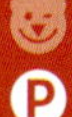

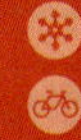
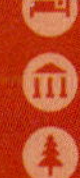

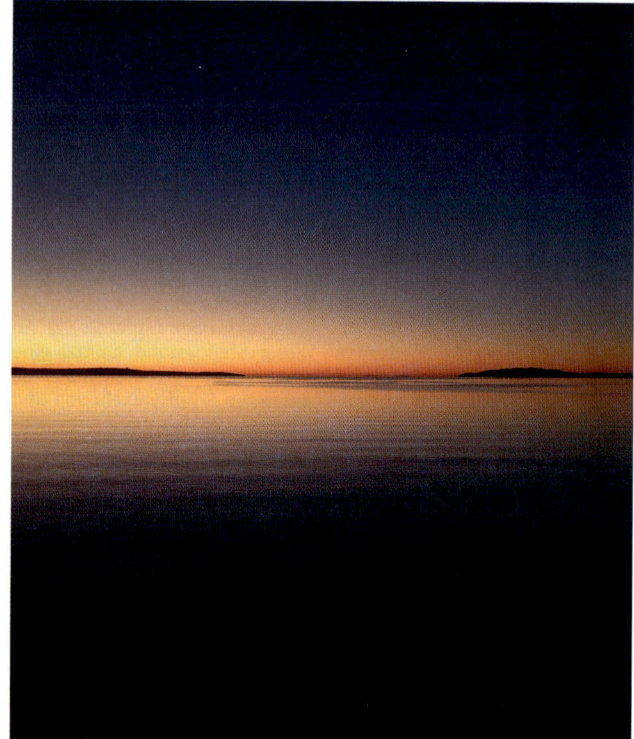

Morgendämmerung – links Cres, rechts Lošinj.

te liegt hier nur noch ein Steinhaufen. In der Umgebung haben tüchtige Bergsteiger interessante Formen von Steinmännchen zusammengebastelt.

Der eigentliche Gipfel ist etwa 50 m weiter nördlich. Dort steht ein verrosteter Container der Amateurfunker, die Fernsicht ist aber nicht besser als auf dem gekennzeichneten Gipfel. Wenn man noch etwa 100 m weitergeht, dann öffnet sich der Blick zur höchsten Erhebung der Insel Cres namens Gorice, 648 m. Dahinter erkennt man die Učka, 1402 m, mit dem Fernsehsender. Der Rundblick ist fantastisch. Die benachbarte Insel Krk zeigt sich hier von der netten Seite (Omišalj, Njivice, Malinska und Krk). Im Osten liegen bereits auf dem Festland der Gorski Kotar und der Velebit, davor aber sieht man noch die bewohnten Inseln Rab und Pag. Im gesamten Verlauf der Tour können wir die Fähren, die zwischen Krk und Cres verkehren, aus der Vogelperspektive beobachten.

Zum **Ausgangspunkt** 01 kehren wir auf demselben Weg zurück.

LUBENICE • 387 m (INSEL CRES)

Die Meisten steigen von oben ab zum Meer (nur die Seeleute machen es umgekehrt)

 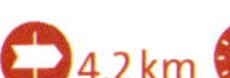 4,2 km  3:00 h 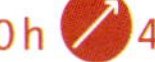 480 hm  480 hm 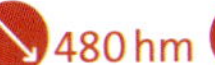 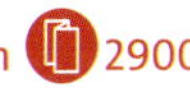 2900

START | Lubenice (Insel Cres)
[GPS: UTM Zone 33 x: 447.259 m y: 4.970.618 m]
CHARAKTER | Eine Tour, zu der Wanderer von Lubenice aus starten können, Seeleute aber auch vom Strand Sveti Ivan aus.

Die Zufahrtstraße nach Lubenice ist für Camper gesperrt. Auch alle übrigen Autos, werden auf den letzten 5 km bei Gegenverkehr Schwierigkeiten haben. Am besten ist es, nach Lubenice mit dem Motorrad oder mit dem E-Bike zu fahren. Neben dem Brunnen ist auch ein Wasserhahn, daneben steht auf Kroatisch: „Trinkwasser, kein Duschen". Gleich am Parkplatz beginnen die Markierungen und ein Wegweiser warnt uns vor der ziemlich anstrengenden Tour. Bergschuhe, Wasser und Proviant sind unbedingt mitzunehmen. Eine Stunde für den Abstieg zum Strand ist sicher zu knapp geschätzt.

▶ Der breite Pfad führt uns vom **Parkplatz** 01 nach Süden in den Wald. Dieser Wald begleitet uns bis zur **Wegkreuzung** 02 zum Strand Sveti Ivan und zur Blauen Grotte. Dann kommen wir für ca. 20 Minuten auf einen kahlen Abschnitt. Ein Steinhaufen kann uns leicht in die Irre leiten, weil der markierte Weg ca. 10 m südlich an ihm vorbei führt. Danach beginnt ein steiler Abschnitt des Weges. Anschließend kommen wir erneut in den Wald und in vielen Zick-Zack-Kehren erreichen wir den **Strand Sveti Ivan** 03. Dieser Strand gehört wegen seiner Bergkulisse und des Orts Lubenice auf

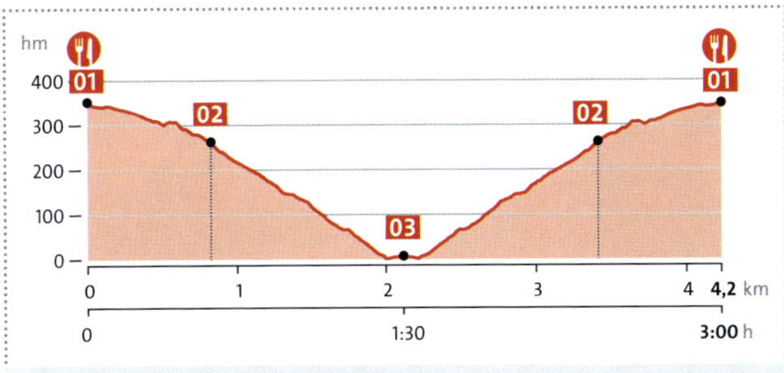

01 Parkplatz, 350 m; 02 Wegkreuzung, 261 m; 03 Strand, 4 m;

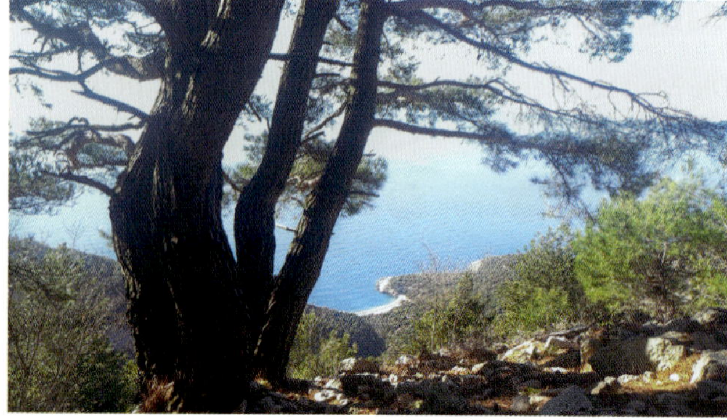

Blick auf den Strand von Lubenice.

dem Felsen zu den Top 40 Stränden der Welt (so die Bild-Zeitung). Seeleute haben es etwas leichter. Sie steigen in mehr als einer Stunde zum Ort Lubenice auf, erleben die fantastischen Rundblicke, können sich im Sommer in der Konoba (Gaststätte) stärken und kehren zufrieden zurück zum Boot oder zur Jacht.

Diejenigen, die aber von oben starten, müssen nach dem Baden oder Schwimmen am Strand noch den Aufstieg nach Lubenice bewältigen.

Variante: Man kann von Lubenice auf dem markierten Weg auch die Bucht Žanje mit der Blauen Grotte erreichen. Diese Bucht liegt etwas südlicher als die Bucht Luka mit dem Strand Sveti Ivan. Der Strand ist deutlich kleiner als derjenige von Sveti Ivan, dafür gibt es in dieser Bucht die Blaue Grotte, zu der man schwimmen oder mit dem Boot hinfahren kann. Durch einen Spalt im Gewölbe erhält die Grotte Licht, sie ist daher relativ hell und weckt daher bei den Besuchern keine Angstgefühle.

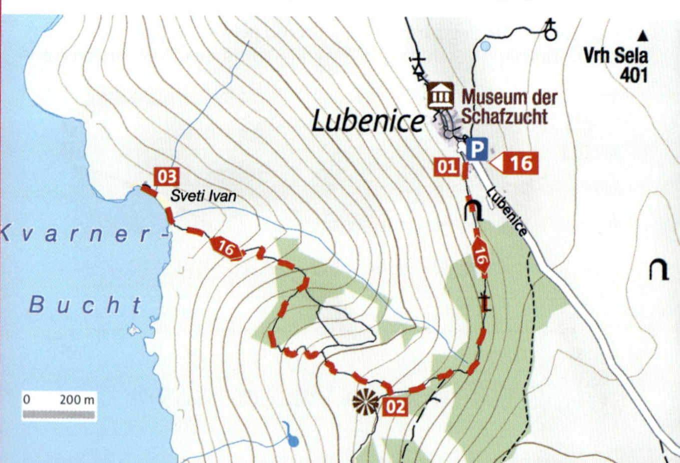

OSORŠČICA • 557 m (INSEL LOŠINJ)

Auf den einzigen Berg der kleinen Insel Lošinj

 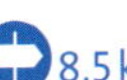 8,5 km 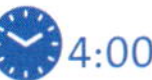 4:00 h 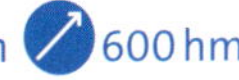 600 hm  600 hm 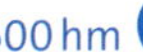  2900

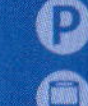
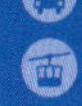

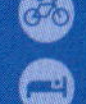

START | Nerezine
[GPS: UTM Zone 33 x: 452.260 m y: 4.945.284 m]
CHARAKTER | Eine Tour, die sich zeigen lassen kann egal in welcher Jahreszeit. Der Berg Osorščica sticht so imposant von allen umliegenden Seiten ins Auge, dass man schon bei der Ausflugsplanung daran denken soll, dass es sich nicht um eine lockere Aufwärmtour handelt. Obwohl die Tour von Nerezine aus um eine Stunde kürzer ist als von der Ortschaft Osor (daher der Name des Berges – Osorščica), muss man einen 2 ½ Stunden langen Aufstieg in Kauf nehmen. Kein Wasser auf dem Weg, keine Verpflegung. Eine Tour, die mehr Ausdauer und Kondition verlangt als ähnliche in den Alpen.

▶ Entweder mit dem Auto oder dem Fahrrad aus den umliegenden Ortschaften, oder mit dem Schiff nach **Nerezine** 01 kommend, suchen wir zuerst die Ortstraße zum Vorort von Nerezine namens Podgora. Die Hauptstraße Osor Mali Lošinj durchqueren wir in einem Tunnel, der eigentlich für Wasserableitung gedacht ist. Die Beschilderung des Wegs ist wunderbar. Auch im Nebel, der hier sehr selten auftreten kann, verirrt man sich nicht. Teils im Wald teils an kahlem Hang steigen wir auf den Ost-Kamm des Berges Osorščica. Nach einer guten Stunde vom Hafen erreichen wir die erste Wegkreuzung. Unser Weg biegt nach rechts. Von der Westseite der Insel – von der Bucht Tomozina – führt zu dieser Kreuzung auch ein Wanderweg. Diese Bucht

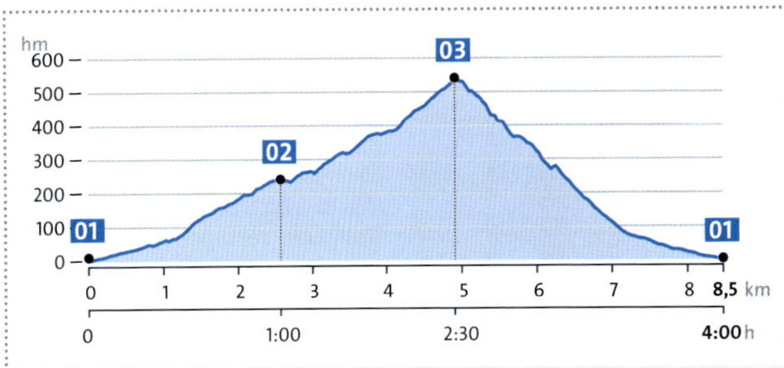

01 Nerezine, 1 m; 02 Rastplatz, 239 m; 03 St.-Nikola-Kirche, 536 m;

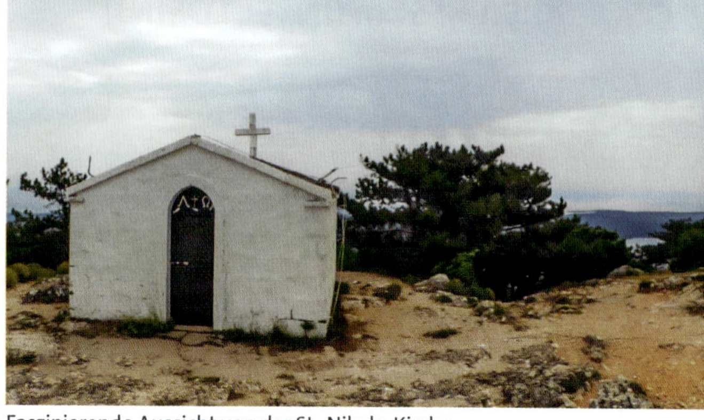

Faszinierende Aussicht von der St.-Nikola-Kirche.

ist mit ihrem kristallklaren Wasser ein Erlebnis für Nautiker. Außerdem fängt dort ein beschilderter Wanderweg auf den Osorščica an.

Nach dieser Kreuzung erreichen wir in circa 15 Minuten einen typischen Rastplatz namens **Počivalce** 02 (das Wort hat es in sich – počivati = rasten), hier sind wir schon fast 400 m hoch, aber immerhin noch mehr als eine Stunde entfernt von der St.-Nikola-Kirche auf dem Gipfel. Der Weg wird immer steiniger, die Felsen immer gewaltiger und unsere Markierungen führen uns eben geradeaus den Kamm entlang zum Gipfel. Selten laufen wir noch im Waldschatten, dafür werden die Aussichten immer attraktiver. Nach einer kurzen Kletterpassage (nicht steil aber man muss sich mit Händen über die großen Felsen helfen) erreichen wir die kleine **St.-Nikola-Kirche** 03. Die Aussicht ist faszinierend. Je nach Wetter können wir umliegende Inseln bewundern, bei guter Fernsicht sind auch weit entfernte Ortschaften wie Rijeka und Zadar zu sehen.

Mehr als 200 km Wanderwege gibt es auf der Insel Lošinj.

Für den Abstieg empfehle ich den Weg direkt vom Gipfel nach Nerezine, es dauert 1:30 h zum Hafen. Dieser Weg ist weniger steinig und nicht so aussichtsreich wie der Kammweg.

Wenn wir über genug Kondition und Zeit verfügen, dann können wir eine komplette Kammwanderung nach Norden machen. Nach 2 Stunden erreichen wir die Hütte Sveti Gaudent. Von dort sind es noch 1:30 h nach Osor oder 2:30 h nach Nerezine.

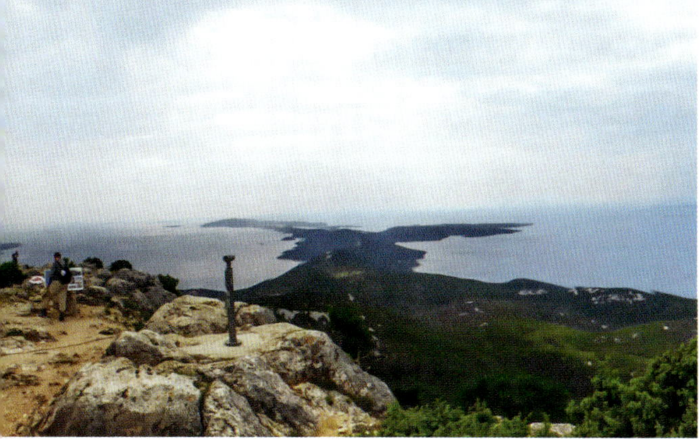

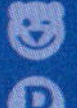

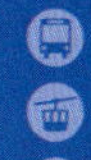

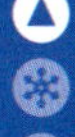

Achtung! In den Sommermonaten müssen wir vorsichtig sein wegen unzähliger Spinnennetze, die über Nacht über den Weg gewoben werden. Die Frühaufsteher haben hier einen Nachteil. Es gibt kein Wasser auf dem Weg, außer wenn wir über die Hütte Sveti Gaudent aufsteigen. Vor starker Sonnenstrahlung müssen wir unsere Haut und unsere Augen schützen. In dieser felsigen Welt leben auch Schlangen und Skorpione.

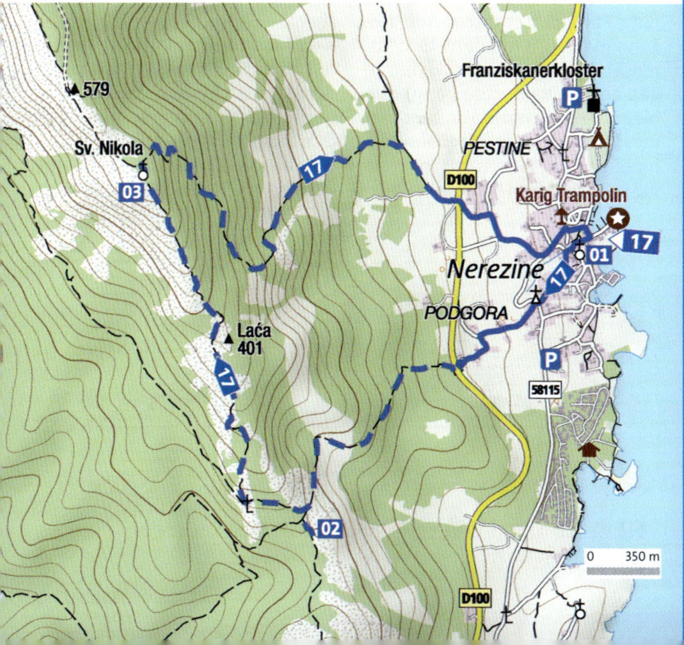

KAMENJAK • 409 m (INSEL RAB)

Meist begangener Weg zum Gipfel der Insel

 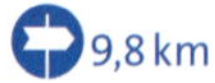 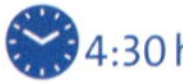 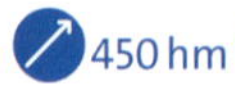  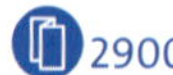

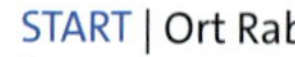

START | Ort Rab
[GPS: UTM Zone 33 x: 481.145 m y: 4.955.941 m]
CHARAKTER | Kürzester Weg von der Westseite der Insel. Es gibt viel Wald bis auf das letzte Drittel des Wegs. Sehr schön eingeschlagener Weg in den Hang.

Vom **Hafen** 01 starten wir in Richtung Norden (Wegweiser), bis wir die Verbindungstraße zwischen Lopar und Fähre Mišnjak erreichen. Ein kurzes Stück der Straße nach Lopar entlang und schon kommt der **Abzweig für Kamenjak** 02. Wir folgen dieser Asphaltstraße noch circa 2 km, bis wir die Siedlung Pahljinići erreichen (bis hier kann man auch mit dem Auto fahren, aber die Parkmöglichkeiten liegen erst hinter der Siedlung). Hier biegt der markierte Weg zwischen den Häusern in den **Steilhang** 03 hinein. Wir bewegen uns im Wald, wo wir schnell an Höhe gewinnen. Nach 30 Minuten erreichen wir die sogenannte Wasserquelle, aber im Hochsommer würde ich mir kein Wasser aus der Grube holen. Danach biegt der Weg aus der Mulde heraus und in wenigen Minuten erreichen wir den Aussichtsturm (1 Minute entfernt von unserem Weg.) Danach wird der Weg flacher, die Gewächse werden immer niedriger und rarer. Unser Ziel ist nur noch 15 Minuten entfernt. Auf den letzten Metern müssen wir unzählige Tore der Schafweiden öffnen und schließen. Endlich sind wir am **Gipfel Kamenjak** 04 angekommen. Dort steht ein kleiner

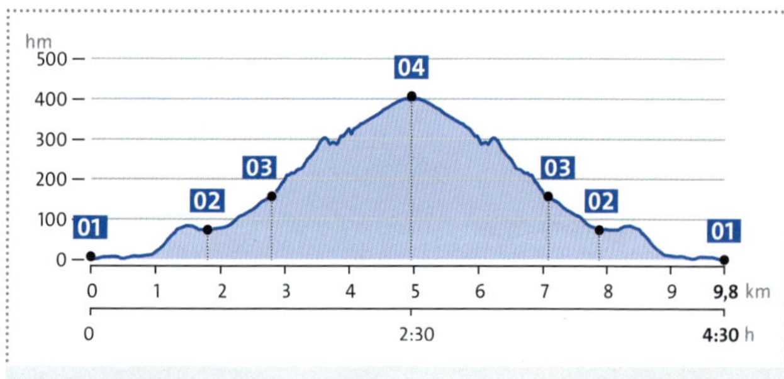

01 Startpunkt, 2 m; 02 Wegkreuzung, 74 m; 03 Steilhang, 156 m; 04 Kamenjak, 402 m;

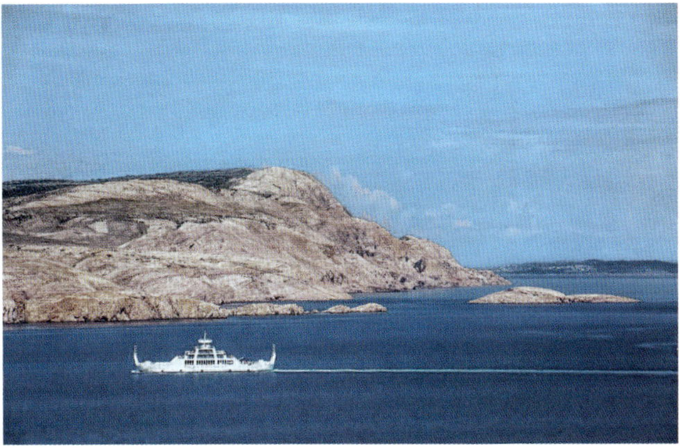

Blick auf Kamnejak vom Festland.

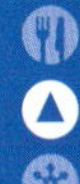

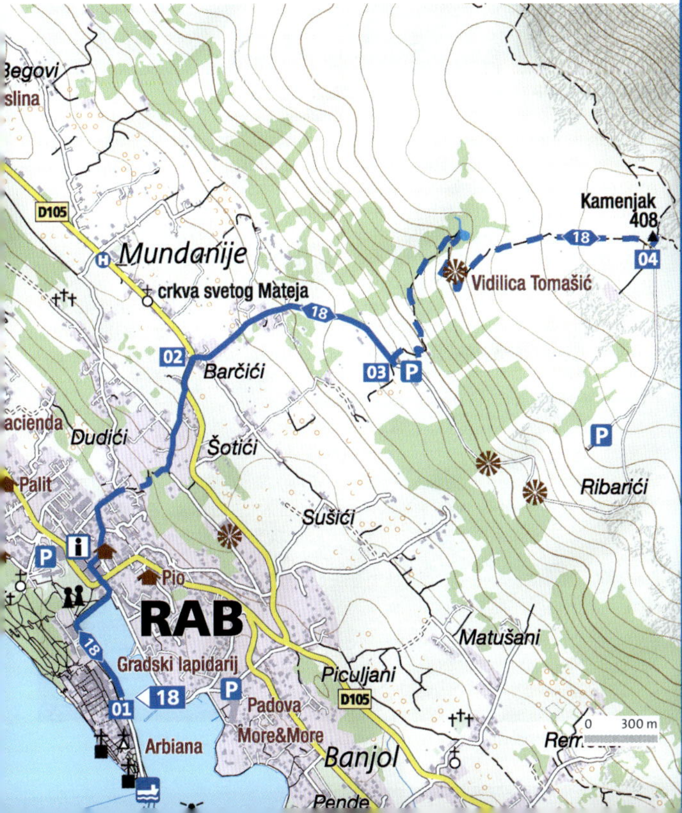

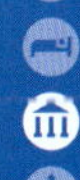

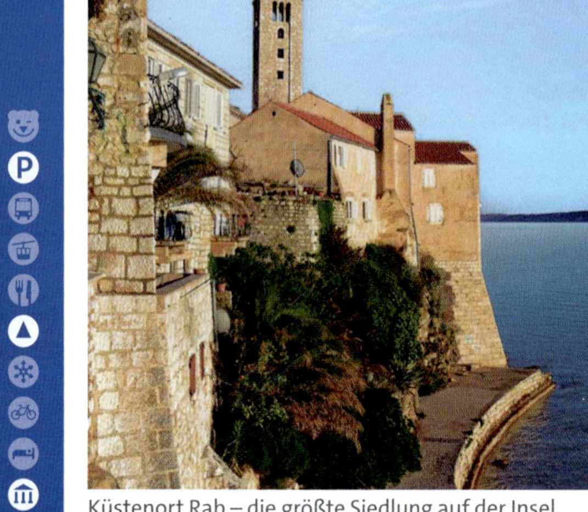

Küstenort Rab – die größte Siedlung auf der Insel.

Fernsehsender, zu dem auch eine Schotterstraße führt. Deswegen mögen auch Mountainbiker diesen Gipfel. Der Gipfel hat nach Norden einen felsigen und abfallenden Charakter. Auf der Nordseite der Insel gibt es keine Siedlungen. Die vielen Steinmännchen zeugen von der Menge der Besucher und vom künstlerischen Schaffen. Nach Osten dominiert das Velebit-Massiv und rundherum können wir andere große und kleine Inseln bewundern.

Achtung! In den Sommermonaten ist diese Tour in den frühen Morgenstunden durchzuführen. Der Wald schützt uns bis zu dem letzten Drittel vor Hitze.

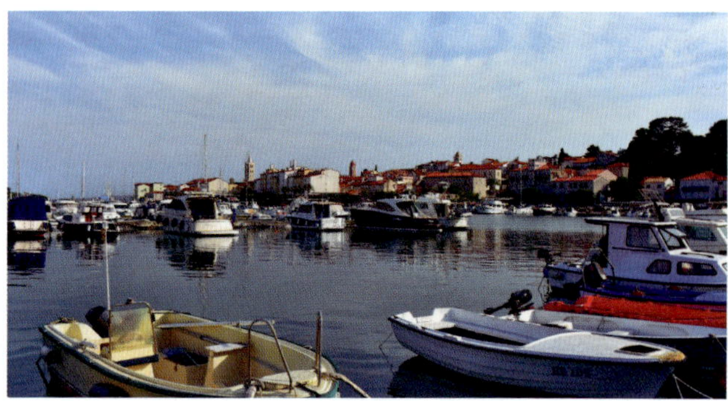

Im Sommer sind die Schiffsanlegestellen meist alle besetzt.

SVETI VID • 349 m

Ein Aufstieg von der flachen Seite auf den höchsten Berg der Insel

  6,5 km 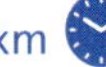 2:30 h  400 hm  400 hm 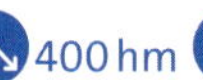  2900

START | Šimuni
[GPS: UTM Zone 33 x: 497.356 m y: 4.923.600 m]
CHARAKTER | Eine von drei Möglichkeiten, den höchsten Berg der Insel zu erreichen. Etwas kürzer ist der Weg von Kolan, ganz steil und felsig ist der Weg vom Norden (Dubrava Hanzina) der Bucht. Wie schon gewohnt gibt es auf dem Weg weder Wasser noch Verpflegung.

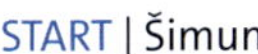

Ob wir als Seeleute oder als motorisierte Touristen auf der Insel weilen, der Start des markierten Wegs liegt bei der Einfahrt des **Campingplatzes Šimuni** 01. Ein Wegweiser führt uns in nördliche Richtung.

Bald endet der Asphaltbelag und nach wenigen 100 m müssen wir nach rechts abbiegen auf einen **Pfad** 02 – die verlockende Fahrstraße würde uns nur zu einer Alm bringen und dort enden. Der Weg ist auf Felsen gut gekennzeichnet. Der Hang ist nur wenig steil und wir gewinnen nur langsam an Höhe. Die Aussicht wird mit jedem Schritt breiter und weiter. Nach der Querung einer Stromleitung wird der Hang kurzzeitig ein bisschen steiler.

Bald kommen wir zu einer Kante, von der wir das Ziel – den steinigen Gipfel mit der Ruine einer Kapelle – sehen. Jedoch ist der Weg bis dahin noch ziemlich lang. Nun

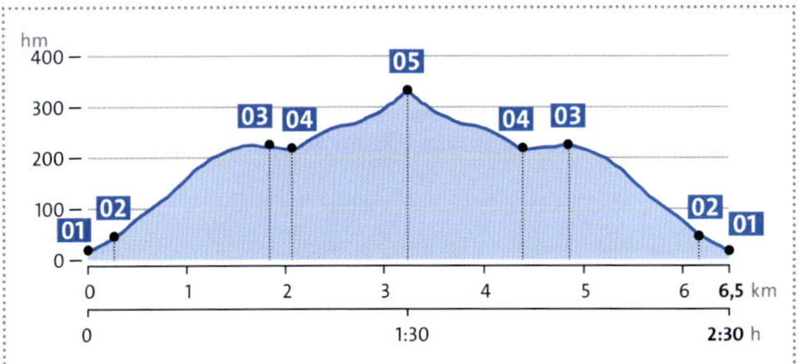

01 Camping Šimuni, 16 m; 02 Wegkreuzung, 42 m; 03 Wegweiser, 218 m; 04 Wegkreuzung, 213 m; 05 Gipfel Sveti Vid, 332 m;

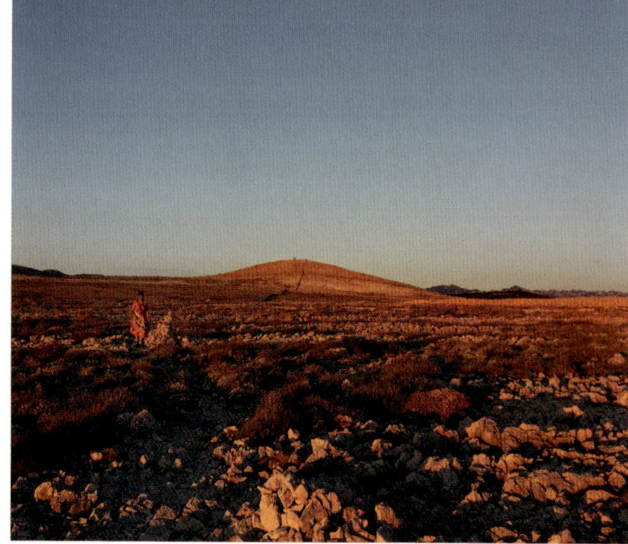

Die letzten Sonnestrahlen auf dem Rückweg.

wandern wir zwischen Steinen, Felsen und seltenen Gebüschen fast gerade aus. Wir erreichen in einem flachen Graben eine Almmauer (suhe zidine) und der **Wegweiser** 03 zeigt uns den Weg nach Sv. Vid und Kolan nach links abwärts.

So wandern wir circa 5 Minuten weg vom Gipfel und etwas abwärts. Danach kommt noch eine **Wegkreuzung** 04, wo wir wieder bergauf zum Gipfel abbiegen. Von hier sind es noch 20 mühselige Gehminuten, in denen wir wieder die verlorene Höhe zurückgewinnen und von Westen den **Gipfel** 05 erreichen.

Die Aussicht übertrifft alle Erwartungen. So viele Inseln in der Umgebung gibt es auch in dieser Region selten. Die Fernsicht ist außerhalb der Sommermonate besser. Unter speziellen Umständen kann man vom Gipfel sogar auf die italienische Seite der Adria sehen. Auf gleichem Weg geht es zum Ausgangspunkt zurück.

Achtung!

In den Sommermonaten ist es besser, diese Tour in den Morgenstunden durchzuführen. Es gibt keinen Schatten auf dem Weg und nur niedrig wachsende Gebüsche. Oft kann man Schafe antreffen. Geübten Wanderern ist diese steinige Tour herzlichst zu empfehlen. Vor allem das Betrachten des Sonnenuntergangs ist fantastisch.

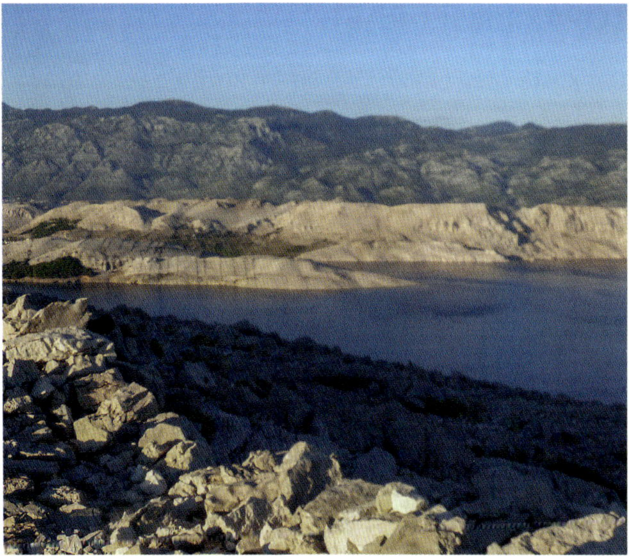

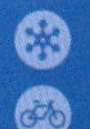
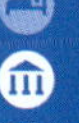
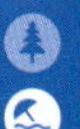

Im Vordergrund die Insel Pag, im Hintergrund das Velebit-Gebirge; Vegetation gibt es hier kaum, denn der Bora Wind weht hier am stärksten – auch 160 km/h sind keine Seltenheit.

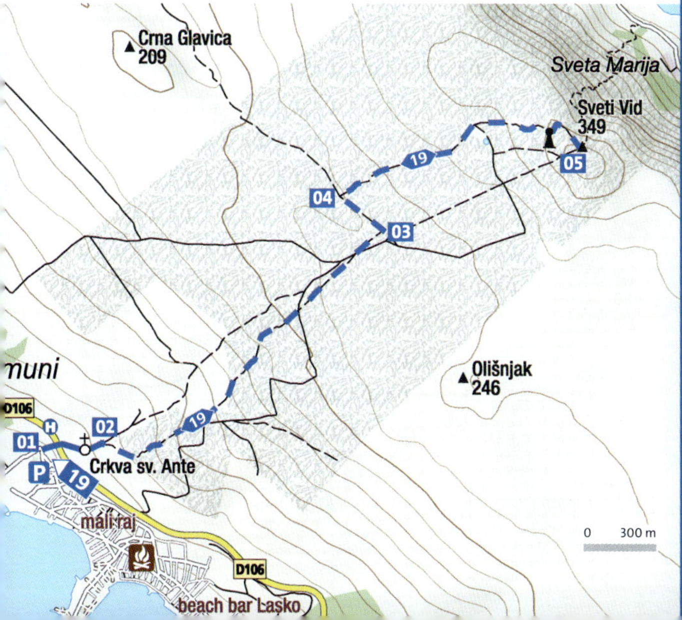

LOPAR (INSEL RAB)

Der Küstenweg entlang der vielen Buchten

 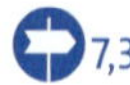 7,3 km  4:30 h  150 hm 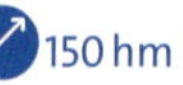 150 hm 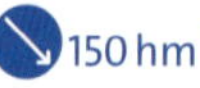 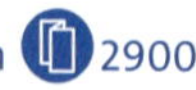 2900

START | Lopar (Insel Rab)
[GPS: UTM Zone 33 x: 477.982 m y: 4.964.967 m]
CHARAKTER | Eine Wanderung entlang der vielen Buchten, viele Bademöglichkeiten, einige Abschnitte sind in der Flutzeit nur durchs Wasser zu passieren. Keine hervorragenden Aussichten.

Vom **Fährhafen in Lopar** 01 wandern wir bis zur ersten Kreuzung und biegen nach links. Danach wandern wir bergauf bis wir eine Rampe und den Wegweiser für den Strand Ciganka (Zigeunerstrand) sehen. Bis hier geht es auch mit dem Auto. Danach folgen wir dem Wegweiser für Ciganka und erreichen nach circa 2 km den **Strand** 02 in einer romantischen Bucht mit türkisblauem Wasser. Viele Boote zeugen im Sommer von der Beliebtheit dieser Bucht und der Möglichkeit zu Baden. Im Uhrzeigersinn wandern wir zur nächsten Bucht. Es gibt keine Markierungen am Boden oder an den Bäumen, es gibt nur an jeder Wegkreuzung Beschilderungen auf Holztafeln. Die nächste Bucht heißt **Zaškoljići** 03. Das Ufer ist anders geprägt, aber das Wasser ist nach wie vor faszinierend. Entlang der Küste wandern wir somit auch zur dritten Bucht namens **Sturić** 04. Um bei Flut aus dieser Bucht zu kommen, muss man einige Meter im Meer wandern. Die nächste Bucht heißt **Dubac** 05 und von dort kehrt der Weg wieder nach Lopar zurück. In weniger als einer Stunde sind wir zurück am **Fährhafen** 01. Wir können aber auch noch einige

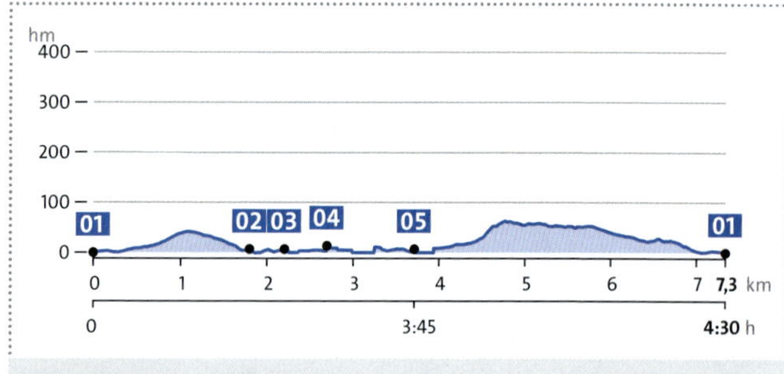

01 Fährhafen, 0 m; 02 Ciganka, 2 m; 03 Zaškoljići, 3 m; 04 Sturić, 6 m; 05 Dubac, 0 m;

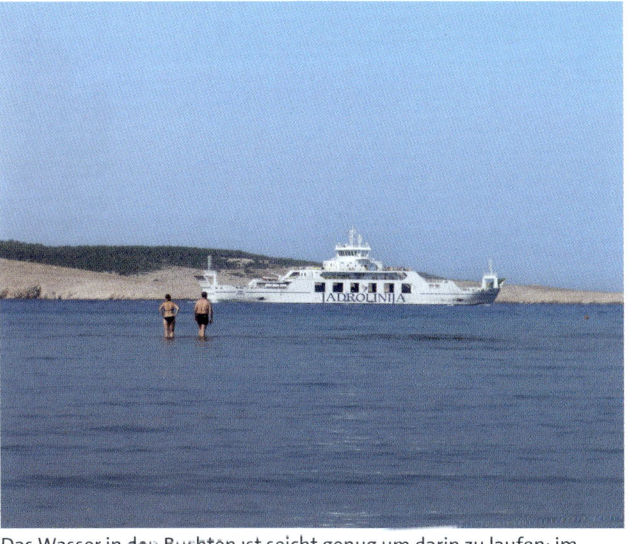

Das Wasser in den Buchten ist seicht genug um darin zu laufen; im Hintergrund sieht man die Fähre zur Insel Krk.

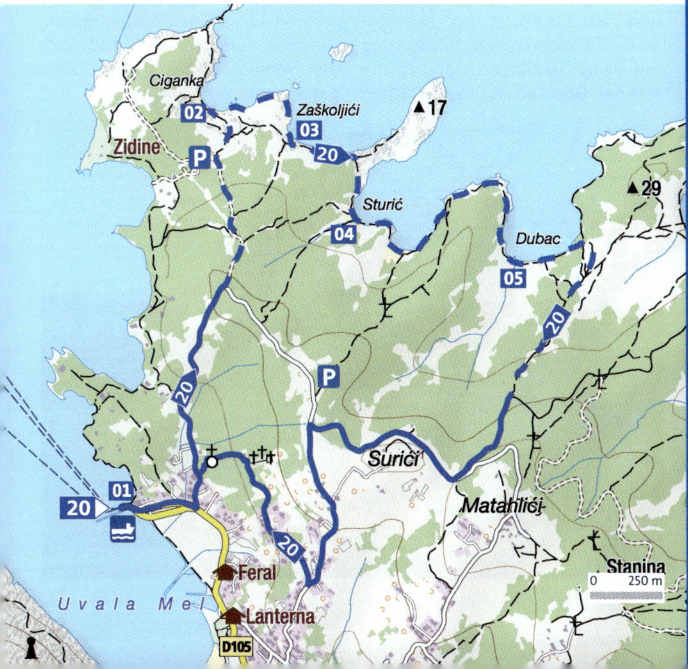

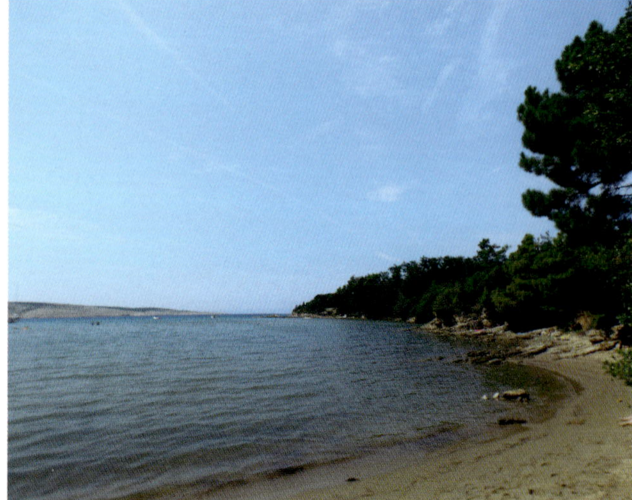

Eine der vielen Buchten.

Buchten durchwandern, bis wir die ganze Halbinsel umrundet haben und ganz im Osten von Lopar ankommen. Wenn wir die Wanderung mit Baden verbinden, dann ist ein Teil der Buchten genug für einen Tagesausflug. Falls wir aber im Winter oder Frühling wandern, dann können wir an einem kalten Tag alle Buchten durchwandern und noch vor Sonnenuntergang zum Ausgangspunkt zurückkehren.

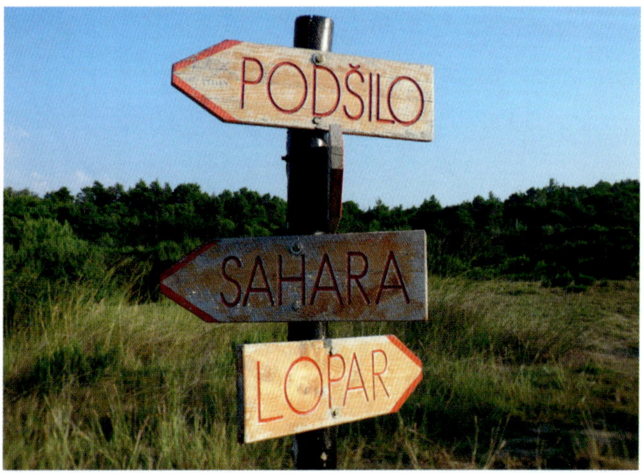

Wegweiser.

VELIKA PAKLENICA – ZOLJIN KUK • 847 m

National Park Paklenica – ein Teil des Velebit Massivs

  13,4 km  6:30 h  850 hm 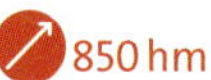 850 hm  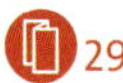 2900

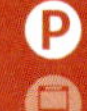
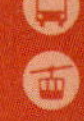

START | Parkplatz im Nationalpark Paklenica 50 m ü.d.M. (Das Wort Paklenica bedeutet auf Kroatisch in etwa „Teufelstal".) [GPS: UTM Zone 33 x: 536.524 m y: 4.904.677 m]
CHARAKTER | Ein – im Vergleich zu anderen Wanderungen in diesem Buch – ganz schön anstrengender Aufstieg, bei dem wir die Schönheiten von Paklenica und den Charakter des Velebit Gebirges kennenlernen

Wir können die Tour auch in Starigrad starten, das nimmt eine zusätzliche Stunde in beiden Richtungen in Anspruch. Beim Eingang oder bei der Einfahrt in den Nationalpark Paklenica müssen wir eine Eintrittsgebühr zahlen (ca. 3 €).

▶ Wir wandern vom **Parkplatz** 01 das Tal entlang bis zu den letzen Parkplätzen für PKW. Danach laufen wir auf einem mit Steinen **gepflasterten Weg** 02. Zu allen Jahreszeiten treffen wir sehr viele Kletterer, die in den steilen Wänden der Schlucht Velika Paklenica ihre Technik und Kräfte erproben. Bald kommen wir zum Eingang der Paklenica-Grotte, daneben steht auch eine Trafik (Getränke). Der Weg wird immer steiler und nach 45 Minuten vom Parkplatz erreichen wir die **Wasserquelle** 03, die uns vor allem in heißen Sommermonaten sehr erfreut. Nach der Quelle wird der Weg flacher, biegt mit geringer Steigung nach Westen. Nach etwas mehr als ei-

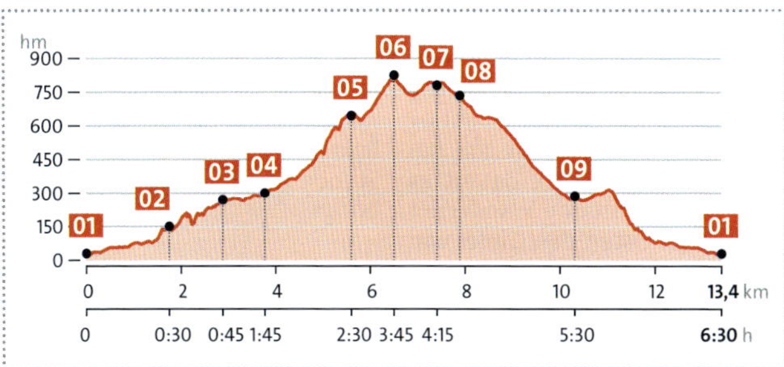

01 Parkplatz, 23 m; 02 Gepflasterterter Weg, 131 m; 03 Wasserquelle, 256 m; 04 Abzweigung, 287 m; 05 Grotte, 597 m; 06 Gipfel Zoljin kuk, 819 m; 07 Vidakov kuk, 789 m; 08 Kreuzung, 727 m; 09 Tomići, 272 m;

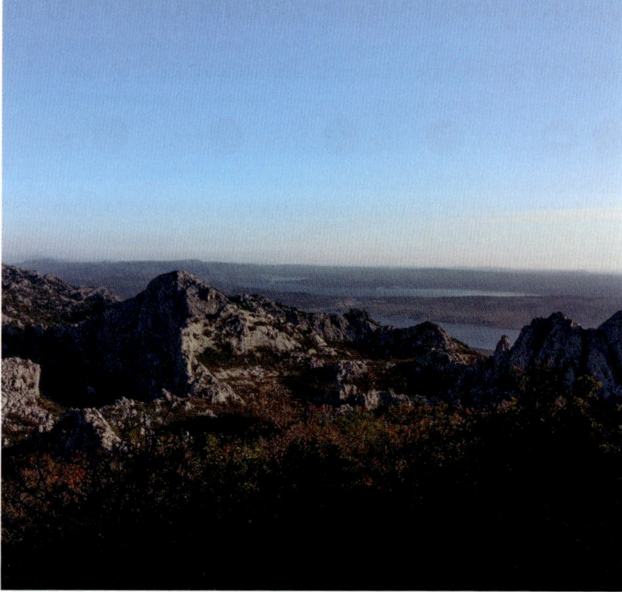

Blick vom Gipfel Richtung Zadar.

ner Stunde kommen wir zur **Wegkreuzung** **04**. Unser Weg biegt nach links zur Grotte Manita peć. Der Weg bis zur Grotte dauert circa. 45 Minuten und ist sehr schön in den Nordhang von Manita peć eingehauen. Beim Eingang der **Grotte** **05** – der Besuch ist an einigen Wochentagen gegen Entgelt möglich – endet der schöne Weg und der mittelschwere Aufstieg auf den Felsturm Zoljin kuk beginnt. Von der Grotte dauert es mehr als eine Stunde Wanderzeit bis wir von Osten den **Gipfel von Zoljin kuk** **06** erreichen.

Der Blick schweift nach Süden und wir erblicken das Meer, die Inseln und einen Teil Dalmatiens. Nach kurzer Verschnaufpause müssen wir die Tour fortsetzen, entweder auf gleichem Weg zurück (schattiger Abstieg) oder auf einer Rundwanderung weiter zum nächten Turm **Vidakov kuk** **07** (30 Minuten von Zoljin kuk). Von dort steigen wir nach Westen ab und kommen zur einen **Kreuzung** **08**. Wir nehmen den linken Weg. In der Nähe befindet sich eine Wasserquelle. Danach steigen wir nach Süden ab bis zur Siedlung **Tomići** **09** (1:15 h). Hier nehmen wir wieder den linken Weg, der uns in circa einer Stunde zum **Parkplatz** **01** zurückbringt.

Achtung! In den Sommermonaten ist die Rundwanderung in den frühen Morgenstunden durchzuführen. Ab dem Gipfel Zoljin kuk sind wir direkter Sonnenstrahlung ausgesetzt. Mehr Schatten gibt es, wenn wir auf dem Weg des Aufstiegs auch absteigen.

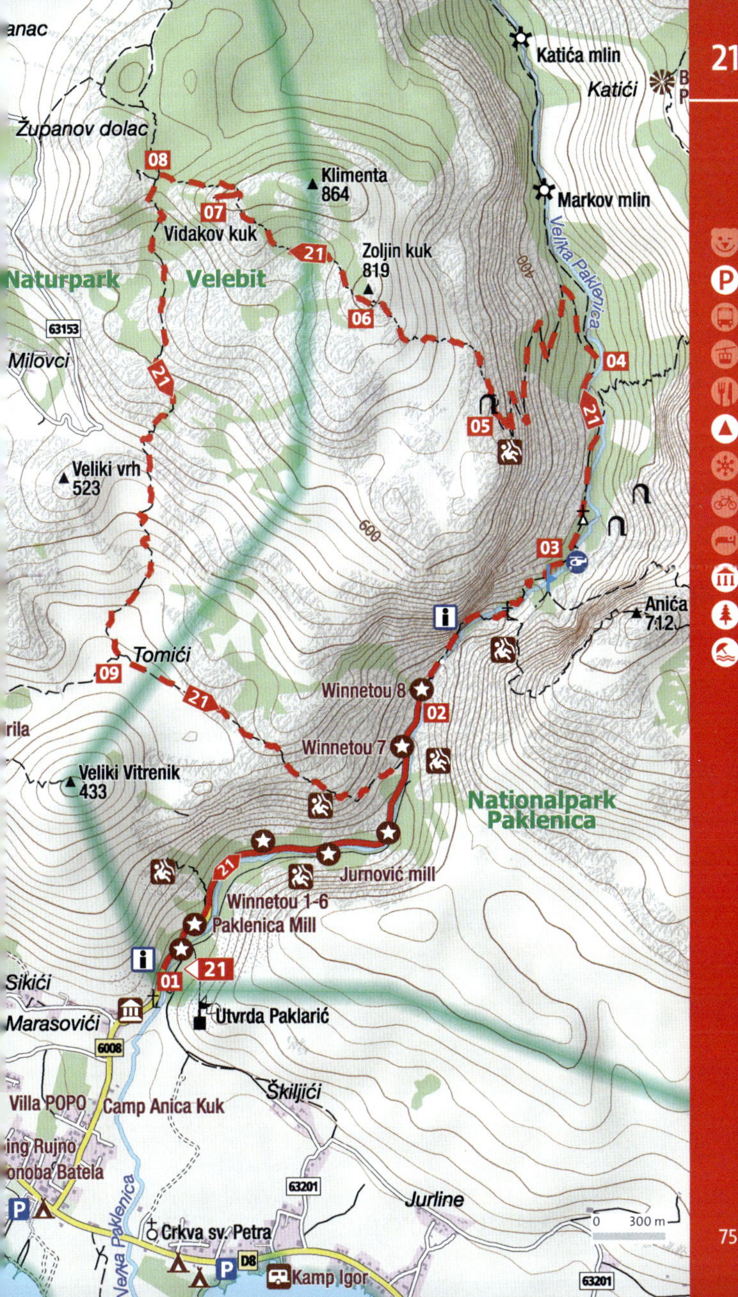
Katića mlin
Katići
Županov dolac
Klimenta
864
Vidakov kuk
Zoljin kuk
819
Markov mlin
Velika Paklenica
Naturpark
Velebit
63153
Milovci
Veliki vrh
523
600
400
Anića
712
Tomići
Winnetou 8
Winnetou 7
Veliki Vitrenik
433
Nationalpark
Paklenica
Jurnović mill
Winnetou 1-6
Paklenica Mill
Sikići
Marasovići
6008
Utvrda Paklarić
Škiljići
Villa POPO
Camp Anica Kuk
63201
Jurline
Crkva sv. Petra
D8
Kamp Igor
63201
0
300 m

ALANČIČ • 1616 m, SERAVSKI VRH • 1661 m (VELEBIT)

Zwei Aufstiege auf zwei aussichtreiche Gipfel

START | Planinarska kuća Alan, 1340 m
[GPS: UTM Zone 33 x: 497.392 m y: 4.951.940 m]
CHARAKTER | Eine lange Tour, die einiges an Kondition verlangt. Einkehrmöglichkeit nur am Start und Ziel. Im Hochsommer ist die Tour wegen Hitze nur verkürzt zu schaffen, im strengsten Winter wegen Schneeverwehungen nur der erste Gipfel. Angenehme Monate für diese Tour sind April, Mai, Oktober und November. Die Alan-Hütte ist durchgehend geöffnet.

Eine lange Rundtour mit zwei Aufstiegen auf zwei aussichtreiche Gipfel und einem Rückweg an einigen Dolinen vorbei. Wir gehen an der Alm Lubenovac entlang und auf einer Forststraße zum Ausgangspunkt zurück. Beim Hinauffahren ist zu beachten, dass der Abzweig auf die Bergstraße im Raum der Kreuzung, die zur Fähre zur Insel Rab führt, liegt. Das Einbiegen ist nur von der nördlichen Seite (Senj) möglich. Kommend von Karlobag oder der Insel Rab müssen wir erst nach dem Abzweig wenden und dann bergauffahren. Die Straße ist komplett asphaltiert, aber nur ca. 4 m breit, mit einigen Ausweichstellen. Die Bergauffahrt dauert über eine halbe Stunde.

▶ In der Nähe der Alan-Hütte gibt es einen großen **Parkplatz** 01. In

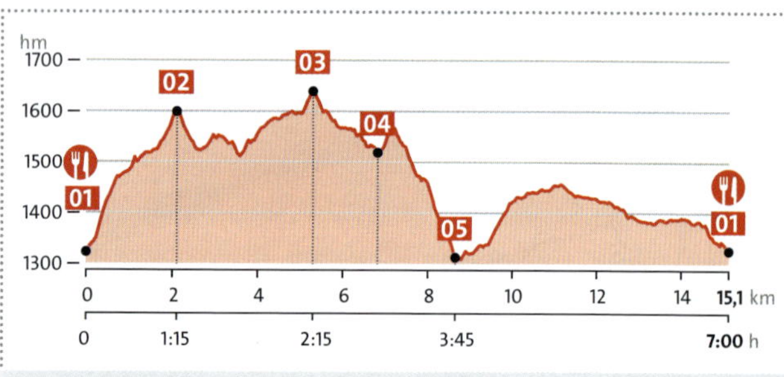

01 Parkplatz, 1323 m; 02 Alančič, 1603 m; 03 Seravski, 1644 m; 04 Abzweigung, 1519 m; 05 Alm, 1305 m;

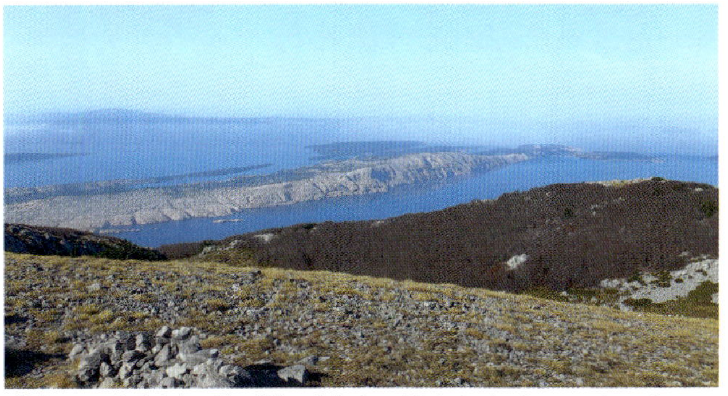

Blick vom Gipfel des Alančič auf die Insel Rab. In der Ferne erkennt man noch Krk und Lošinj.

wenigen Minuten erreichen wir die Hütte und dort gibt es zahlreiche Wegweiser. Diese Hütte befindet sich unweit des Premužičeva staza (siehe Infokasten). Unser erstes Ziel ist der Gipfel Alančič, den wir nach etwa 1 Stunde erreichen werden. Zuerst geht es steil durch den Wald und nach 15 Minuten erreichen wir den Premužičeva staza. Hier biegen wir nach links und folgen diesem ausgearbeiteten Weg. Alle Anstiege und Abstiege sind sehr mäßig.

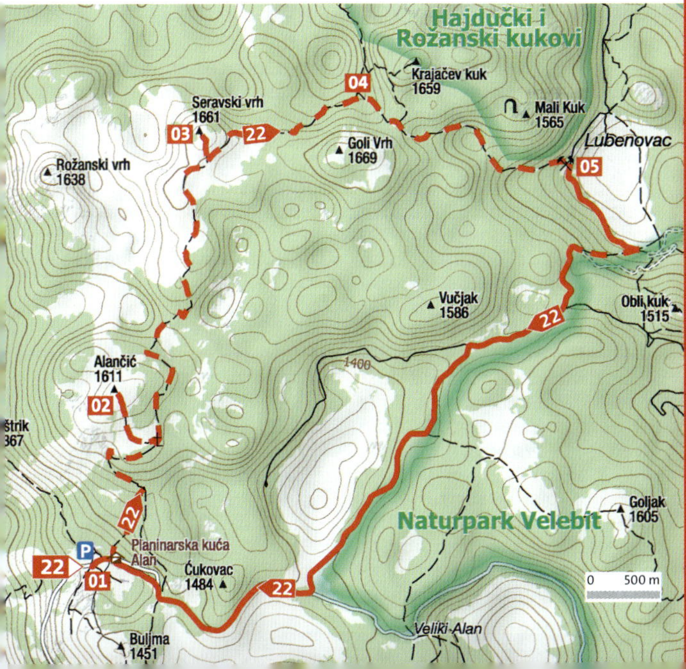

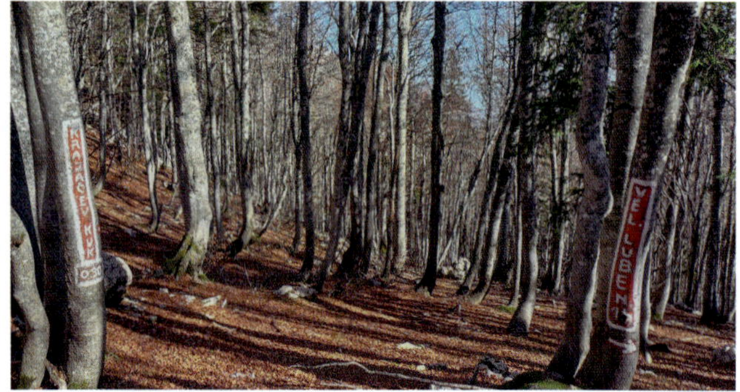

Typische Waldpassage auf dem Velebit.

Von diesem Weg biegen wir nach ca. 45 Minuten ab. Ein gut erkennbarer Weg auf der Wiese und ein gebrochener Wegweiser mit der Aufschrift „Alančič“ zeigen uns den Aufstieg. Auf einem grünen Hang erreichen wir den **Gipfel Alančič** 02. Der Blick ist atemberaubend. Im Westen liegen die Inseln und das Meer und im Osten der zentrale Teil des Velebits.

Um auf Nummer sicher zu gehen, kehren wir auf gleichem Weg zurück zum Premužičeva staza. Diejenigen, die aber Abenteuergeist in sich haben, können auch direkt vom Gipfel nach Nordosten hinunterstechen, sich einige 100 Meter im Wald durchschleichen und den Primužičeva staza ca. 1 km später erreichen. Nach einer guten halben Stunde stehen wir vor dem nächten Abzweig für Seravski vrh. Dieser **Gipfel** 03 ist in ca. 15 Minuten erreicht. Trotz der Höhe ist die Aussicht auf die Meeresseite bescheiden wie auch beim Alančič. Dagegen sind die anderen Gipfel besser zu sehen. Es wechselt Buchenwald und Fichtenwald. Auch nach dem Abstieg folgen wir weiter dem Premužičeva staza bis zum **Abzweig nach Lubenovac** 04. Dbei handelt es sich um eine Alm und eine ehemalige Bergmine. Hier verlassen wir den schön ausgearbeiteten Weg und stürzen uns in eine markierte Wildnis voller Dolinen und steilen Hängen. Das Gehen ist um einiges langsamer aber auch mühsamer. Erst nach einer Stunde endet die Wildnis und wir kommen an die Schotterstraße, die an der **Alm** 05 vorbeiführt. Dieser folgen wir die nächsten 7 km – immer Richtung Alan – und so erreichen wir den **Ausgangspunkt** 01. Auf dieser Schotterstraße kann man sich kaum vorstellen, dass man nur einen Katzensprung vom Meer entfernt ist. Erst 5 Minuten vor der Alan-Hütte sieht man das Blau in der Ferne.

Premužičeva staza

Der Premužičeva staza ist ein 57 km langer Weitwanderweg, der den gesamten Nordvelebit verbindet. Er beginnt am Zavižan und endet an Baške Oštarije. Unsere Tour folgt diesem Weg insgesamt nur ca. 2 Stunden.

ZAVRATNICA

Aufstieg in eine einzigartige Bucht

  8,4 km 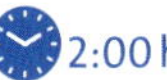 2:00 h 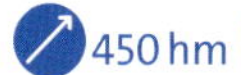 450 hm 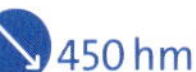 450 hm 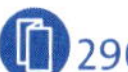 2900

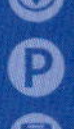
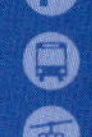

START | Jablanac (105 km südlich von Rijeka)
[GPS: UTM Zone 33 x: 491.868 m y: 4.950.199 m]
CHARAKTER | Eine Wandertour zu einer einzigartigen Bucht, die fast an einen norwegischen Fjord erinnert

Der kleine Ort Jablanac unter dem Velebit war vor Jahrzehnten bekannt als Fährehafen für die Insel Rab. Nun wurde der Fährhafen außerhalb des Ortes verlegt und somit gehören die kilometerlangen Autostaus in dem Ort der Vergangerheit an. Durch die Einbahnstraßenregelung, die noch aus der Zeit des Fährenverkehrs stammt, gibt es jetzt sehr viele Parkplätze an der Ortseinfahrt – die Fahrspur für die Fähre wurde in eine Parkplatzstrecke umgewandelt.

▶ Gegenüber der **Fähreanlegestelle** 01 finden wir Markierungen, die uns auf die Treppen bringen. Wir steigen in weniger als 5 Minuten zu der tiefstgelegenen Berghütte Miroslav Hirtz, die nur 26 m über dem Meeresspiegel liegt. Hinter der Hütte kommen wir auf die Straße und wandern entlang der Straße bergauf bis zum Abzweig nach Alan. Ein angenehmer Weg bringt uns mäßig bergauf. Nach ca. 20 Minuten erreichen wir die **Kreuzung** 02, an der wir nach rechts (Zavratnica) biegen. Die Steigung lässt bald nach und nach wenigen Minuten kommt ein steiler Abstieg. Das ist die kniffllichste Stelle dieser Tour. An dieser Stelle gibt es viele Heilpfalnzen. Nach 10 Minuten er-

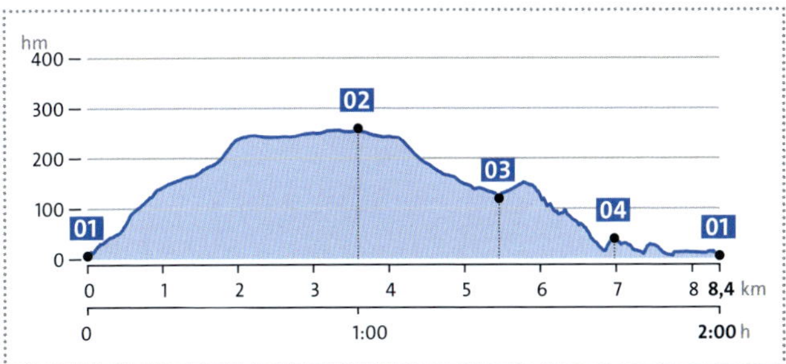

01 Jablanac, Fährenanlegestelle, 4 m; 02 Kreuzung, 255 m; 03 Aussichtspunkt (Vidikovac), 123 m; 04 Schiffswrack, 31 m;

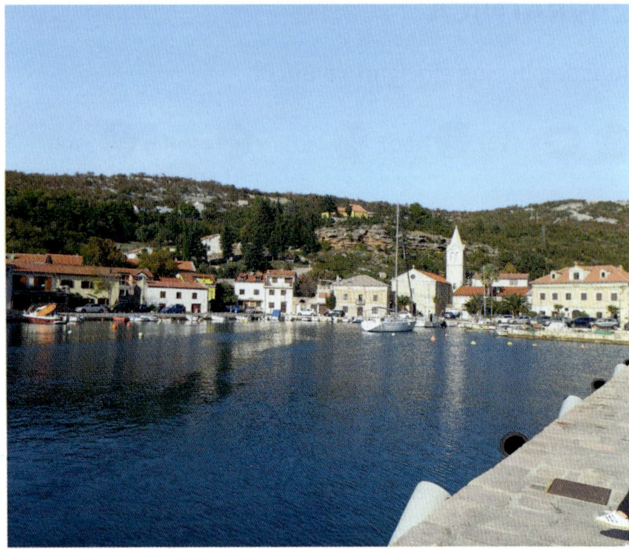

Der Hafen von Jablanac.

reichen wir das Tal der Zavratnica Schlucht – hier noch ohne Meer. Zuerst steigen wir erneut bergauf Richtung Zavratnica Selo. Die eleganten Kehren bringen uns in 30 Minuten auf den **Aussichtspunkt (Vidikovac)** 03. Von hier genießen wir die Aussicht auf die Bucht und auf die gegenüberliegenden Inseln Rab und Pag. Wir müssen

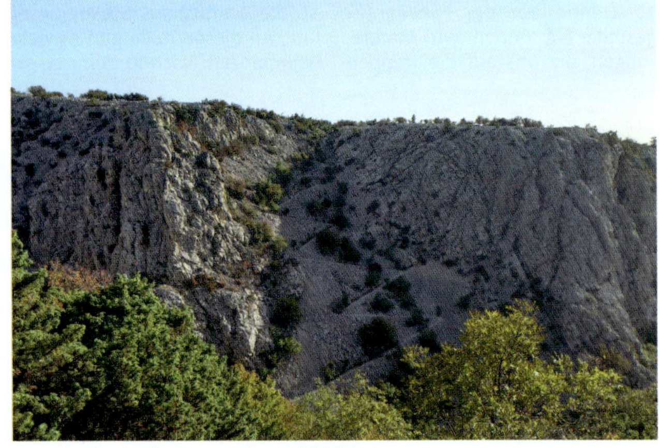

Der Abstieg in die Zavratnica-Schlucht.

auf dem selben Weg zurück in die Zavratnica-Schlucht. Der Abstieg dauert ca. 20 Minuten. Nun gehen wir am Abzweig nach Alan vorbei und steigen bergab auf einem schönen Pfad, der uns bis zur Zavratnica-Bucht bringt. Die Bucht gehört zum Naturpark, deswegen ist Baden nicht gestattet. Somit müssen wir entlang der Bucht auf der rechten Seite wandern. Wir kommen am **Wrack eines Kriegsschiffes** 04 vorbei.

Aus der Bucht heraus haben wir 2 Varianten: entweder durch einen Tunnel oder auf eine Festung aufsteigen. Beide Wege treffen im Ort **Jablanac** 01 zusammen, wo wir auch einige kleine Badestrände finden. Beim Entspannen in kristallklarem Wasser schöpften wir neue Kräfte für neue Touren.

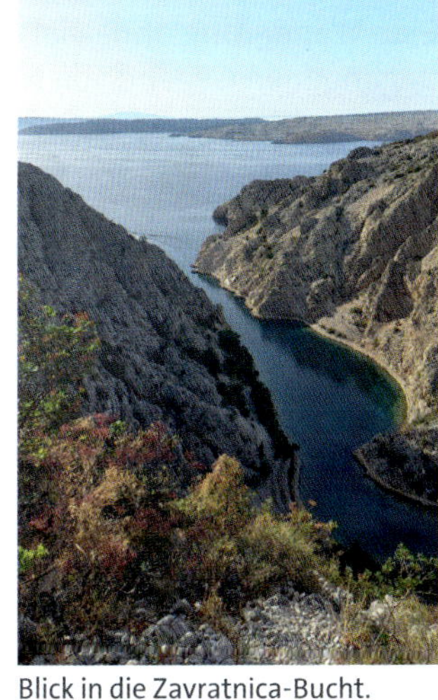

Blick in die Zavratnica-Bucht.

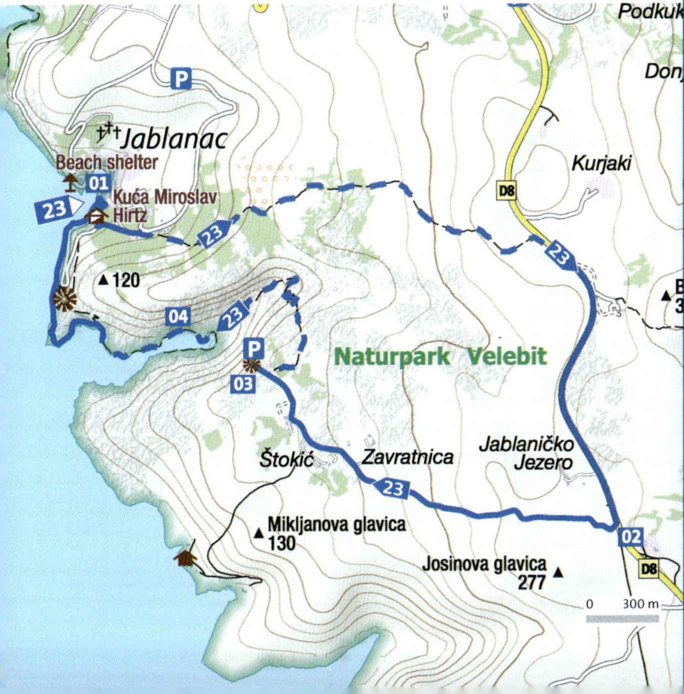

Podkuk
Don
Jablanac
Beach shelter
01
Kuća Miroslav Hirtz
23
Kurjaki
D8
120
04
03
Naturpark Velebit
Štokić
Zavratnica
Jablaničko Jezero
Mikljanova glavica 130
02
Josinova glavica 277
0 300 m

24 ZEČEVO (INSEL)

Eine Wanderung ohne viel Aufstieg in einer wenig begangenen Gegend von Norddalmatien

  11,1 km  2:30 h 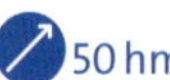 50 hm  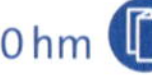 50 hm 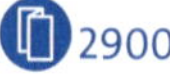 2900

START | Ortschaft Vrsi
[GPS: UTM Zone 33 x: 518.607 m y: 4.901.174 m]
CHARAKTER | Vom Festland auf die Insel kommt man durchs Meer. Wie nass dabei unsere Beine werden, hängt von Ebbe und Flut ab

▶ Von der Ortschaft **Vrsi** 01 folgen wir der Hauptstraße Richtung Nordwesten. Die **Frauenkirche Gospa od Jasenova** 02 befindet sich etwa 1,5 km hinter dem einsam gelegenen Friedhof. Die ersten 2,5 km sind sehr schön asphaltiert. Zwar gibt es keinen Schatten, dafür aber auch keine Hindernisse, die den schönen Ausblick stören. Schon vom Festland können wir im Norden die felsige Insel Pag und die Brücke von Pag zum Festland erblicken. Nach Südwesten können wir die Brücke vom Festland auf die Insel Vir bewundern. Vor uns sehen wir die kleine unbewohnte **Insel Zečevo** 03, die durch einen schmalen Kanal vom Festland getrennt ist. Am äußersten Ufer des Festlands angekommen (die Straße endet dort), bleibt uns nichts anderes übrig, als die Schuhe auszuziehen und barfuß oder in Badelatschen den schmalen Kanal von circa 10 bis 15 m zu überqueren. Auf der anderen Seite folgen wir dem Fahrweg bis zur Frauenkirche **Gospa od Zečeva** 04. Dort gibt es auch eine kleine Anlegestelle, an der wir mit Booten und Schiffen mit geringem Tiefgang anlegen können. Die Kirche ist mit einer Mauer umzäunt, damit die Weidetiere nicht an die

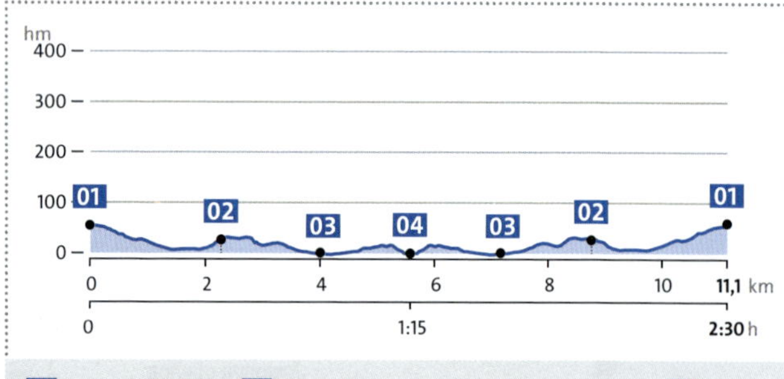

01 Startpunkt, 55 m; 02 Frauenkirche Gospa od Jasenova, 23 m; 03 Insel Zečevo, 0 m; 04 Frauenkirche Gospa od Zečeva, 1 m;

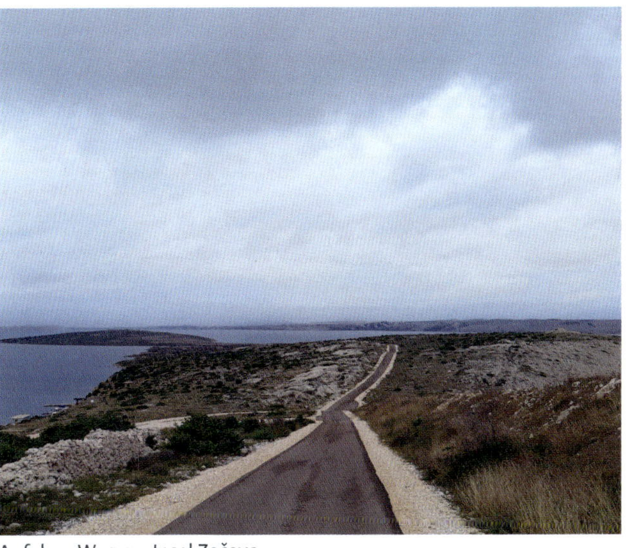

Auf dem Weg zur Insel Zečevo.

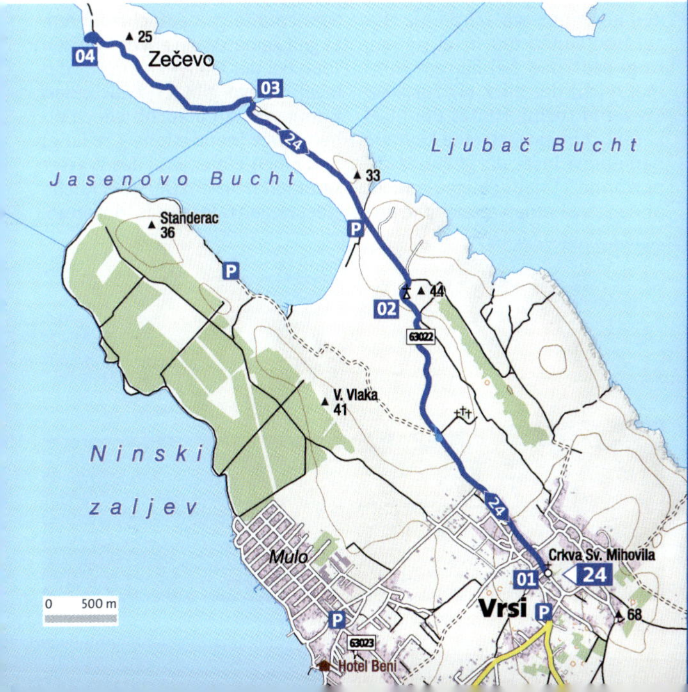

04
25
Zečevo
03
24
Ljubač Bucht
Jasenovo Bucht
33
Standerac 36
P
P
02
44
63022
V. Vlaka 41
Ninski zaljev
24
Mulo
Crkva Sv. Mihovila
01
24
Vrsi
P
68
P
63023
Hotel Beni
0 500 m

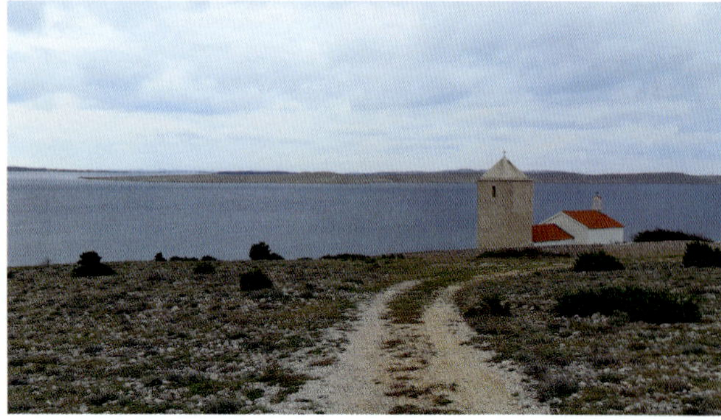

Das einzige Gebäude auf der Insel Zečevo.

Mauern herankommen können. Die Kirche hat neben der Mole auch einen eigenen Strand an der Südseite. Das ganze Westpanorama ist von der Insel Pag geprägt. Nach Norden erhebt sich das Velebit-Massiv, nach Süden erkennen wir schon die Hügel und Gipfel der Insel Ugljan, Dugi otok und bei klarem Himmel reicht der Blick bis zur Insel Cres und Lošinj. Hinter der Insel Zečevo gibt es noch eine kleinere namenlose Insel, die genauso unbewohnt ist, jedoch ist sie nicht ohne Schwimmen erreichbar. Beide Kirchen sind schön renoviert, so dass die gewidmete Zeit uns schöne Erlebnisse beschert.

Achtung! In den Sommermonaten ist diese Tour in den frühen Morgenstunden oder kurz vor dem Sonnenuntergang durchzuführen. Es gibt keinen Wald auf der ganzen Tour, bei der Frauenkirche auf der Insel Zečevo gibt es zwar einen Brunnen, man braucht jedoch einen Strick (mindestens 4 m lang) und einen Eimer, und das Wasser sammelt sich vom Dach der Kirche – deswegen rate ich das trinken ab.

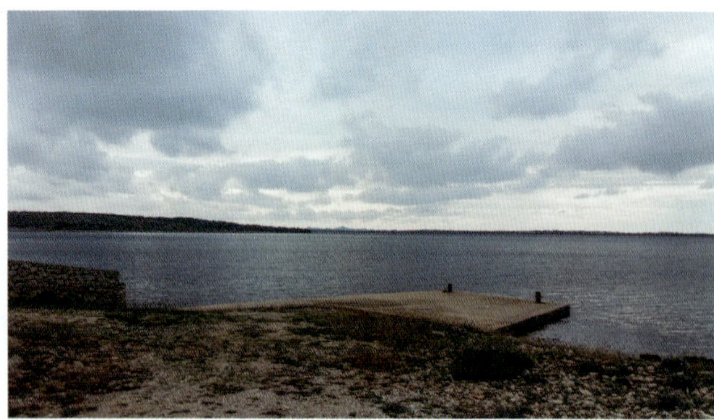

Die kleine Anlegestelle bei der Frauenkirche.

ŠĆAH (INSEL UGLJAN) • 288 m

Eine mittelschwere Wanderung auf den höchsten Berg der Insel Ugljan

 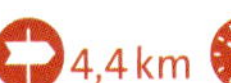 4,4 km 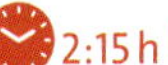 2:15 h  300 hm  300 hm 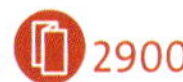 2900

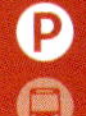
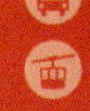

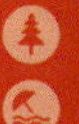

START | Turkija, 20 m Insel Ugljan
[GPS: UTM Zone 33 x: 512.346 m y: 4.882.382 m]
CHARAKTER | Eine mittelschwere Wanderung auf den Berg Šćah. Der Weg wird mit der Höhe zusehends schwieriger.

Von der **Straße 110** 01 folgen wir einer Schotterstraße zur Ortschaft Turkija. Zuerst kann man dem Weg ganz einfach folgen, die Markierungen sind in diesem Abschnitt ausgezeichnet. Der **Wegweiser hinter Turkija** 02 zeigt nach rechts und nun beginnt der steinige Weg anspruchsvoll zu werden. Lange Hosen sind von Vorteil. Nach 45 Minuten erreichen wir eine weitere **Wegkreuzung** 03: Links geht es zum Sveti Mihovil und rechts zum Šćah. Nun wird es noch um eine Stufe schwieriger. Auf den breiten, felsigen Abschnitten kann man dem Weg nur noch schwer folgen. Die Wegweiser und auch Steinmännchen erleichtern uns die Orientierung. Es kommen auch Abschnitte, in denen wir unsere Hände gebrauchen müssen, um vorwärts zu kommen. Die vielen Hohlräume zwischen den Felsen sind gefährlich, wir müssen konzentriert das Gleichgewicht halten. Nach einer guten Stunde erreichen wir den **Gipfel Šćah** 04. Die Aussicht ist atemberaubend, mehr als 100 Inseln sind bei klarer Sicht zu sehen. Im Norden grüßen der Velebit und das übrige Festland, im Osten sehen wir die Hafenstadt Zadar mit dem nahegelegenen

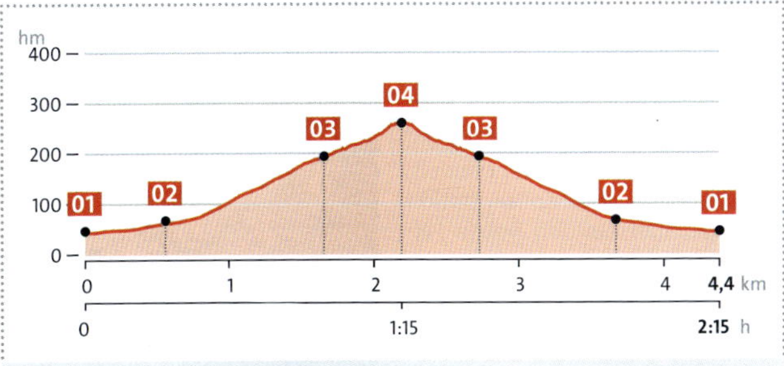

01 Startpunkt, 43 m; 02 Wegweiser hinter Turkija, 62 m; 03 Wegkreuzung, 191 m; 04 Šćah, 269 m;

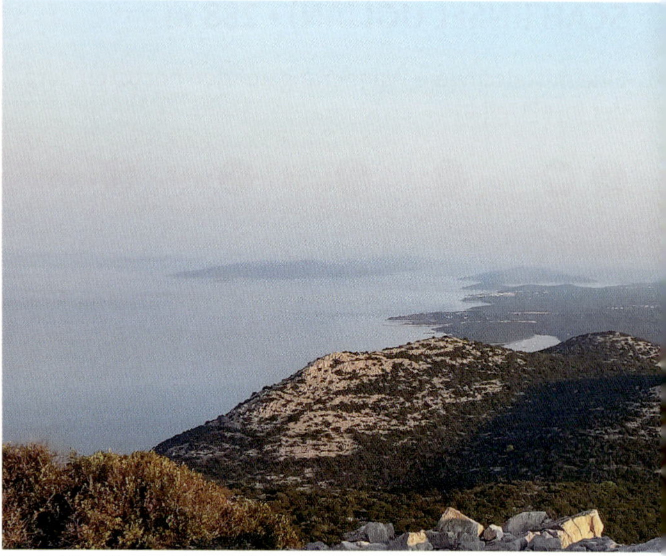

So ein Blick lässt das Herz höher schlagen.

Flughafen. Im Sommer landen und starten die Flugzeuge in Abständen von weniger als 5 Minuten. Und das bei nur einer Landebahn. Dagegen kann man die Flugzeuge im Januar und Februar an den Fingern einer Hand abzählen.

Die Rückkehr erfolgt auf demselben Weg. Der erste Abschnitt ist beim Abstieg noch schwieriger zu meistern als beim Aufstieg. Auch Handschuhe sind sehr von Vorteil, weil die Felsen, die wir anfassen, sehr scharf und gerippt sind. Obwohl es sich um eine kurze Tour handelt, verlangt diese volle Konzentration und Ausdauer bei den hohen Felsenstufen, die wir meistern müssen. Im Sommer wird dieser Gipfel oft bestiegen, in den anderen Jahreszeiten eher wenig. Wenn man am Tag als erster den Berg besteigt, muss man auf die Spinnen achten, die in der Nacht ihre Netze gesponnen haben. Vor allem in den Strecken im Wald oder im Gebüsch ist die Wahrscheinlichkeit sehr groß, dass wir um 5 oder 6 Uhr früh auf eine Spinne treffen. Wenn wir einen Gegenstand vor uns auf und ab bewegen, vermeiden wir es, in den Netzen hängen zu bleiben. Wanderstöcke sind auf diesem Weg aber eher von Nachteil.

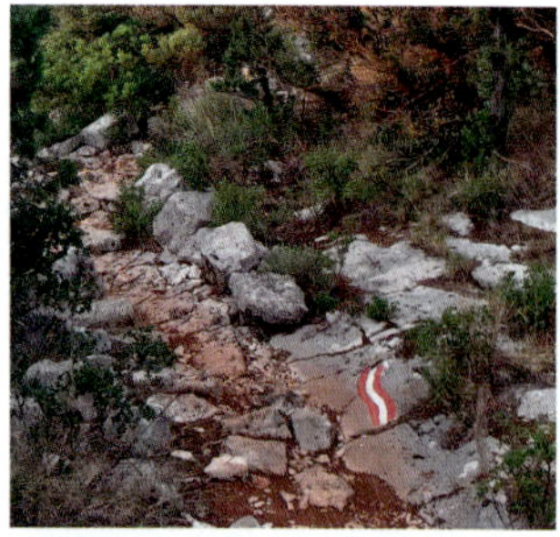

Felsen, Steine und Gott sei Dank, gute Markierungen.

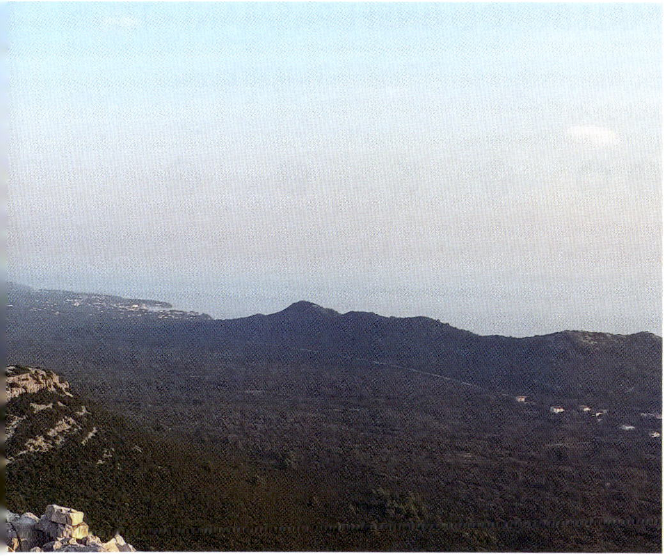

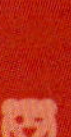
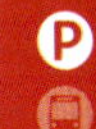
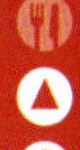

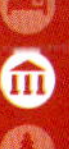

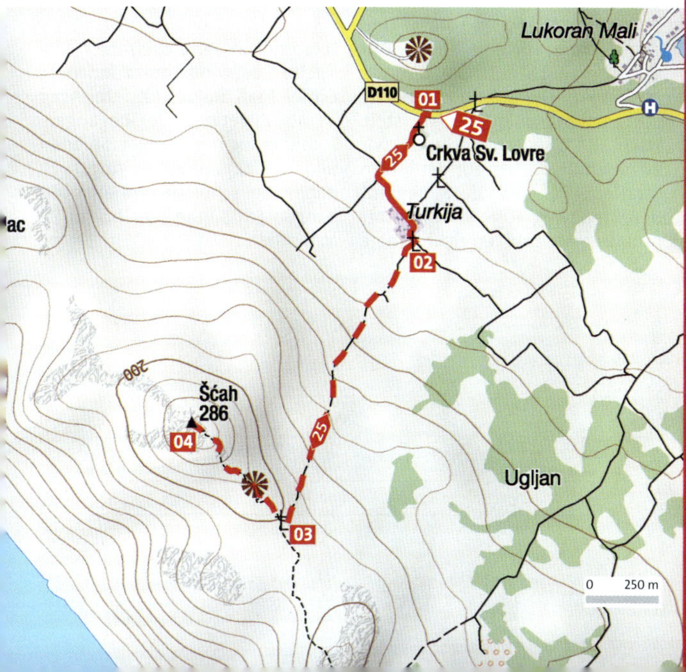

Lukoran Mali
D110
01
25
H
Crkva Sv. Lovre
Turkija
02
ac
200
Šćah
286
04
03
Ugljan
0 250 m

MALI BOKOLJ (INSEL PAŠMAN) • 172 m

Ein malerischer Berg mit einer kleinen Kirche auf dem Gipfel

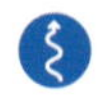 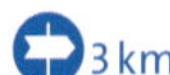 3 km  1:15 h  150 hm 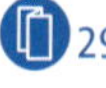 150 hm 2900

START | Banj, 15 m (Abzweigung von der Hauptstraße Richtung Loretto-Kirche)
[GPS: UTM Zone 33 x: 523.556 m y: 4.871.731 m]
CHARAKTER | Leichte Wanderung auf einen Gipfel, der besonders als Aussichtpunkt für Sonnenuntergänge bekannt ist

Man kann auch vom Hafen des Ortes Banj starten. Dies verlängert die Wanderung um 10 Minuten.

An der **Hauptstraße** 01 auf der Insel Pašman finden wir einen braunen Wegweiser mit der Aufschrift „Gospa od Loreta" und dem Symbol für eine Kirche. Auf der schmalen Straße wandern wir etwa 1 km. Die Straße ist geteert und an manchen Stellen steil. Nach 30 Minuten kommen wir zu einem Parkplatz auf der linken Straßenseite und dort beginnt der Kreuzweg. Die Straße führt nun bergab und erreicht einige **alleinstehende Häuser** 02. Dieser Kreuzweg begleitet uns auf den letzten 15 Gehminuten. Der Weg wird steinig und steil. Die Kreuzwegstationen sind sehr stark verwittert. Auf diesem Abschnitt haben wir ab und zu sogar Schatten.

Letztendlich erreichen wir die Kirche Gospa od Loreta auf dem **Gipfel Mali Bokolj** 03. Der Weg ist als Pilgerweg viel begangen, somit brauchen wir vor Spinnen und Schlangen keine Angst zu haben. Bei schönen Sonnenuntergängen trifft man hier bis zu 20 Menschen.

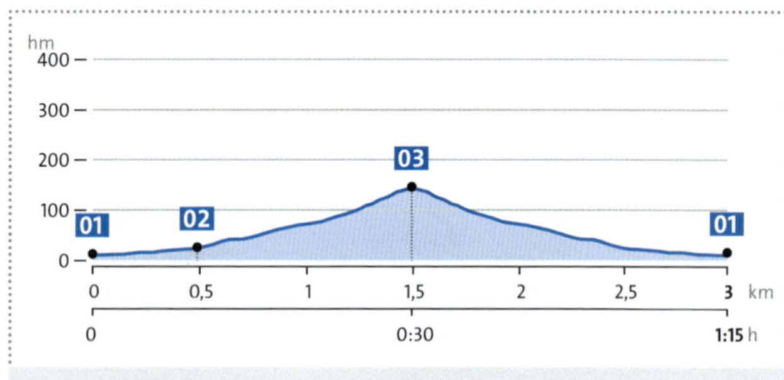

01 Hauptstraße, 9 m; 02 alleinstehende Häuser, 23 m; 03 Mali Bokolj, 150 m;

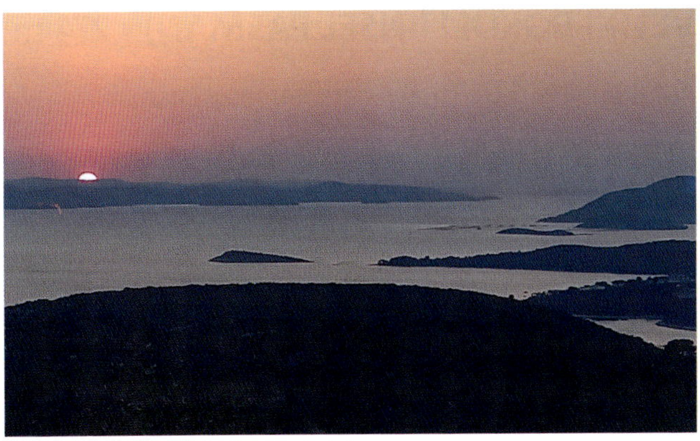

Die Sonne steht tief hinter Dugi otok.

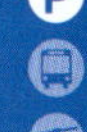

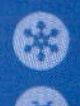
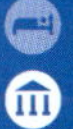

Die Rückkehr verläuft auf dem Weg des Aufstiegs. Vor allem nach dem Sonnenuntergang müssen wir uns schon beeilen, damit wir vor dem Dunkelwerden die beleuchtete Straße in Banj erreichen.

Auf den Wanderkarten steht der Name Mali Bokolj für diesen Berg, aber seitdem die Kirche oben steht, ist der Name Gospa od Loreta auch für den Gipfel von Mali Bokolj übernommen worden.

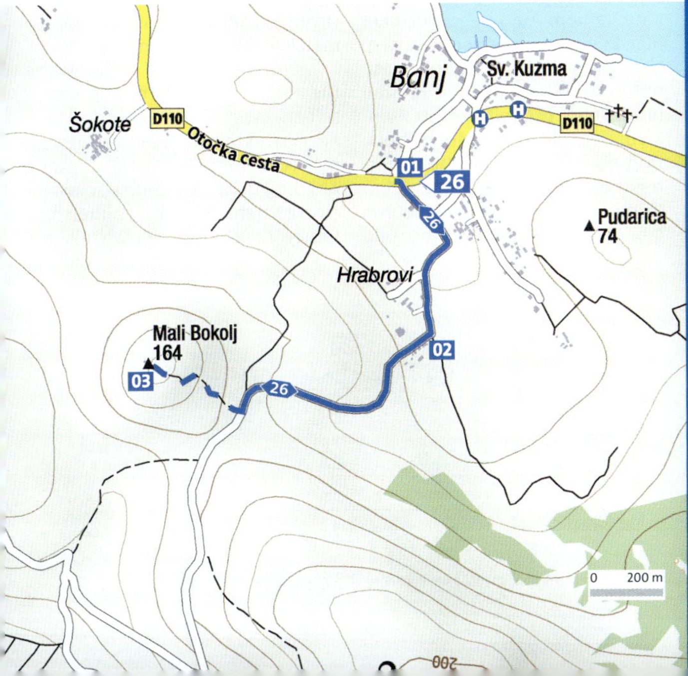

VELIKI BOKOLJ (INSEL PAŠMAN) • 274 m

Auf den aussichtreichsten Berg der Insel Pašman

 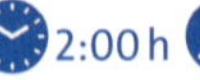  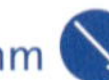 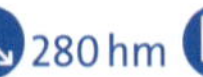 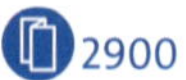

START | Dobropoljana. 20 m nach der Abzweigung zum Veliki Bokolj finden wir auf der rechten Seite Parkplätze. [GPS: UTM Zone 33 x: 525.622 m y: 4.870.943 m]
CHARAKTER | Eine leichte Wanderung auf Wegen und Straßen, die zum Sender auf dem Gipfel führen. Die Markierungen sind spärlich.

Von der **Hauptstraße** 01 gehen wir auf der Asphaltstraße in die kleine Ortschaft Kulonje. Nach der Ortschaft ändert sich der Straßenbelag. Die steilsten Abschnitte dieses Weges sind betoniert. Ich habe mit primitiven Mitteln eine Steigung von 27% gemessen. Kaum einem Auto begegnet man hier. Es gibt auch keinen Schatten. Nach einigen anspruchsvollen Minuten erreichen wir den breiten **Inselkamm** 02 mit der Straßenkreuzung und Informationstafeln. Dort nehmen wir die rechte Schotterstraße, die sich in Kehren zum Gipfel schlängelt. In den Kehren gibt es wieder Betonbelag und keinen Schatten. Auf dem **Gipfel** 03 steht ein umzäunter Sender und hinter ihm ein Aussichtspodest mit einem Fernglas. Dieses Fernglas funktioniert ohne Münzeinwurf. Eine echte Seltenheit in Europa. So kann man die vielen Inseln der Kornaten vergrößert besichtigen. Bei klarem Wetter kann man von hier ca. 100 Inseln sehen.

Die Rückkehr verläuft auf dem selben Weg. Für Fortgeschrittene gibt es einen Rundweg über den Nachbargipfel Oštro. Dieser Abschnitt ist als mittelschwer einzustufen. Es gibt zahlreiche felsige Abschnitte, wo wir einen

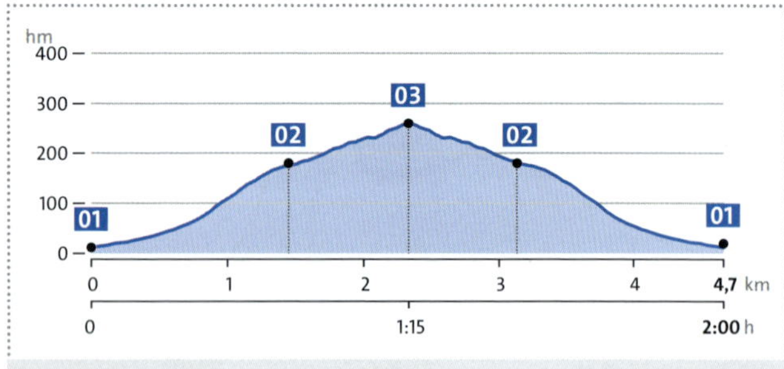

01 Startpunkt, 12 m; 02 Inselkamm, 175 m; 03 Veliki Bokolj, 261 m;

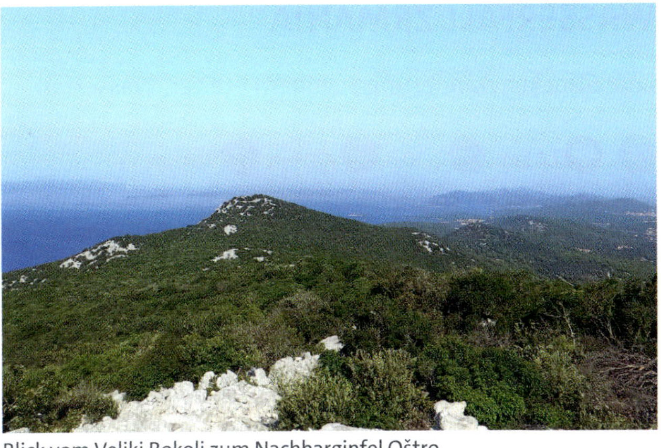

Blick vom Veliki Bokolj zum Nachbargipfel Oštro.

sicheren Tritt und Halt brauchen. Der Gipfel des Oštro ist um etwa 30 Meter niedriger und deswegen ist die Aussicht auch etwas beschränkt. Auch kommen wir im Ort Banj und nicht in Dobropoljana zur Hauptstraße. Das bedeutet, dass wir noch 800 m auf der Straße zurück zum Ausgangspunkt wandern müssen.

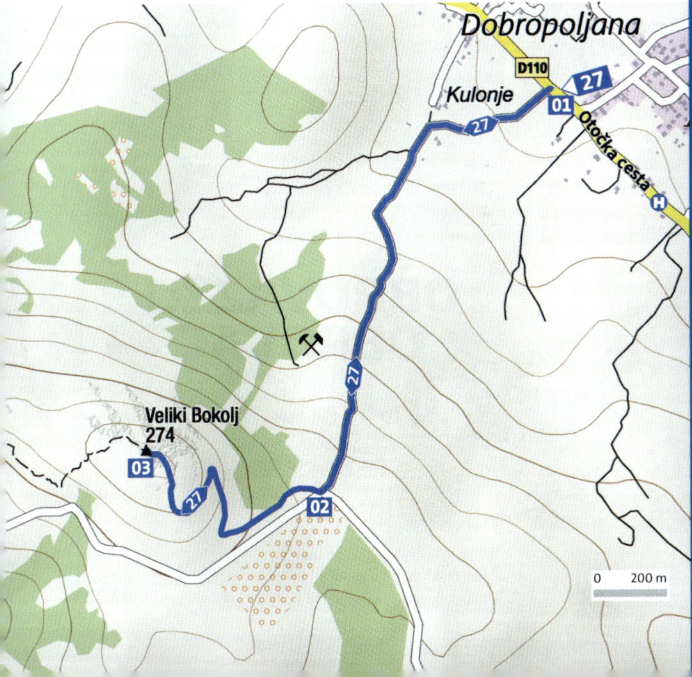

WASSERFALL ZRMANJA

Eine Streckenwanderung zu einem breiten Wasserfall

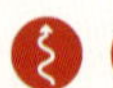 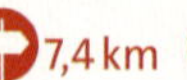 7,4 km 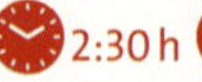 2:30 h 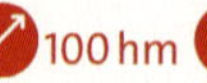 100 hm 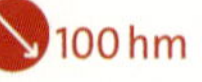 100 hm

START | Obrovac (alte Bushaltestelle am Ufer der Zrmanja) [GPS: UTM Zone 33 x: 554.874 m y: 4.894.120 m]
CHARAKTER | Eine überwiegend gemütliche Wanderung mit engen Stellen (deswegen mittelschwer)

▶ An der Ostausfahrt von Obrovac finden wir einen großen **Parkplatz** 01. Der Weg ist zuerst breit und führt an einer Informationstafel vorbei in das Tal der Zrmanja. Hier mischt sich das Meer mit dem Süßwasser der Zrmanja. Auf der 4 km langen Wanderung gibt es wenige Stellen, wo wir im Fluss baden können. Das Tal macht große Bögen. Hoch über uns können wir wilde Ziegen sehen. Sie beobachten von den hohen Felsen aus jeden Wanderer. Nach 2 km endet

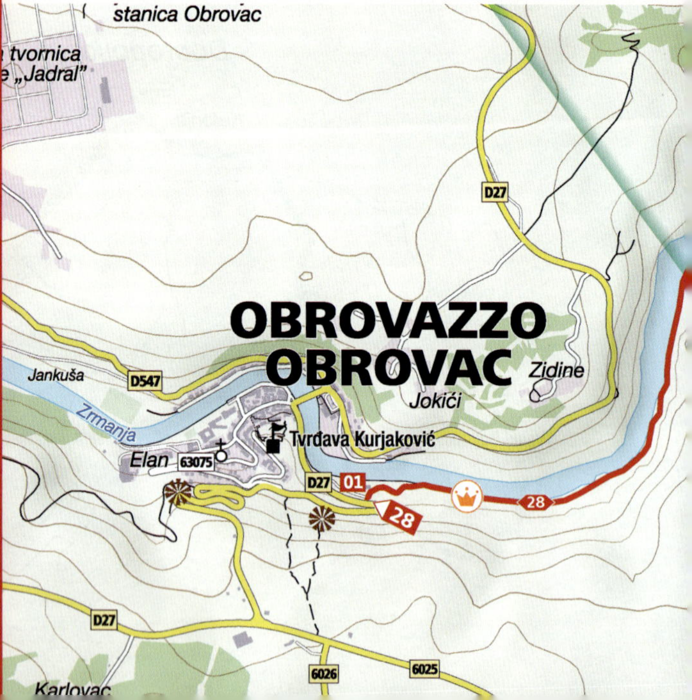

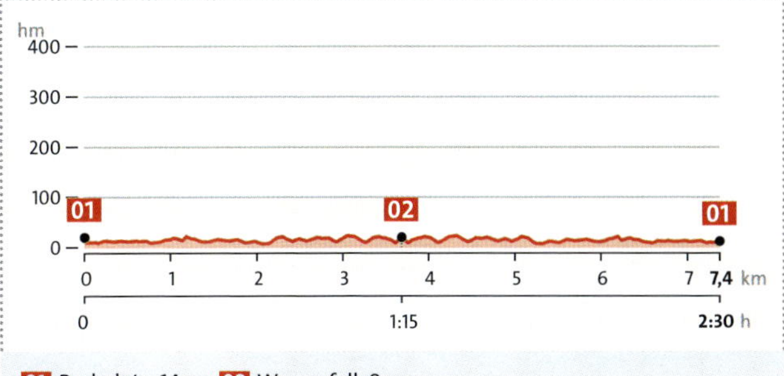

01 Parkplatz, 14 m; 02 Wasserfall, 8 m;

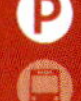
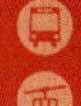
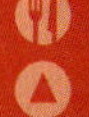
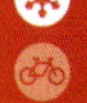

der breite Weg und es wird eng, aber bleibt nach wie vor flach. An zwei Stellen wäre ein Seil ganz von Vorteil. Rechts ist der Felsen und links das Wasser. Der Weg verläuft ein Stück durch Wald. Nach 15 Minuten kommen wieder zum Ufer und von dort können wir schon das Wasserrauschen hören. Nach einer guten Stunde kommen wir zum **Wasserfall** 02. Es handelt sich um einen Wasserfall im Tuffgestein. Er wird mit den Jahrhunderten immer höher. An beiden

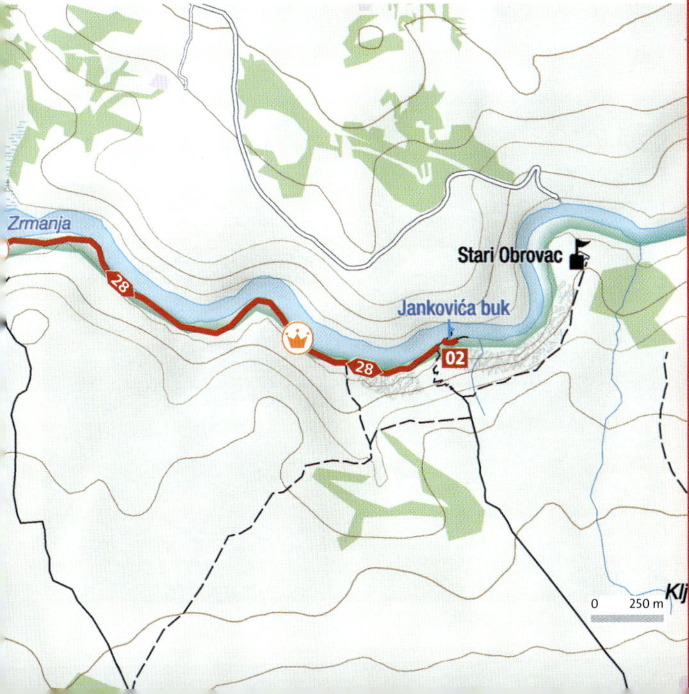

Zrmanja
28
Stari Obrovac
Jankovića buk
02
28
0 250 m

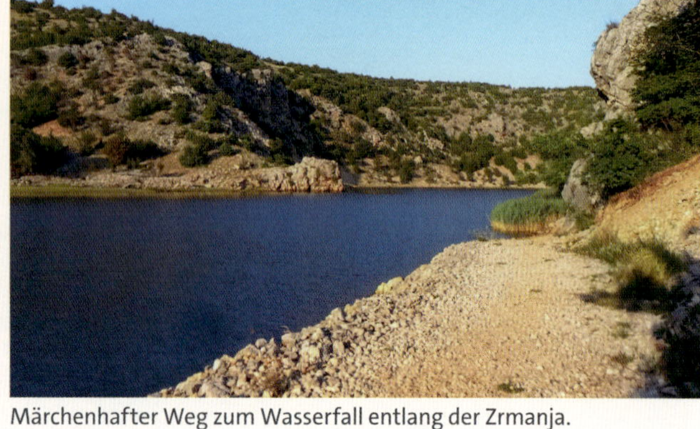

Märchenhafter Weg zum Wasserfall entlang der Zrmanja.

Seiten des Flusses gibt es Ruinen von Mühlen.

Wegen Einsturzgefahr darf man nicht an den Ruinen vorbeigehen. So kehren wir auf demselben Weg wieder nach Obrovac zurück. In diesem Gebiet wurden in den Sechzigerjahren Szenen von Winnetou- und Old Shatterhand-Filmen gedreht. Ich glaube, die Gegend wird auch Sie begeistern.

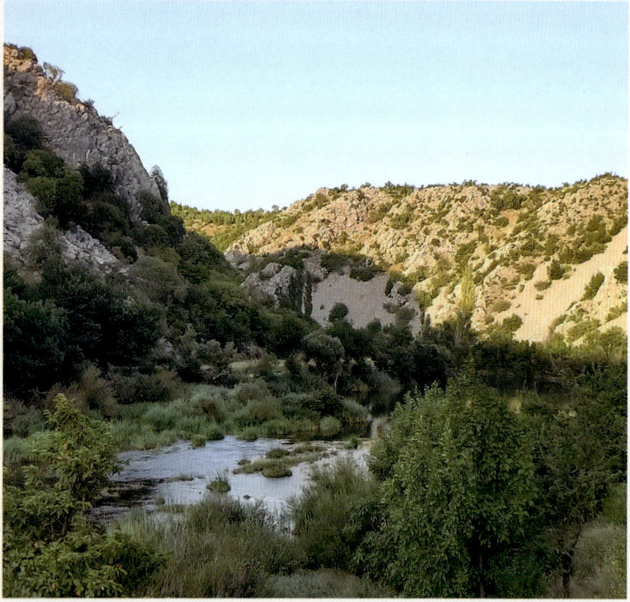

Oberhalb des Wasserfalls.

VRANSKO JEZERO

Drei kurze Wanderungen am Vransko jezero

  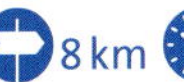 8 km 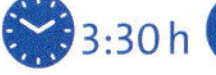 3:30 h 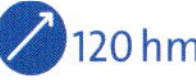 120 hm  120 hm 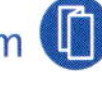 2900

START | Crkvine (Vogelschutzreservat), Parkplatz
Kamenjak (Aussichtshügel), 280 m, Parkplatz am Ende des Kreuzwegs
Prosika (Wasserkanal zwischen See und Meer), Parkplatz am See
[GPS: UTM Zone 33 x: 549.145 m y: 4.860.445 m]
CHARAKTER | Binnen 24 Stunden können wir mit einem Ticket alle drei Orte besichtigen

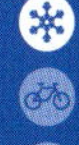

Ein Vogelschutzreservat, ein Aussichtshügel und ein Wasserkanal – die Reihenfolge in der wir sie besuchen, spielt keine Rolle.

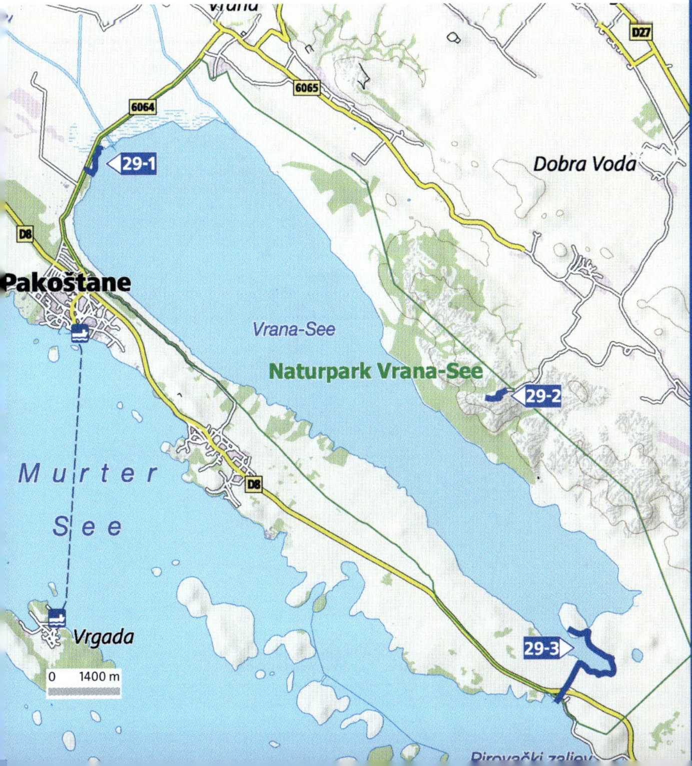

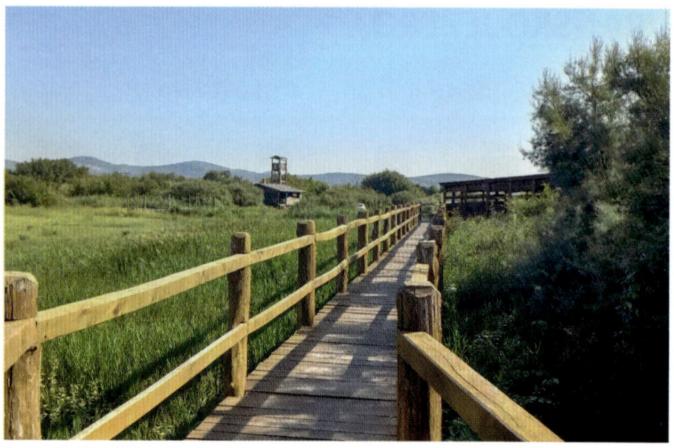

Lehrpfad im Vogelreservat.

Crkvine – Vogelreservat: Das ist die einfachste Wanderung.
▶ Nach der **Kasse** 01 führt der Weg auf den Stegen in das Vogelreservat. Es gibt einen 600 m langen Steg mit Beobachtungsstellen für die Vögel. Da dieser See reich an Nahrung ist und fast nie zufriert, sammeln sich im Winter mehr als 100 000 Vögel aus dem

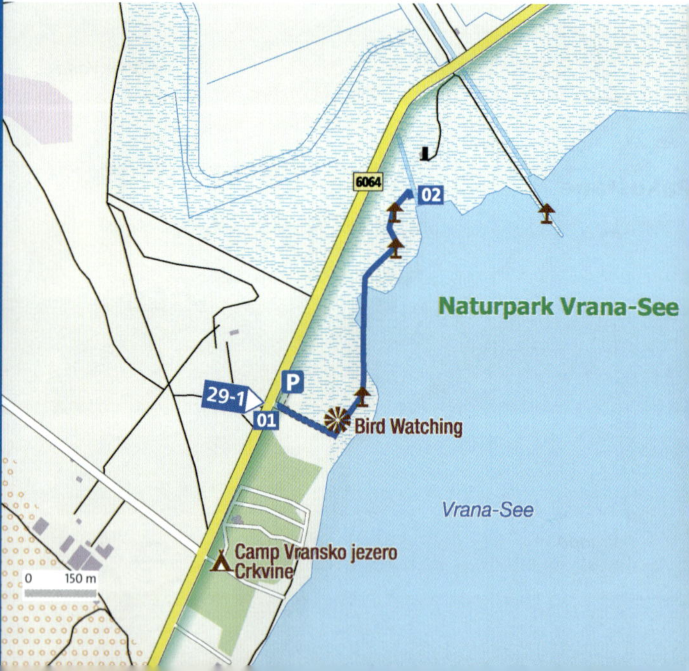

6064
02
Naturpark Vrana-See
29-1
P
01
Bird Watching
Vrana-See
Camp Vransko jezero Crkvine
0 150 m

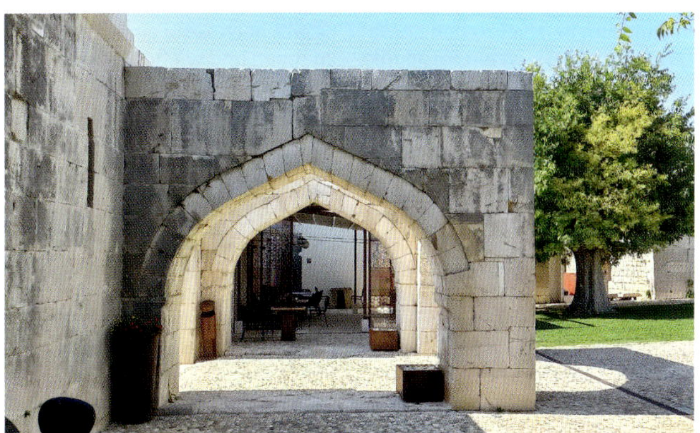

Heritage Hotel Mašković Han – das westlichste Gebäude der im Osmanischen Reich während des 16. Jahrhunderts gebauten Anlage.

Norden und überwintern hier. Ornithologen haben ein Camp am Ufer des Sees und beobachten und erforschen das Leben der Vögel. Vom **Ende des Steges** 02 gehen wir auf dem Hinweg zurück.

Kamenjak: Auf diesen 280 m hohen Berg führt uns eine Straße.
▶ Vom **Parkplatz** 01 zur Terrasse sind es knapp 500 m. Oben gibt es auch ein Restaurant. Von der **Terrasse** 02 können wir zum See und weiter zur Adria blicken. Geübte können mit passendem Schuhwerk noch auf dem mittelschweren, steinigen Weg den **Gipfel** 03 erreichen. Gehzeit ca. 10 Minuten. Hier öffnet sich noch das Panorama nach Westen. Bei klarem Himmel reicht der Blick zu den weit im Meer gelegenen

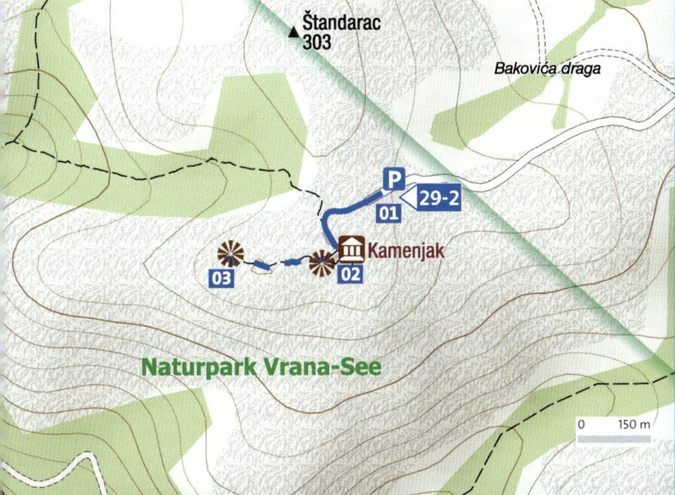

Inseln, zum Beispiel zu den Kornaten. Dieser Gipfel ist ein Fotopunkt für den Sonnenuntergang. Zum Auto oder zum Fahrrad kehren wir auf demselben Weg zurück.

Prosika: Parkplatz am Eingang des Naturpark Vransko jezero.
Vom **Eingang** 01 können wir entlang des Kanals zum Meer wandern. Der Kanal wurde schon im 18. Jahrhundert errichtet. Dadurch hat sich der Seespiegel um 3 Meter gesenkt. Somit wurde aus dem flachen Sumpf eine fruchtbare Erde. Das merkt man auch jetzt, da an vielen Stellen Obst und Gemüse aus dieser Gegend angeboten wird. Bei der Wanderung müssen wir die Bundesstraße queren. An der **Meeresseite des Kanals** 02 steht eine Säule mit dem Hinweis, dass der Kanal zuerst 4 m breit war und dass er im 20. Jahrhundert um zusätzliche 4 m verbreitert wurde. Es gibt noch Reste einer Fischzucht zu sehen und wir finden leicht eine Stelle am Meer zum Baden. Genauso können wir auch im See baden. Das Süßwasser ist relativ flach. Neben Booten können wir auch Fahrräder ausleihen. Für Wanderer gibt es ein weiteres leicht erreichbares Ziel – die Halbinsel Babin Školj. Ein breiter Weg, fast eine Schotterstraße, bringt uns vom **Eingang** 01 zum **Ostende des Sees** 03. Dann macht der Weg einen langgezogenen Bogen und danach achten wir auf die Abzweigung nach Babin Školj. Vor der Errichtung des Kanals war Babin Školj eine Insel. Hier war schon in der Römerzeit eine Festung mit Schutzmauern und Wehrtürmen errichtet worden. Heute steht auf der Halbinsel nur ein Bauernhof samt einem Schild für den Verkauf von Olivenöl. Hier ist die **Straße zu Ende** 04. Wir kehren zum Parkplatz zurück.

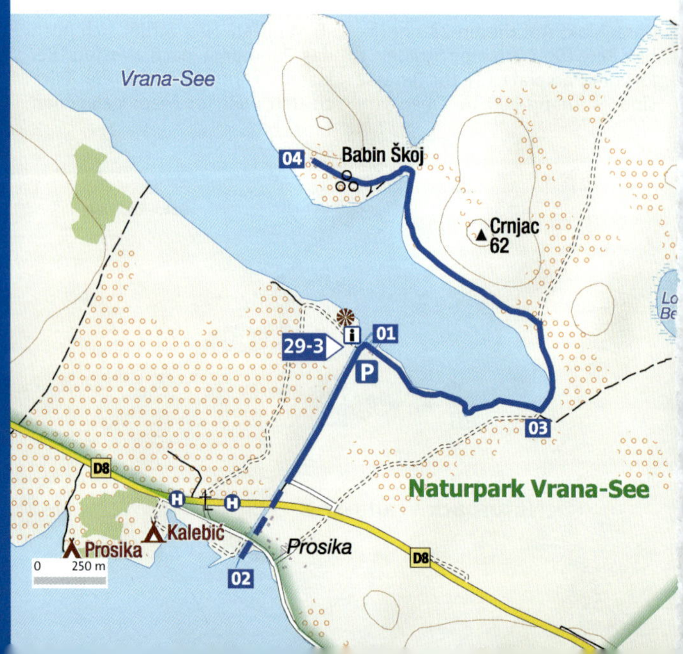

PIROVAC

Eine Küstenwanderung von Pirovac bis zur Kirche Sveti Martin

 5,2 km  2:00 h  80 hm  80 hm  2900

START | Parkplatz an der Südausfahrt von Pirovac [GPS: UTM Zone 33 x: 555.002 m y: 4.851.752 m]
CHARAKTER | Ein Wanderweg, der den Namen Fischerweg trägt. Er verläuft entlang der Küste in eine Bucht, wo wir etwas Schatten, die kleine Kirche Sveti Martin und römische Ruinen finden.

Ein breiter Weg führt uns vom **Parkplatz** 01 an mehreren Informationstafeln vorbei. Auch eine Meeresschildkröte ist in natürlicher Größe abgebildet. Auf der gegenüberliegenden Seite der Bucht sehen wir Pirovac. Unser Weg verläuft ganz nahe am Meer entlang. Der botanische Wanderweg biegt nach links ab und bringt die Wanderer über die Hügel, abseits vom Meer, auch zum selben Ziel. Unser Weg ist ganz flach, wir können immer und an jeder Stelle baden gehen. Da das Meer seicht ist, gibt es keinen Seeverkehr. Das garantiert uns eine gewisse Stille. Nach einer halben Stunde endet der breite Weg und wird zum gewöhnlichen Pfad. Er schlängelt sich unweit vom Meer zwischen Sträuchern und kleinen Bäumen dahin. Der Weg ist nicht markiert, aber wir können ihm leicht folgen, da es keine Wegkreuzungen gibt. Kurz vor unserem Ziel verläuft der Weg wieder am Ufer entlang. Wir können die kleine Kirche schon erblicken. Zuerst scheint es, dass unser Uferweg an der Kirche vorbeigehen wird. Mit etwas Geduld gelangen wir zu der geeigneten Stelle, wo wir nach links abbiegen können; über eine kleine Wiese

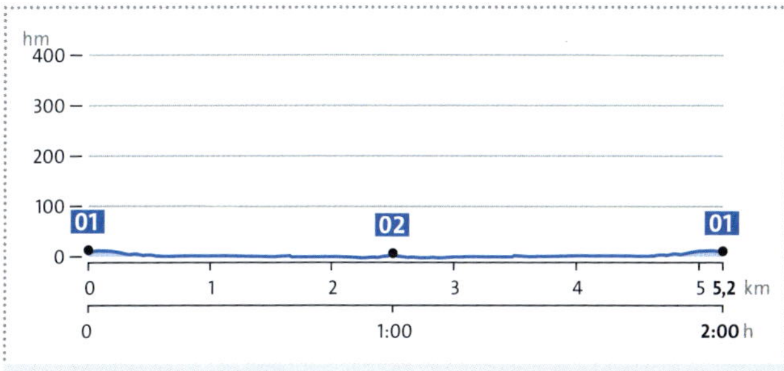

01 Startpunkt, 6 m; 02 Kirche Sveti Martin, 2 m;

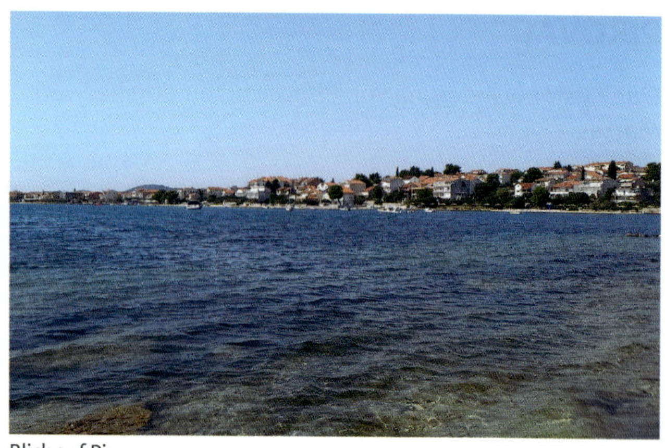

Blick auf Pirovac.

erreichen wir die **Kirche** 02 und römische Ruinen. Eine Informationstafel erklärt die Geschichte des Ortes. Unter den Kiefern können wir im Schatten rasten, dann machen wir uns auf demselben Weg zurück. Das Meer ist sehr flach, somit erwärmt es sich überdurchschnittlich. Auch im Herbst kann man hier baden.

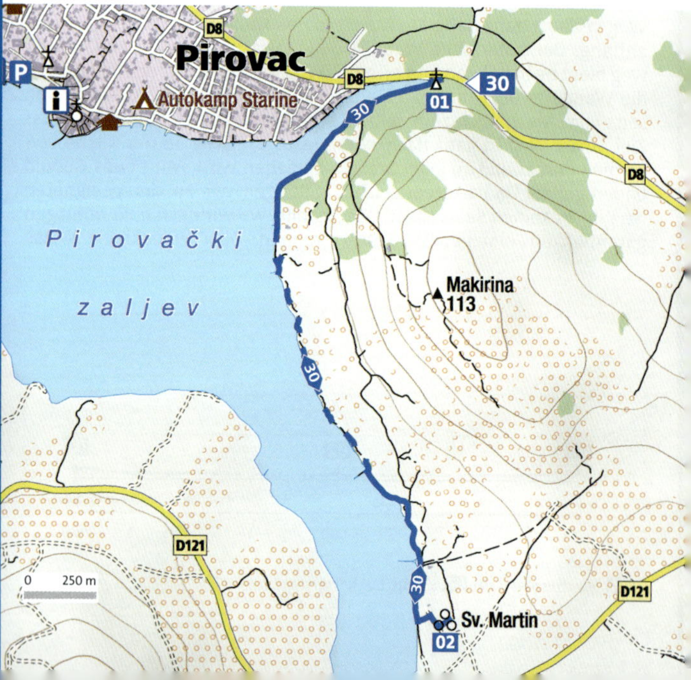

Pirovac
Autokamp Starine
Pirovački zaljev
Makirina 113
Sv. Martin
D8
D121
0 250 m

MURTER

Ein Aufstieg vom Strand zum Ort und zurück.

  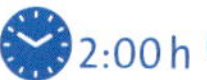 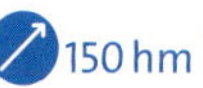 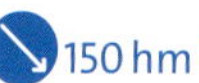 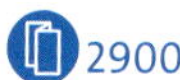

START | Lokve Jezero, 55 m (Abzweigung von der Straße nach Murter und Betina)
[GPS: UTM Zone 33 x: 551.005 m y: 4.848.693 m]
CHARAKTER | Eine leichte Tour, die von der Mitte der kleinen Insel zu zwei Stränden führt. Es gibt keine Markierungen; wir wandern auf wenig befahrenen Schotterstraßen.

Im Ort gibt es nur wenige Parkplätze. Etwa 300 m entfernt findet man vor dem Tommy-Supermarkt einen großen Parkplatz.

An der **Straßenkreuzung** 01 steht eine große Wegweisertafel. Unter anderem ist auch die Kircher Sveti Nikola angeschrieben – das ist unser erstes Ziel. Nach 300 m wandern wir an der Kirche Sveti Rok vorbei, danach endet der Asphaltbelag. Es gibt noch einige Straßenkreuzungen, unser Ziel ist aber immer angeschrieben. Unser Weg senkt sich langsam zum Meer. Zuerst erblicken wir Fischerboote. Auf der linken Seite steht auch ein großes Fischerhaus. Die Kirche Sveti Ivan erscheint wie ein Zwerg. Hier in der Bucht bei der **Kirche Sveti Nikola** 02 legen wir eine Pause, im Sommer eine Badepause, ein. Dann wandern wir ca. 400 m zurück und biegen ohne Wegweiser nach links ab. Auch bei der nächsten Straßenkreuzung gibt es keinen Wegweiser, diesmal biegen wir nach rechts ab. Auf den ersten 200 m steigt die Straße an, danach senkt sie sich zum Kap Murtarić. Kurz vor dem Kap endet die Straße und die letzten Meter wandern wir auf dem gut erkennbaren

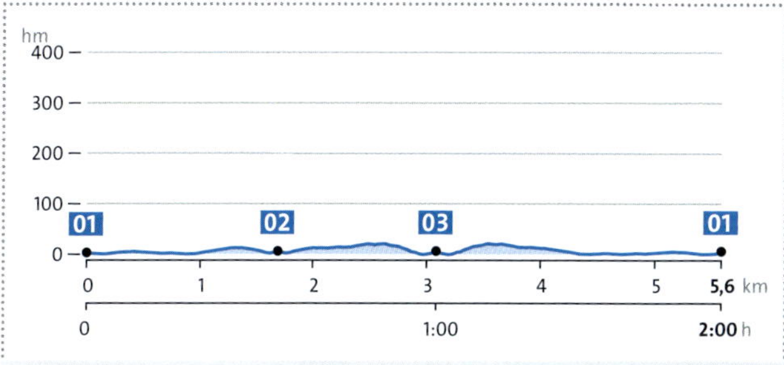

01 Straßenkreuzung, 3 m; 02 Kirche Sveti Nikola, 0 m; 03 Kap Murtarić, 6 m;

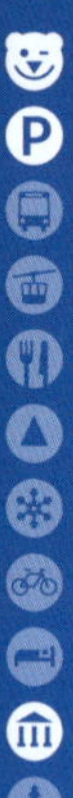

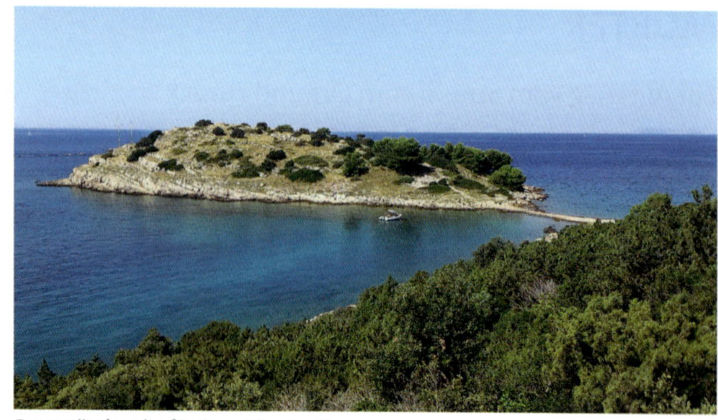

Das märchenhafte Kap Murtarić.

Pfad. Das Kap hat eine interessante Form. Der enge Zugang ist bei Flut nur wenige Meter breit. Auf dem Kap steht ein grünes **Leuchtfeuer** **03**. Die Gegend lädt zum Baden ein. Die Rückkehr verläuft auf den bereits begangenen Straßen. An den Kreuzungen achten wir auf den richtigen Wegverlauf. Bei zwei Kreuzungen halten wir uns links. So gelangen wir wieder zurück nach **Lokve Jezero** **01**. Die kleine Insel Murter bietet noch mehrere ähnliche Wanderungen zu verschiedenen Buchten mit Badestränden.

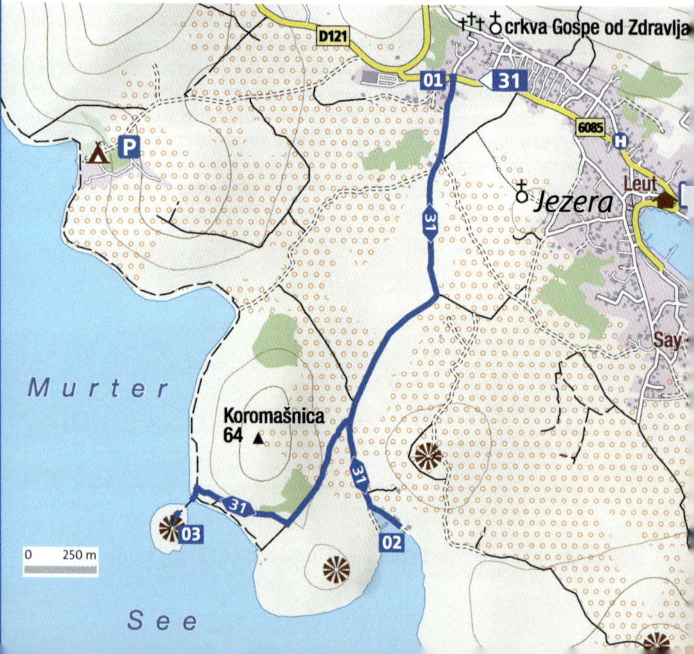

ŠIBENIK

Eine Wanderung auf einem neuen Weg entlang des Kanals Sveti Ante bei Šibenik

 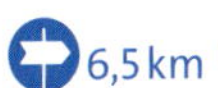 6,5 km 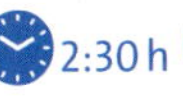 2:30 h 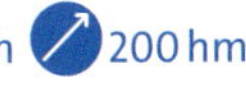 200 hm 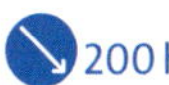 200 hm  2900

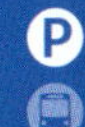
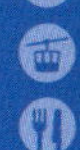
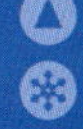
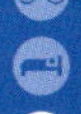

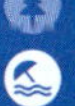

START | Parkplatz bei Zablaće (Wegweiser zum Kanal Sveti Ante) [GPS: UTM Zone 33 x: 569.293 m y: 4.841.077 m]
CHARAKTER | Ein Wanderweg, der seinesgleichen sucht: Er ist großteils beleuchtet. Es gibt Aussichthügel, es gibt unterirdische Tunnel als U-Boot-Verstecke, es gibt schöne Buchten zum Baden.

In der Nähe des **Parkplatzes** 01 gibt es gleich einen Strand. Von dort wandern wir zuerst durch den Wald zu einem ehemaligen militärischen Lager für Minen. Deswegen heißt der Ort Minerska. Wegen der Explosionsgefahr war dieses Lager auf eine besondere Weise konstruiert. Eine eventuelle Explosion in einem Gebäude sollte nicht eine Explosion in einem anderen Gebäude verursachen. Deswegen wurden besonders dicke und besonders geformte Mauern gebaut. Auch die Abstände zwischen den Gebäuden wurden genau bedacht. Wir finden auch die Reste der Schmalspurbahn vom Hafen bis zum Lager. Eines der Gebäude wurde zu einem Museum umgebaut.

Danach verläuft der Weg entlang des Ufers. Jede Bucht kann als Privatstrand genutzt werden. Kurz vor dem ersten Vidikovac (Aussichtshügel) führt ein Weg mit Treppen hinunter zum Meer. Wir folgen diesem Weg und gelangen zu den **U-Boot-Verstecken** 02 aus dem vergangenen Jahrhundert. Dabei handelt es sich um einen Tunnel

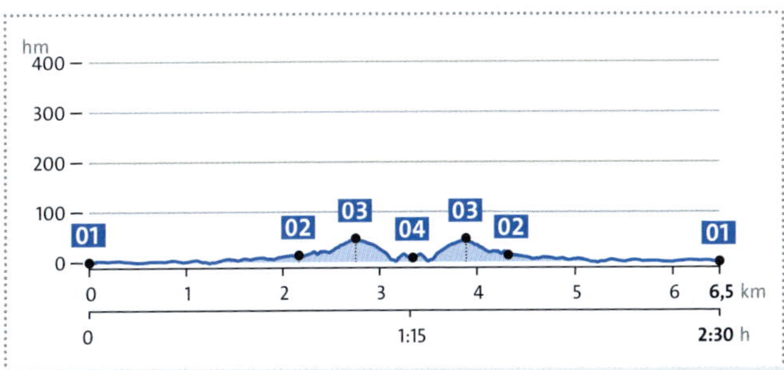

01 Startpunkt, 0 m; 02 Meerestunnel, 14 m; 03 Aussichtspunkt, 50 m; 04 Ende des Kanals, 10 m;

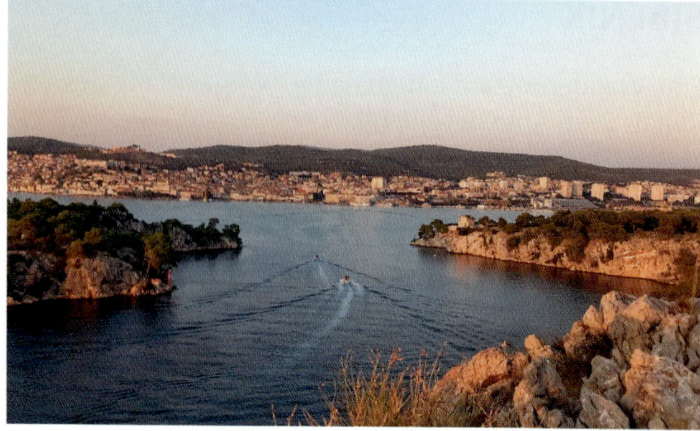
Kanal Sveti Ante mit Šibenik im Hintergrund.

im Meer, in dem sich U-Boote verstecken konnten. Zur Zeit des Zweiten Weltkriegs war das ein super Versteck. Nach der Erfindung der ferngesteuerten Torpedos und nach dem Abzug der Armee ist diese Höhle nur noch eine Touristenattraktion. Nach der Besichtigung dieses Meerestunnels kehren wir zum Weg am Kanal zurück. Es folgt ein Anstieg zum ersten Aussichtspunkt. Von hier sieht man schon die Hafenstadt Šibenik. Im Kanal herrscht immer ein reger Schiffsverkehr. Unser nächstes Ziel ist der **zweite Aussichtspunkt** 03. Er ist noch etwas höher als der erste, das verspricht noch eine bessere Rundsicht. Bis zum **Ende des Kanals Sveti Ante** 04 sind es nur noch 10 Gehminuten im Abstieg.

Hier können wir uns entscheiden – entweder machen wir einen Rundweg durch die Wälder im Festland oder wir kehren auf demselben Weg zurück. Ich habe mich entschieden, nochmals am Kanal zurückzugehen.

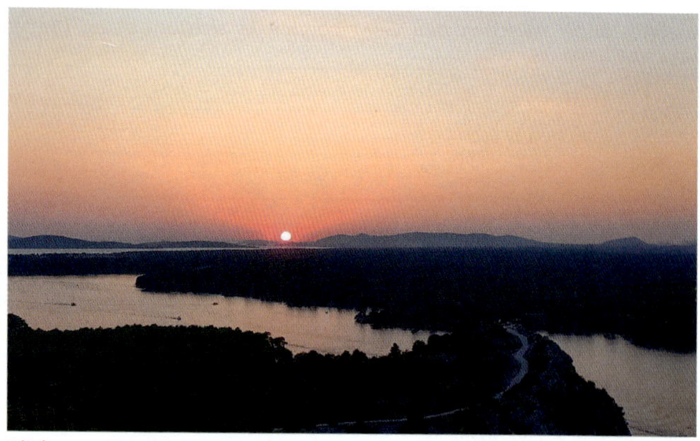
Blick vom Aussichtpunkt auf die untegehende Sonne.

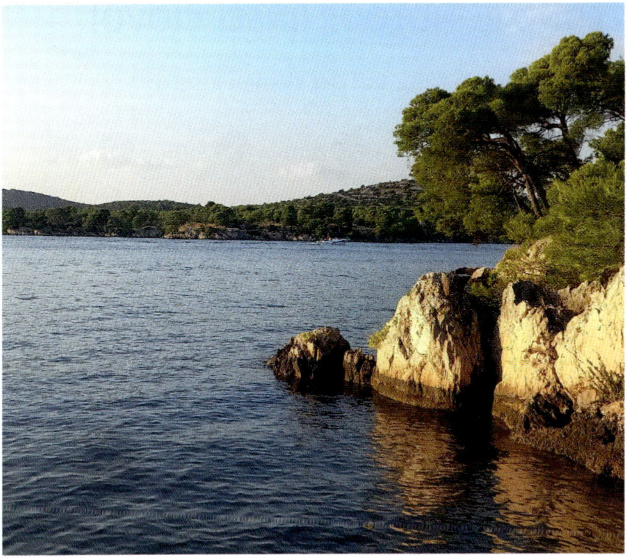

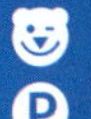
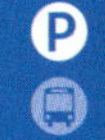
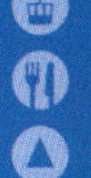
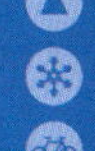

Jeder findet seinen eigenen Strand am Kanal Sveti Ante.

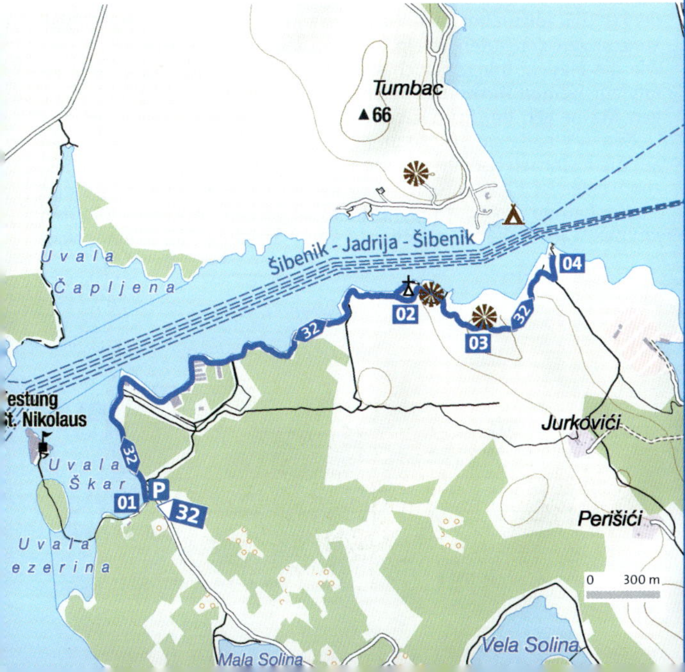

Tumbac
▲66
Šibenik - Jadrija - Šibenik
Uvala Čapljena
04
02
03
32
Festung St. Nikolaus
Uvala Škar
01
P
32
Jurkovići
Uvala Jezerina
Perišići
0 300 m
Mala Solina
Vela Solina

ŽEDNO RUNDTOUR (INSEL ČIOVO)

Eine Rundwanderung auf der kleinen Insel mit zwei Zielen

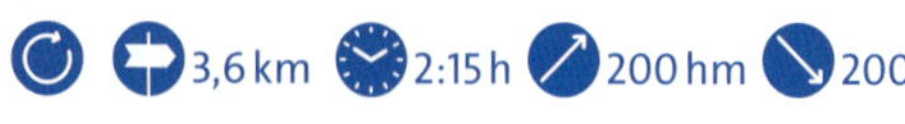

START | Ort Žedno, 174 m
[GPS: UTM Zone 33 x: 604.266 m y: 4.817.633 m]
CHARAKTER | Eine Tour, die im Ort Žedno startet und auf der man das einzige (Trink-)Wasser beim Start bei der Kirche vorfindet. Dieser Wasserhahn ist Gold wert.

Rund um die Kirche gibt es viele Wegweiser. Eine Tafel zeigt zwei Varianten, eine blaue und eine rote. Wir halten uns an die roten Markierungen und Tafeln.

Vom Ausgangspunkt in **Žedno** 01 gehen wir stets etwas bergab und folgen bei allen Wegkreuzungen den roten Tafeln. So wie die blauen, bringen auch sie uns zur kleinen **Kirche des Heiligen Mavar** 02. Im dichten Wald treffen wir nach ca. 30 Minuten auf die historisch bedeutende Kirche. Leider ist die Wunschglocke „außer Betrieb“, weil das Tau nicht an den Glockenhebel angebunden ist. Von der Kirche wandern wir ein Stück zurück und achten auf die roten Markierungen und auf die Tafel, die uns nach rechts weist. Dann folgen wir einem markierten Weg, der eigentlich an den Kreuzungen beschildert sein sollte. Dieses „sollte“ habe ich deswegen geschrieben, weil an der letzten Kreuzung die Beschilderung fehlt. Wenn wir vor uns schon das Dorf Žedno sehen, müssen wir auf der gut erkennbaren Wegkreuzung den rechten Weg nehmen. Dieser ist auch besser ausgetreten. Der Weg steigt mäßig. Nach etwa 15 Minuten kommen wir wieder zu einer nicht

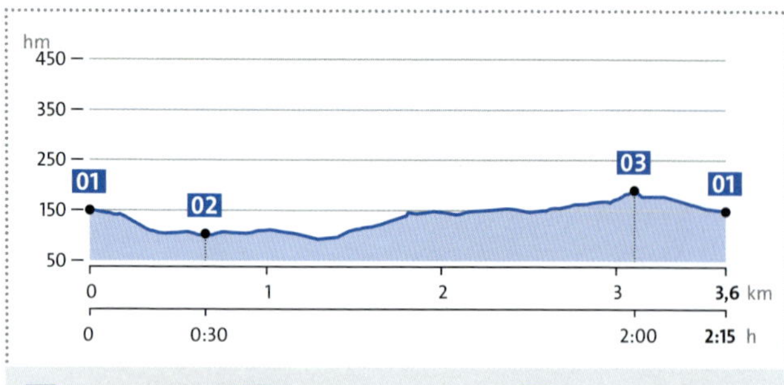

01 Startpunkt, 150 m; 02 Kirche Sveti Mavar, 99 m; 03 Aussichtspunkt, 186 m;

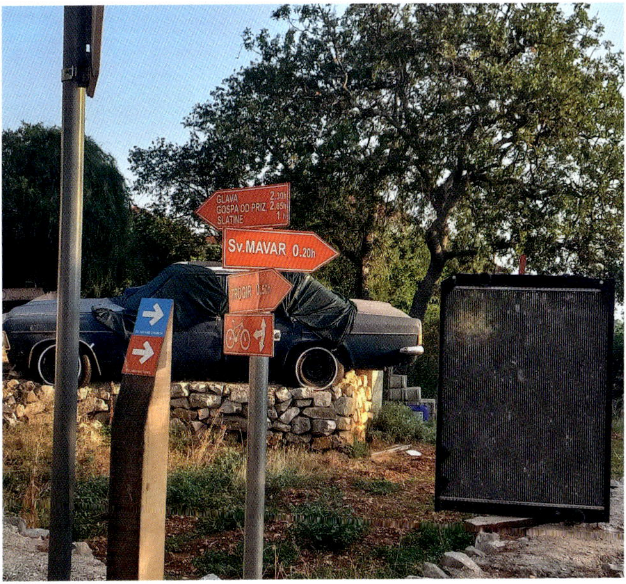

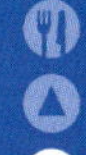
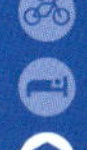

Bei so vielen Wegweisern ist das Verlaufen sehr wahrscheinlich. Ist mir auch passiert.

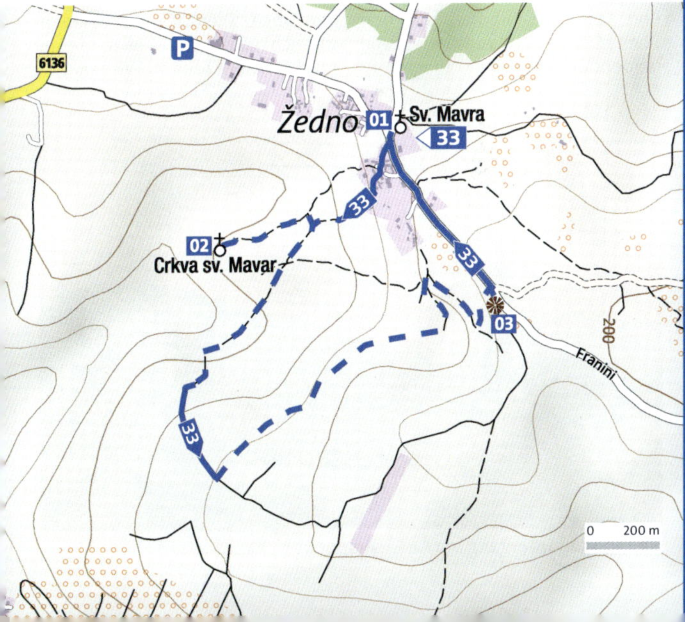

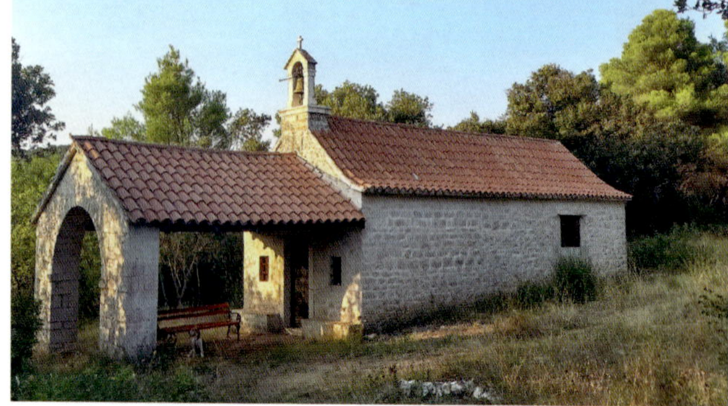

Die Kirche des Heiligen Mavar.

beschilderten Wegkreuzung. Hier biegen wir nach links ab und steigen steiler als bisher hinauf. Zum Glück dauert dieser Anstieg nicht mehr als 10 Minuten. Oben treffen wir auf eine Straße und genau hier ist auch ein **Aussichtspunkt** 03.

Die Stelle ist mit Bänken versehen. Oft kommen Fotografen und Touristen hierher, um den Sonnenuntergang zu erleben. Die landenden Flugzeuge fliegen in einem bestimmten Moment vor der Sonne bei Untergang vorbei. Diese Bilder kommen uns vor wie aus einem Film. Für die Rückkehr nach **Žedno** 01 nehmen wir die Asphaltstraße. Vom Aussichtspunkt zum Ausgangspunkt sind es nur noch knappe 15 Minuten. Der Wasserhahn bringt uns die verdiente Erfrischung und stillt den Durst. Das Meer zum Baden ist auch nicht weit, es sei denn, Sie machen diese Tour im Winter.

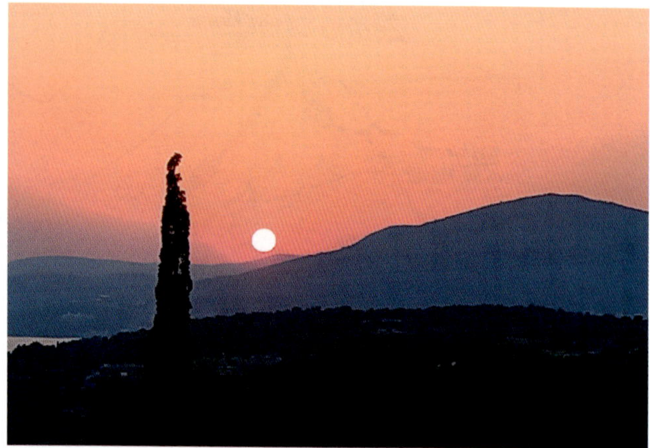

Der Sonnenuntergang am Aussichtspunkt ist ein beliebtes Fotomotiv.

ARBANIJA – ŽEDNO (INSEL ČIOVO) • 174 m

Ein Aufstieg vom Strand zum Ort Žedno in der Mitte der Insel und zurück

  3,3 km  2:30 h  200 hm  200 hm  2900

START | Arbanija, 0 m (rote Wegweiser an der Uferstraße) [GPS: UTM Zone 33 x: 605.131 m y: 4.818.682 m]
CHARAKTER | Eine leichte Tour, was den Weg anbelangt, aufgrund der fehlenden Markierungen gleich nach dem Start aber für die Orientierung sehr anspruchsvoll

Arbanija ist ein langgezogener Küstenort auf der Insel Čiovo. Vom langen Strand sieht man zum Festland und auf den Flughafen von Split.

Wir beginnen unsere Wanderung an der **Uferstraße** 01 Richtung Slatine, ca. 500 m östlich der Kirche in Arbanija. Eine enge Straße führt aufwärts. Manche schmale Stellen können nur mit kleinen PKW befahren werden. Sehr wichtig ist es, dass wir an einer kleinen **Kreuzung** 02 mit einer waagerechten Ortstraße nach rechts abbiegen. Zur Orientierung: Wenn wir sehen, dass vor uns der Asphaltbelag zu Ende ist, dann ist das die richtige Stelle, um nach rechts abzubiegen. Nach wenigen Minuten kommen wir zu den letzten Häusern und nach weiteren 200 m treffen wir auf die erste Markierung. Der Weg steigt stetig an, manchmal im Schatten der Bäume, manchmal nur im Gebüsch. An einigen Stellen kann man auf das Meer zurückblicken. Im oberen Teil wird der Wald dichter. Wenn wir nach einer Stunde die ersten Olivenhaine erreichen, wird der Weg flacher. In einer mäßigen Steigung erreichen

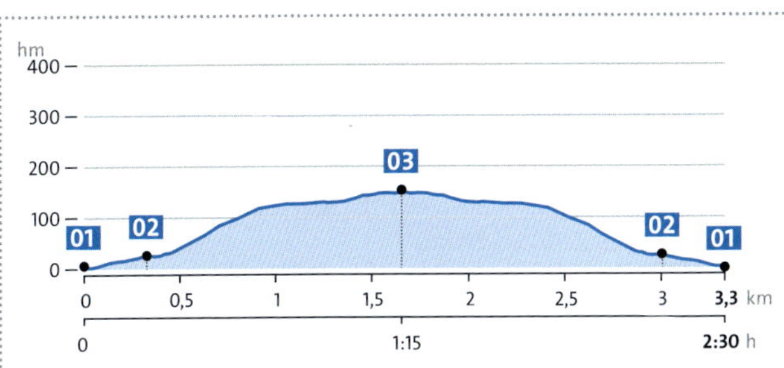

01 Uferstraße, 1 m; 02 Wegkreuzung, 26 m; 03 Kirche Sveti Ivan, 150 m;

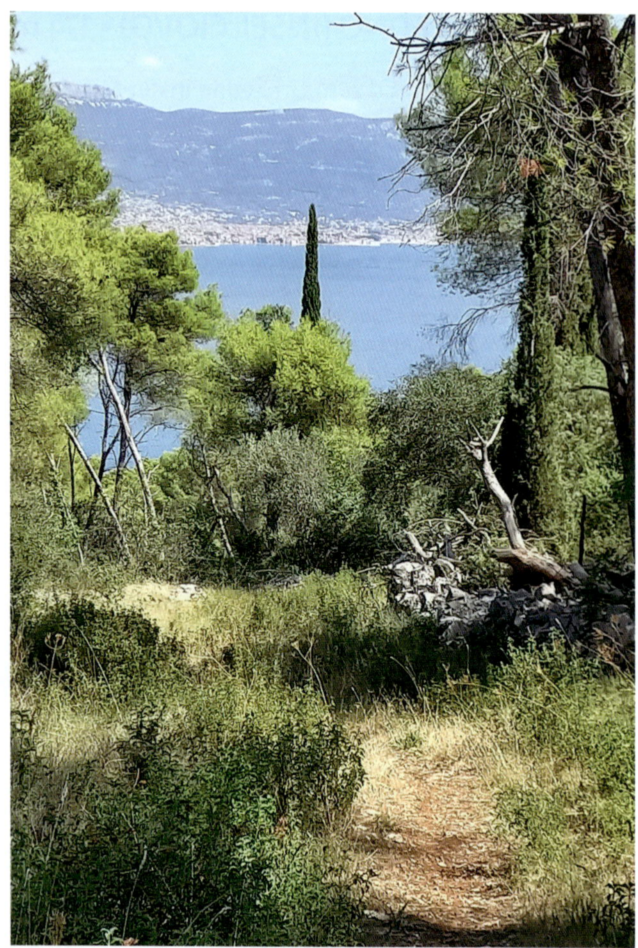

Ein typischer Wegabschnitt auf der Insel Ćiovo.

wir zuerst die Geräte der Trimmanlage und gleich danach die ersten Häuser von Žedno. „Žedno" heißt auf Deutsch Durst. Anders als der Ortsname vermuten lässt, steht im Park vor der **Kirche Sveti Ivan** 03 ein Wasserhahn mit Trinkwasser. Eine Erleichterung für durstige Wanderer. Vom oberen Teil des Ortes kann man auf die Westseite der Insel blicken.

Die Rückkehr verläuft auf demselben Weg. In einer Stunde erreichen wir wieder den Strand von Arbanija. Volle Verpflegung erhält man in Arbanija. In Žedno gibt es nur Wasser.

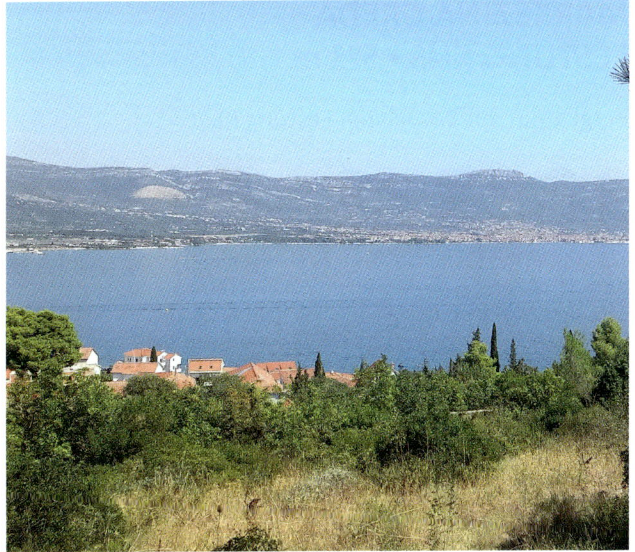

Blick zum Festland, vorne rechts ein Vorort von Split.

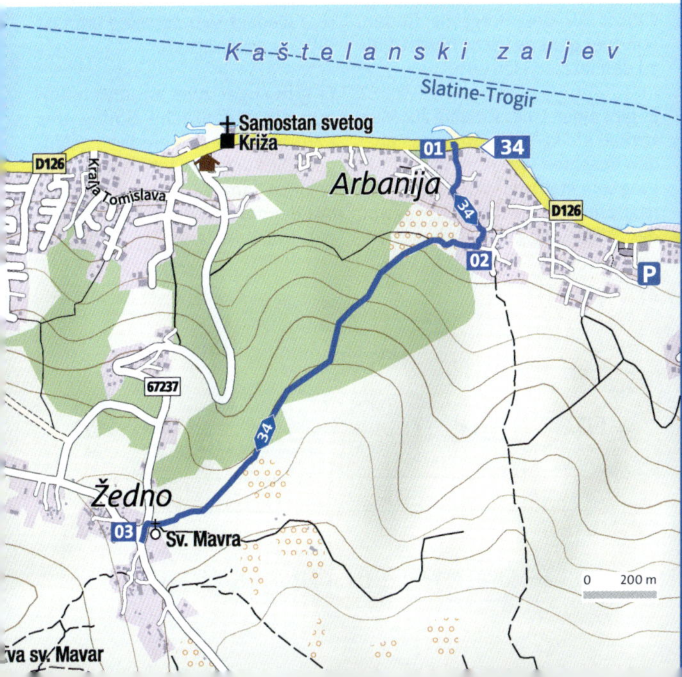

Kaštelanski zaljev
Slatine-Trogir
Samostan svetog Križa
D126
Kralja Tomislava
01
34
Arbanija
34
D126
02
P
67237
34
Žedno
03
Sv. Mavra
0 200 m
Crkva sv. Mavar

MARKEZINA GREDA – FESTUNG KLIS • 573 m

Bergkamm mit Besuch der Festung Klis

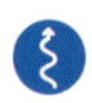 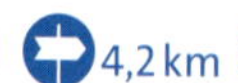 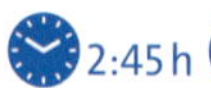 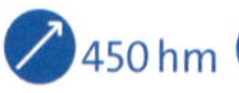 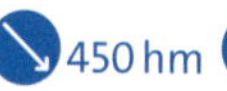 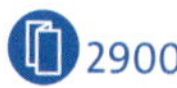

4,2 km | 2:45 h | 450 hm | 450 hm | 2900

START | Ort Klis (Parkplatz beim Fußballstadion) [GPS: UTM Zone 33 x: 623.019 m y: 4.824.315 m]
CHARAKTER | Ein Aufstieg auf einen Kamm, der uns bei der Einfahrt nach Split begleitet und die Blicke auf sich zieht. Auf dem Rückweg steigen wir noch zur Festung Klis auf und genießen die Ausblicke und die Geschichte, die die alten Mauern erzählen.

Vom **Parkplatz** 01 gehen wir auf der Straße Richtung Ortszentrum. Links geht es zur Festung Klis; wir halten uns rechts in eine schmale Straße, wo wir den Wegweiser für drei Bergziele finden. Von hier geht es leicht bergauf bis zu den letzten Häusern.

Es gibt einen Linksabzweig zur Markezina greda – direttissima, aber den beachten wir nicht, weil dieser Weg sehr steil und wenig begangen ist. Dann hört der Asphaltbelag auf, der Weg wird zum Pfad und beginnt, steiler zu werden. Der Pfad verläuft ohne viele Kurven in Richtung Westen. Nach mehr als 30 Minuten erreichen wir die **Scharte Odžići und eine illyrische Säule** 02. Hier wendet sich der Weg um fast 180 Grad nach Osten.

Es gibt sogar zwei Varianten, um auf die eigentliche Spitze des Kamms Markezina greda zu gelangen. Die kurze Variante weicht dem felsigen Kamm aus und verläuft im Wald unterhalb des Kamms, dagegen führt die lange Variante über

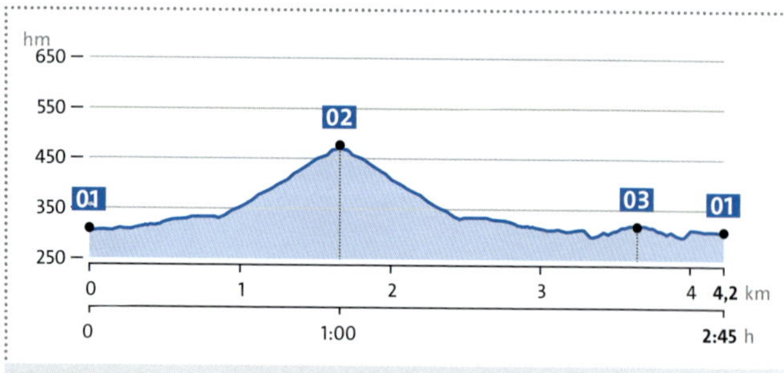

01 Startpunkt, 303 m; 02 Odžići, 476 m; 03 Festung Klis, 324 m;

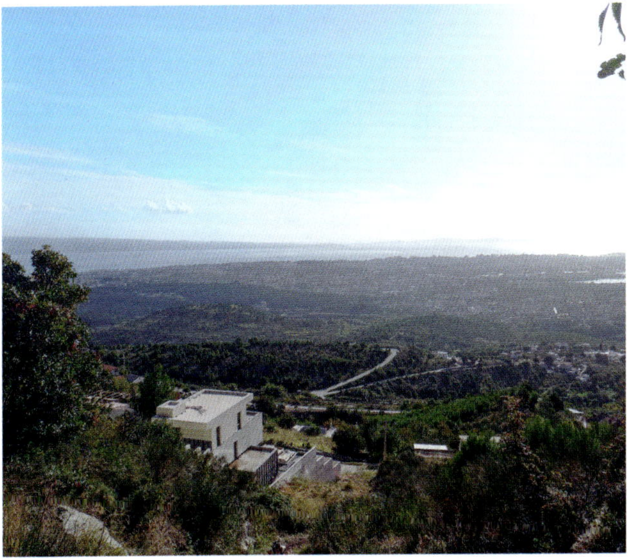

Ausblick zum Meer vom Aufstieg auf Markezina greda.

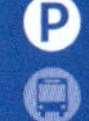
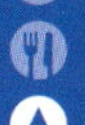
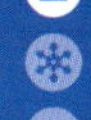
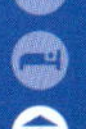

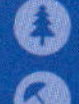

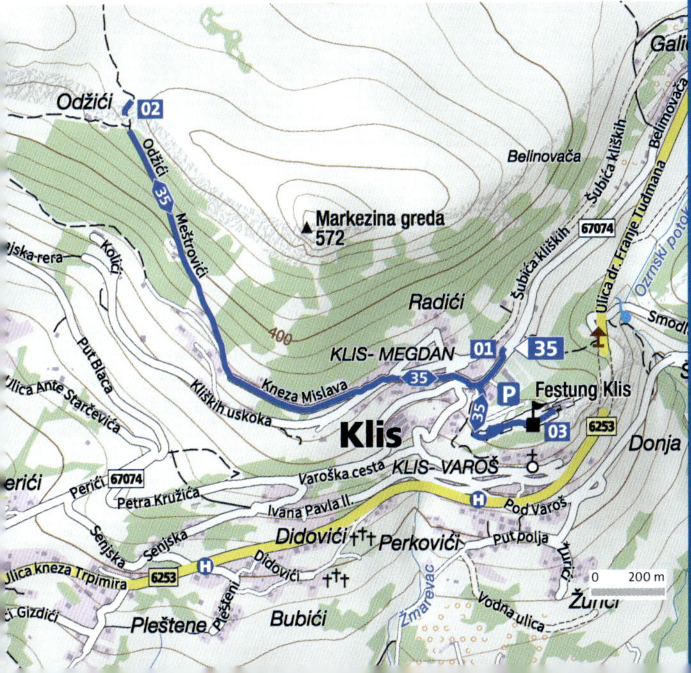

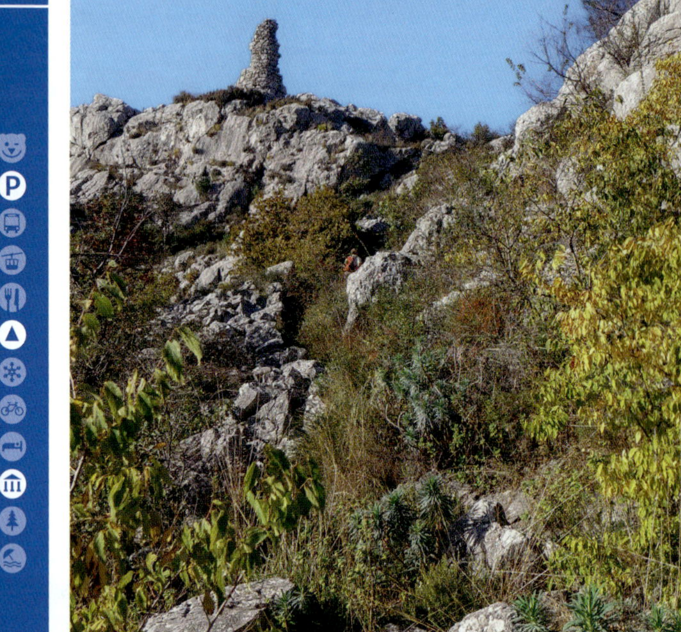
Illyrische Säule – wie lange wird sie noch dem Wetter trotzen?

jeden Gipfel in der Kammkette und ist deswegen um 15 Minuten länger. Vom Gipfel ist die Aussicht noch besser als von der Scharte. Wir beginnen trotzdem schon an der Scharte mit dem Rückweg, um noch Zeit und Kraft für die Besichtigung der Festung Klis zu haben.

Die Festung Klis ist ein wahres Natur- und Bauwunder. Der felsige Kamm oberhalb der Ortseinfahrt nach Split bietet eine ausgezeichnete Kontrolle über den Zugang zum Hafen von Split. Auch die Türken hatten im Mittelalter sehr viel Mühe, diese Festung zu erobern. Heute befindet sich hier ein Museum, für das wir eine Eintrittsgebühr zahlen müssen. In der Festung gibt es unzählige Treppen und Mauern. Es geht durch drei Tore, bevor man auf die höchste Erhebung der **Festung Klis** 03 gelangt. Im Norden sehen wir die Markezina greda und andere Teile des Kozjak Gebirges, im Süden die Stadt Split. Mit dem Fernglas können wir die Schiffe im Hafen erkennen, die Fähren beobachten und den Turm des Diokletianpalasts sehen. Zum **Parkplatz** 01 gelangen wir in weniger als 15 Minuten.

MARJAN SPLIT • 178 m

Die Halbinsel der inoffiziellen Hauaptstadt Dalmatiens

 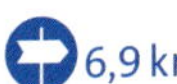 6,9 km  2:45 h  400 hm  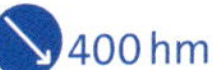 400 hm  2900

START | Split – Straße Marjanski put bei der Schranke [GPS: UTM Zone 33 x: 615.416 m y: 4.818.475 m]
CHARAKTER | Eine ziemlich lange Wanderung mit vielen Anstiegen auf den Hausberg von Split

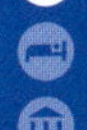
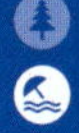

Nach der **Schranke** 01 wandern wir noch wenige hundert Meter auf der Straße, danach biegen wir nach links auf die Treppen ab, die uns in die Nähe des Zoos bringen. Dort verlassen wir den Weg und steigen auf langen Treppen zur **Aussichtsplattform** 02 am Hauptgipfel des Marjan mit Marjan-Denkmal. Das Plateau ist groß, die Aussicht großartig.

Weiter geht es langsam bergab. Wir können nach links auf einen Fußweg ausweichen. Hier gibt es keine Radfahrer. Nach 20 Minuten kommen wir wieder auf die asphaltierte Straße. Wir folgen den Wegweisern zu den **Kirchen Betlehem und St. Agnes** 03. Dieser Bereich heißt Šantine Stijene. In den Felsen gibt es einen Klettergarten und ein Versteck in einer Felsspalte oberhalb einer Kirche. Unterhalb der Kirche wählen wir den Weg, der bergab führt. Und so erreichen wir die Stadt Split.

Dann gehen wir auf den Straßen Richtung Osten. Zuerst wandern wir an der **Galerie** 04 des berühmten Bildhauers Meštrović vorbei. Als nächstes kommen wir an zwei Stränden vorbei – Kaštelet und Ježinac – und danach biegen wir weg vom Meer in Richtung Stadtteil

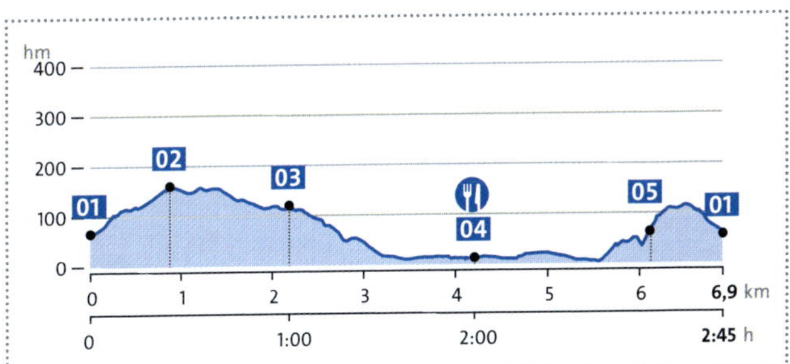

01 Schranke, 63 m; 02 Aussichtsplattform, 162 m; 03 Kirche Crkva Gospa od Betlema, 121 m; 04 Galerie Mestrovic, 10 m; 06 Kirche St. Nikolas, 42 m;

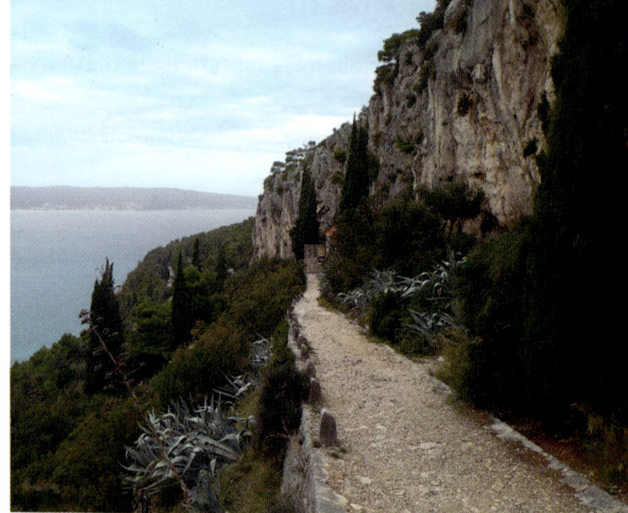
Šantine stjene auf der Halbinsel Marjan.

Varoš. Hier beginnt die Freitreppe mit 300 Stufen. Wir folgen diesem Weg. Zuerst wandern wir an der **St.-Nikolas-Kirche** 05 vorbei. Dann suchen wir die Wegweiser zum Zoo. Beim Zoo treffen wir auf den Weg des Aufstiegs. Wir gehen auf ihm noch den letzten Kilometer bergab und erreichen wieder den Ausgangspunkt – die Schranke auf der Straße Marjanski put.

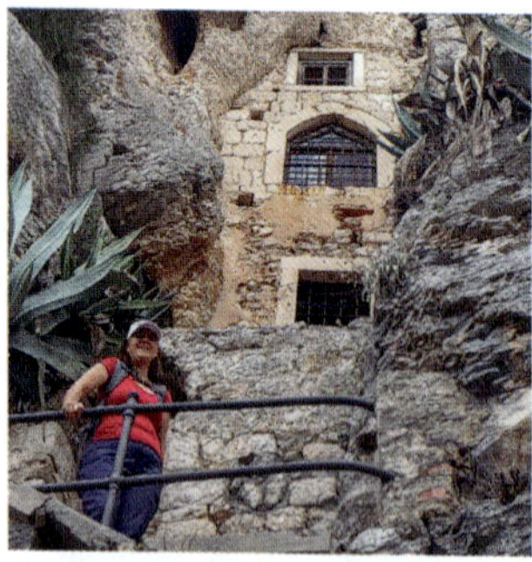
Ein gemauertes Versteck.

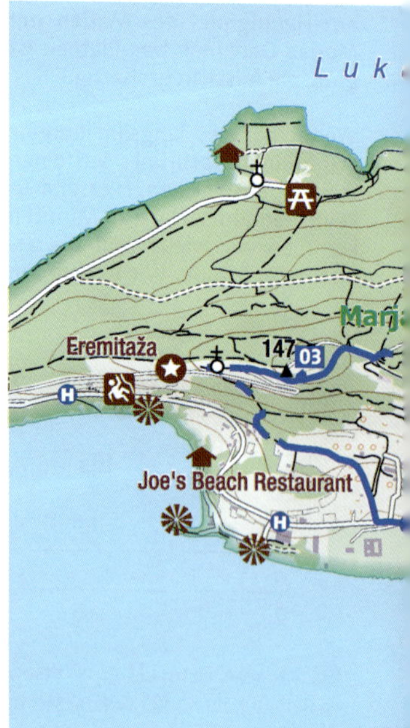

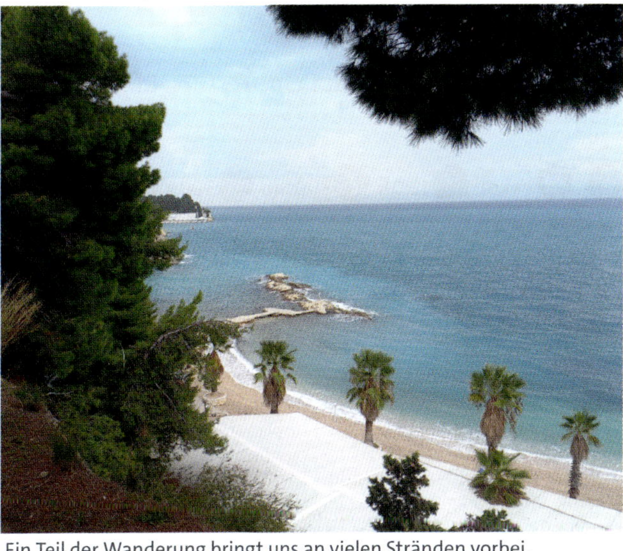

Ein Teil der Wanderung bringt uns an vielen Stränden vorbei.

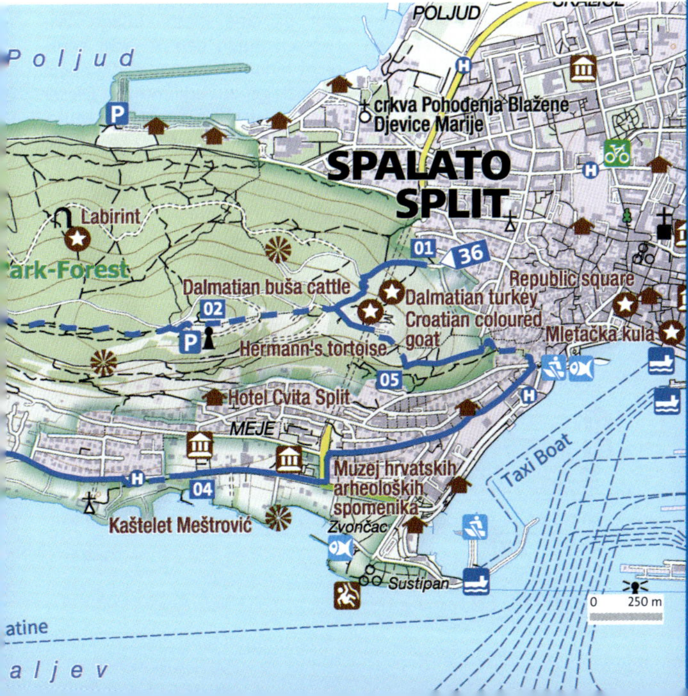

37

FORTICA OMIŠ • 303 m

Eine anspruchsvolle Tour auf eine Festung über der Stadt Omiš

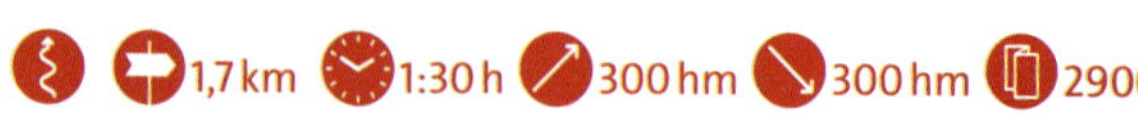

START | Parkplatz zwischen den beiden Tunneln an dem Fluss Cetina [GPS: UTM Zone 33 x: 637.119 m y: 4.811.882 m]
CHARAKTER | Eine sehr kurze, aber sehr steile Tour

Zwischen den beiden Tunneln gibt es einen gebührenpflichtigen Parkplatz. Am Abend kassiert keiner mehr, so dass wir den Sonnenuntergang ohne Parkgebühr erleben können.

Unweit des **Parkplatzes** 01 suchen wir das Schild „Fortica 45 min". Sogleich geht es richtig los. Mit allen vier Gliedmaßen starten wir steil bergauf. Die Steilheit lässt nirgends nach. Ab und zu treffen wir auf schöne Kehren, die aber dem Wetter nicht lange standhalten. Die vielen Bergsteiger, die Regenfälle und die Erosion machen den Weg wirklich mittelschwer. Nach einer halben Stunde können wir zwischen den Baumkronen schon die Festung erblicken. Sie steht noch etliche Meter über uns. Unser Weg macht einen Bogen, somit kommen wir von hinten zur **Festung** 02. Einige Teile der Festung wurden erhalten und wiederaufgebaut. Dafür zahlt man Eintritt. Beim Aufstieg auf den Turm gibt es eine Klettereinlage. Wir müssen durch den Schacht senkrecht hinaufklettern, um die obere Turmetage zu erklimmen. Dieser Schacht ist nur für schlanke Leute. Diejenigen, die über 100 kg auf die Waage bringen, kommen hier nicht durch. Von oben schweift der Blick von der Insel Brač im Süden und Westen über das Mündungsgebiet der Cetina, über die Berge der

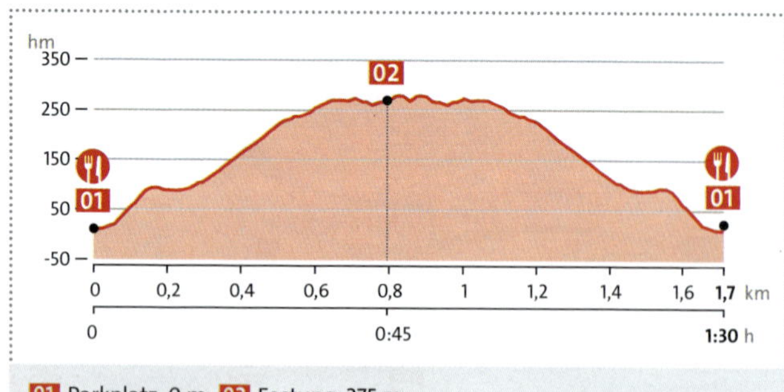

01 Parkplatz, 0 m; 02 Festung, 275 m;

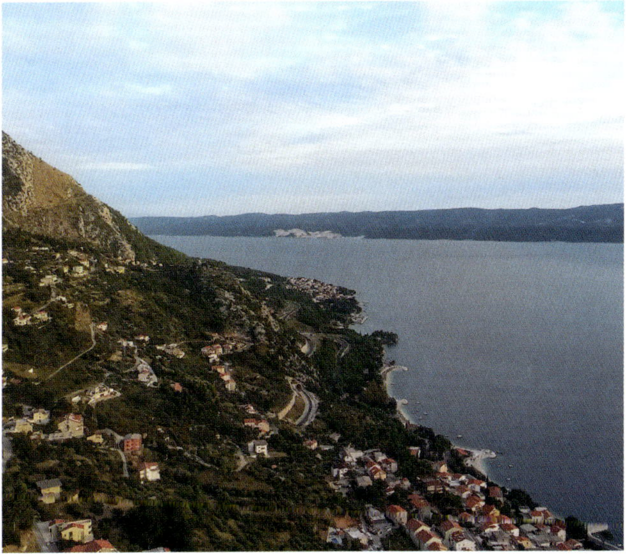

Blick auf die Insel Brač.

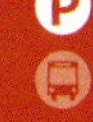

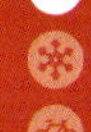
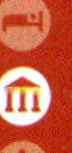
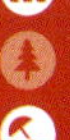

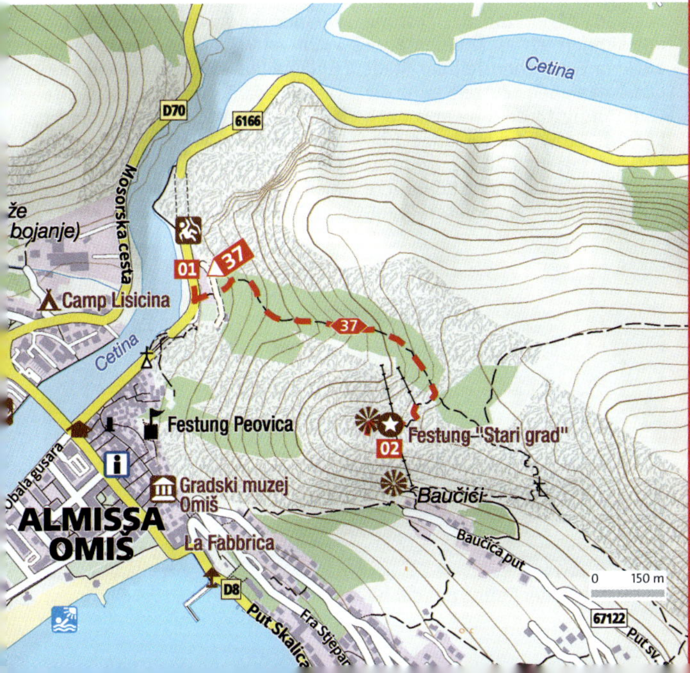

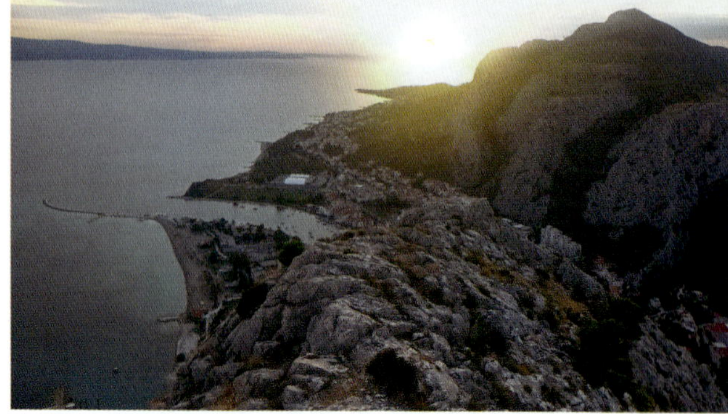

Die Mündung des Flusses Cetina.

Omiška Dinara und bis zur Stadt Omiš unter uns. Die Cetina ist ein sauberer Fluss. In ihrem Mittellauf wird Rafting gefahren. Sie hat eine starke Strömung und erwärmt sich nie auf Badetemperatur. Sie mündet in einer faszinierenden Schlucht, in der auch der Ort Omiš liegt, ins Meer. Von der Festung aus können wir auch einen Blick auf den westlichen Teil der Stadt Omiš genießen. Zurzeit wird die Umfahrungstraße um Omiš noch gebaut. Sie wird zwei lange Tunnel aufweisen und die Schlucht der Cetina mit einer Stahlbrücke queren. Einen Teil dieser Stahlbrücke sieht man auch vom Turm der Festung Fortica. Der Mann, der für die Eintrittskarten kassiert, verkauft auch kaltes Wasser und Cola. Somit ist die Verpflegung besser als bei manch anderer Tour in diesem Wanderführer.

Für den Rückweg haben wir die Wahl: entweder auf dem Hinweg zurück oder eine leichte Variante. Diese Variante verläuft zur Hälfte auf Straßen, ist um einiges länger und quert den Westhang zum Ort Omiš. Wieder in Omiš angekommen, können wir in einem der vielen Cafés oder Restaurants rasten.

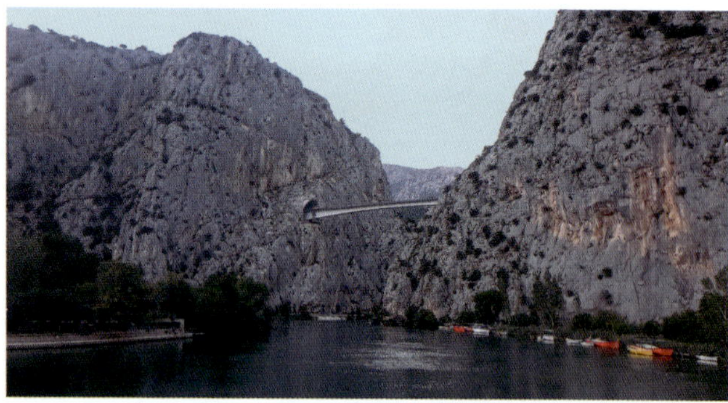

Die Schlucht der Cetina mit der neuen Umfahrungsstraße bei Omiš.

OSEJAVA MAKARSKA • 150 m

An der Küste entlang

 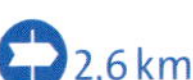 2,6 km  1:15 h  150 hm  150 hm 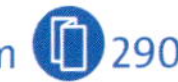 2900

START | Hafen von Makarska (gebührenpflichtiger Parkplatz) [GPS: UTM Zone 33 x: 663.895 m y: 4.795.176 m]
CHARAKTER | Eine Wanderung zwischen Küste und Wald. Im ersten Teil gehen wir entlang der felsigen und schroffen Küste, der zweite Teil führt uns durch den Wald auf den Scheitel des Hügels.

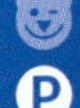

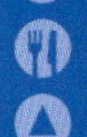
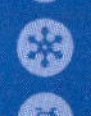
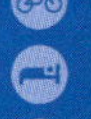

Vom **Parkplatz** 01 gehen wir in Richtung Hotel Osejava. So erreichen wir den ziemlich kleinen Hotelstrand. Bald beginnen die Felsen die Überhand zu gewinnen. Unser Weg weicht den Klippen nach oben aus. Nun wandern wir an der Waldkante und gewinnen leicht an Höhe. Der Weg ist breit und schön ausgebaut. Nach ca. 30 Minuten sehen wir eine **Tafel** 02: geradeaus Privatweg, scharf nach links Makarska. Wir gehen natürlich links. Da es entlang der Küste nicht mehr weitergeht, steigen wir durch den Wald auf bis zur nächsten Wegkreuzung. Rechts führt der Weg nach Tučepi, links geht es **zurück nach Makarska** 03. Der Weg bringt uns an der **Wetterstation** 04 vorbei. Hier lohnt es sich, einen Abstecher zu machen. Von dort bietet sich die beste Aussicht aufs Meer und auf die Inseln. Ab hier führt der Weg mit allen seinen Varianten stets bergab. In mehreren Kurven erreichen wir wieder die Stadt Makarska. Wir halten uns links, damit wir wieder zum Hotel Osejava kommen. Vom Hotel sind es nur noch wenige Meter zum **Parkplatz** 01.

Die Hafenkulisse mit dem riesigen Biokovo-Gebirge im Hintergrund

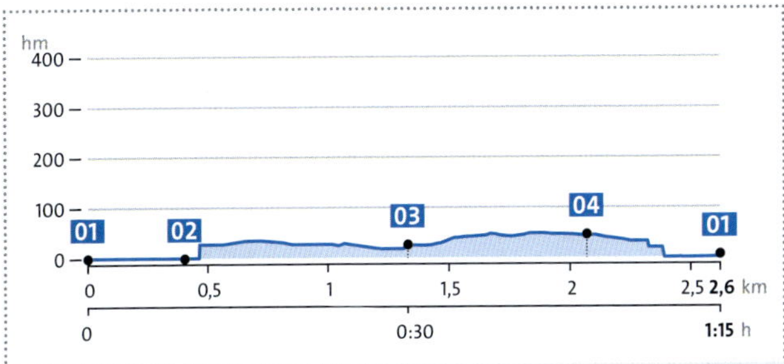

01 Parkplatz, 1 m; 02 Tafel, 8 m; 03 Wegkreuzung zum Rückweg, 21 m; 04 Wetterstation, 49 m;

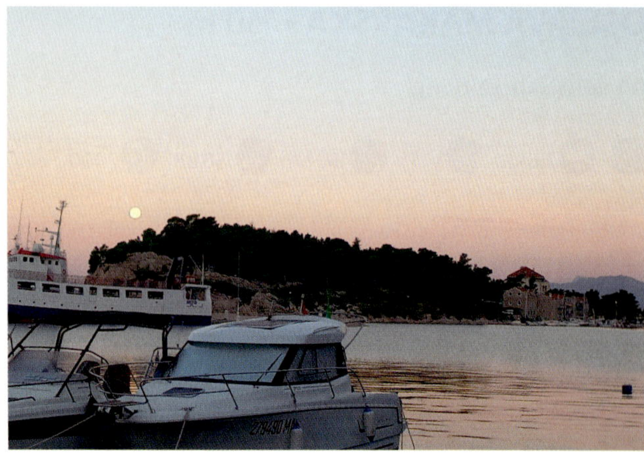

Sonneaufgang in Makarska.

ist vor allem in den Morgenstunden sehr imposant. Auf der gegenüberliegenden Seite des Hafens ist auch ein kleiner Waldhügel. Auf ihm steht die kleine Kirche Sveti Petar. Auch der Leuchtturm in der Nähe ist nach ihm benannt.

Ein kleines Stück dieser Halbinsel ist zum Baden geeignet; es ist links und rechts von Kliffs umfangen. Der Strand heißt offiziell „FKK Strand Sankt Petrus“. Es gibt in diesem Gebiet sehr viele Möglichkeiten für Wanderungen. Es gibt im Biokovo-Gebirge aber auch sehr schwere Touren. Mehr als 1000 Höhenmeter sind zu überwinden – und das ohne eine Möglichkeit für Verpflegung.

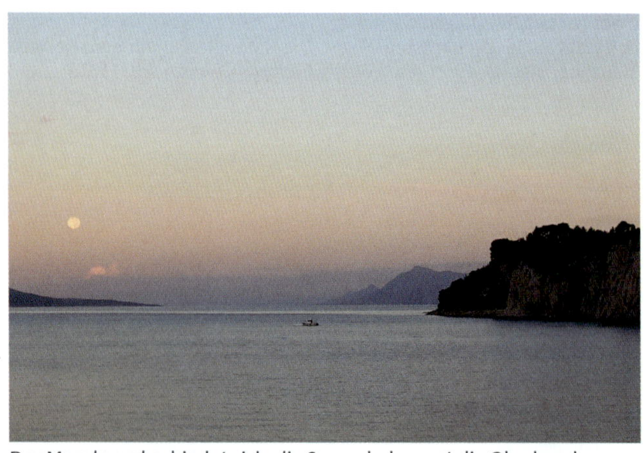

Der Mond verabschiedet sich, die Sonne bekommt die Oberhand.

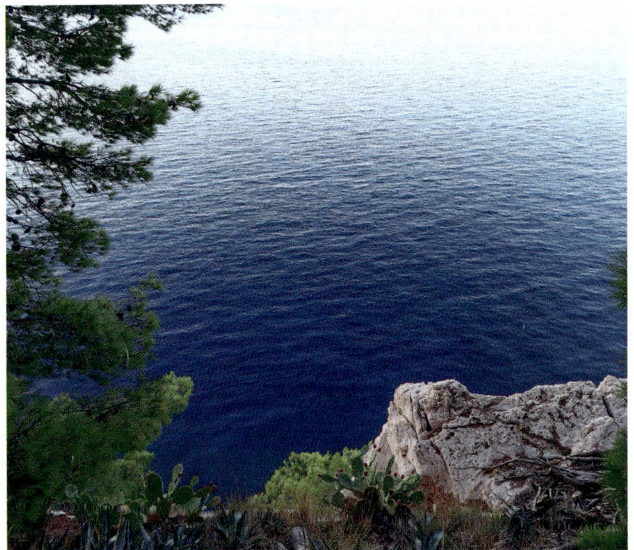

Blick ans Meer.

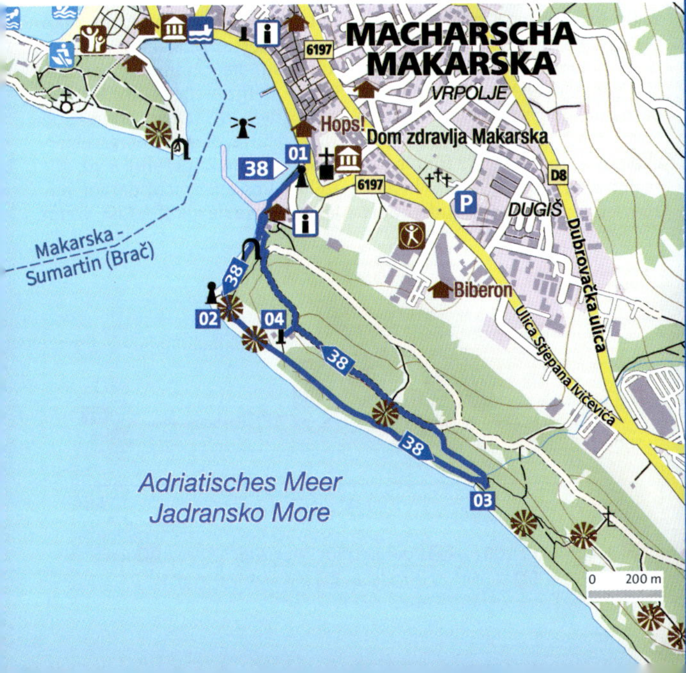

MACHARSCHA
MAKARSKA
VRPOLJE
6197
Hops!
Dom zdravlja Makarska
01
38
6197
D8
P
DUGIŠ
Dubrovačka ulica
Makarska -
Sumartin (Brač)
38
02
04
Biberon
Ulica Stjepana Ivičevića
38
38
03
Adriatisches Meer
Jadransko More
0 200 m

GIPFEL VOŠAC • 400 m

Tief- und Weitblick auf dem Skywalk

 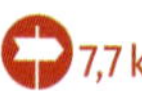   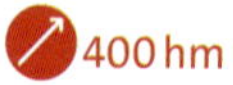 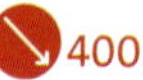 

7,7 km | 3:15 h | 400 hm | 400 hm | 2900

START | Hütte Pod Javorom, 1300 m. Km 14 der Biokovo-Straße. [GPS: UTM Zone 33 x: 668.068 m y: 4.796.023 m]
CHARAKTER | Eine richtige Bergtour mit allem, was das Hochgebirge bieten kann

Die Hütte **Pod Javorom** 01 befindet sich beim km 14 der Biokovo Straße. In der Nähe gibt es Parkmöglichkeiten. Der markierte Weg geht an der Hütte vorbei. Hinter der Hütte gibt es noch Reste von einigen Gebäuden. Achtung! Die Markierungen sind sehr rar und das Gelände ist sehr uneben. Man sollte sich auf die Steinmännchen verlassen. Zuerst führt der Weg nach Südwesten, dann wendet er sich genau nach Westen. Wir wandern an einigen Dolinen vorbei. Nach einer guten Stunde erreichen wir den **Startplatz für die Paragleiter** 02. Unser Blick schweift zum ersten Mal nach Süden aufs Meer. Hier mündet unser Weg in den Weg aus Kotišina. Wir wandern weiter in Richtung Vošac. Ab hier sind die Markierungen wieder einwandfrei. Wir wandern ca. eine halbe Stunde und erreichen eine Scharte. Dort wurde ein **Rastplatz** 03 mit Bank und Fernrohr eingerichtet. Gratis zu benutzen! Mit diesem Fernrohr kann man die Häuser in Makarska, die Hotels und die Strände erkennen. Unser Bergziel liegt im Norden hoch über uns. Oben steht eine kleine Hütte, die vom Bergsteigerverein Makarska geführt wird. Wir sollten uns aber nicht darauf verlassen, dass sie geöffnet ist, wenn

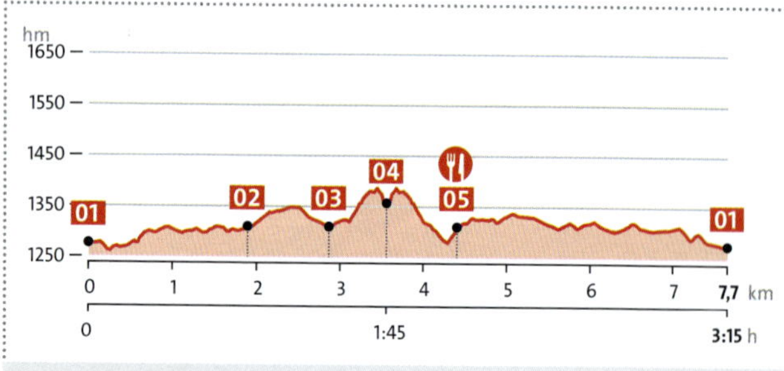

01 Pod Javrom, 1300 m; 02 Startplatz für Paragleiter, 1300 m; 03 Rastplatz, 1307 m; 04 Gipfel Vošac, 1346 m; 05 Vošac-Hütte, 1310 m;

Anreise und Varianten

Anreise: Es ist gar nicht so einfach, zum Startpunkt zu kommen. Die Biokovo-Straße ist eine ziemlich schmale Mautstraße, deswegen muss man die Eintrittskarten im Internet im Voraus kaufen. Wenn die Tagesmenge an Autos erreicht ist, bekommt man keine Eintrittskarte mehr und wird am Eingang des Biokovo-Naturschutzgebiets zurückgewiesen.

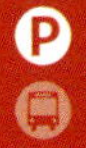

Variante 1 – Shuttlebus: Vorsicht! Er hält bei der **Vošac-Hütte** 05 und fährt nach einigen Stunden wieder ins Tal. Alternativ E-Bikes mieten. Das ist schon mit etwas Mühe verbunden. Aber wir werden gegen Bezahlung der Eintrittsgebühr sicher in den Nationalpark hineingelassen.

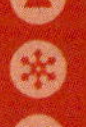

Variante 2 – Zu Fuß von Makarska: Das ist eine richtige Bergtour. Es dauert ca. 4 Stunden, bis wir die Vošac-Hütte auf einem markierten Weg erreichen. Ob wir danach auf die hier beschriebene knapp 8 km lange Wanderung noch Lust haben, ist fraglich.

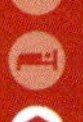

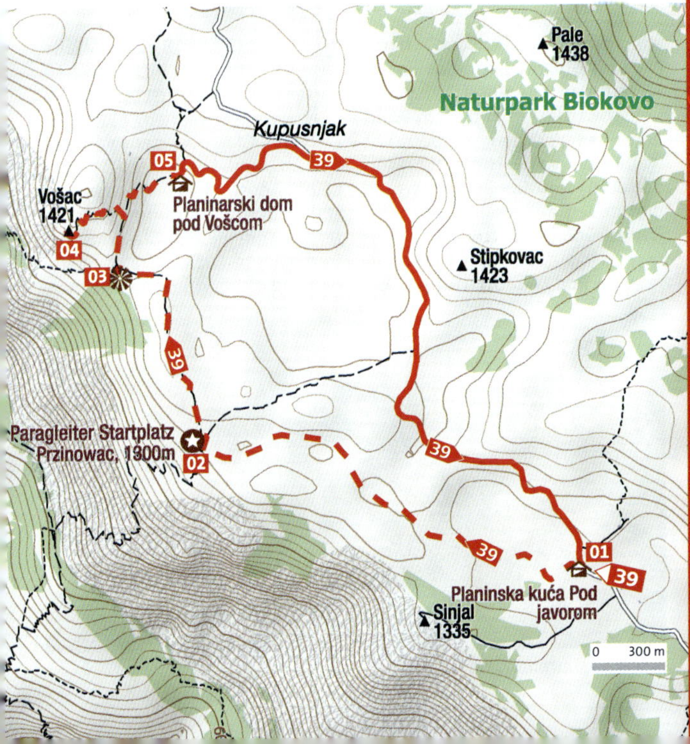

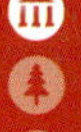

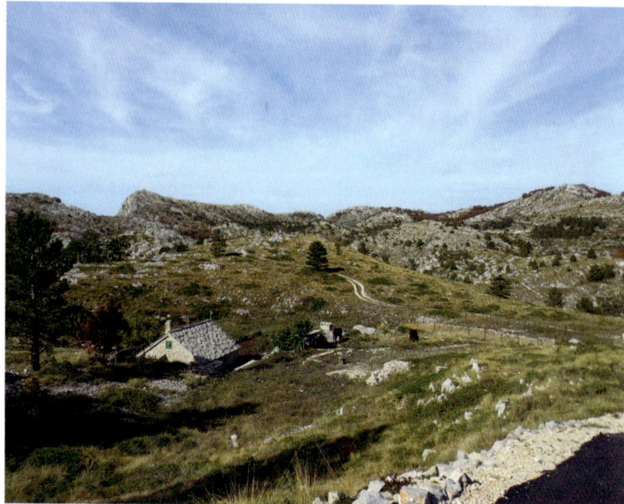

Gipfel des Vošac über dem Hirtenhaus, ganz rechts Sveti Jure.

wir ankommen. Von der Scharte bis zum **Gipfel** 04 sind es knapp 30 Minuten. Die Aussicht ist eine der großartigsten in diesem Wanderführer. Von hier wandern wir weiter zur **Vošac-Hütte** 05. Nun betreten wir die Zufahrtsstraße und gehen auf Wegen und Straßen zurück. Die letzten 3 km wandern wir auf der Bergstraße zurück zur **Pod Javorom-Hütte** 01.

Beim km 12 der Biokovo-Straße (also südöstlich des hier gezeigten Kartenausschnitts) ist noch der Skywalk zu erwähnen: ein Halbkreis aus Glas über dem gähnenden Abgrund. Ein wahres Erlebnis. Keine Angst, der Glasboden besteht aus fünf zusammengeklebten 10 mm dicken Glasscheiben. Dort könnte auch ein Elefant gehen und nichts würde passieren.

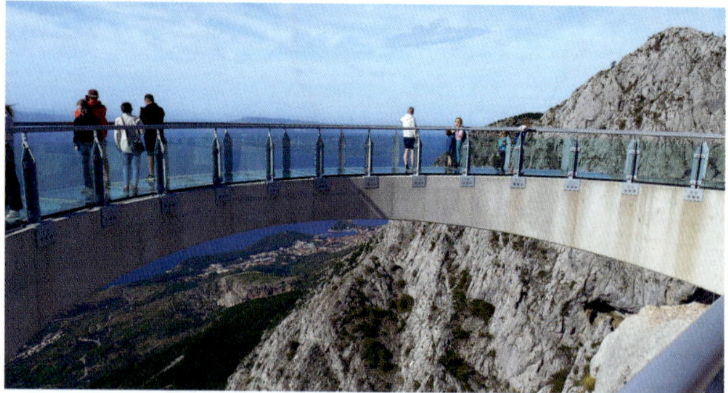

Skywalk, unten Makarska.

INSEL BRAČ – DER HÖCHSTE BERG DER ADRIA INSELN

Eine anspruchsvolle Tour auf den höchsten Gipfel der Inseln in der Adria

  9,8 km  5:00 h  800 hm  800 hm 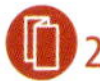 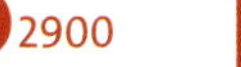 2900

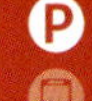
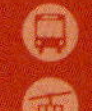
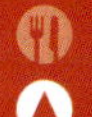
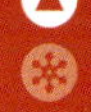

START | Bol, Kirche Sveti Josip im Norden des Ortes [GPS: UTM Zone 33 x: 633.754 m y: 4.791.863 m]
CHARAKTER | Eine sehr anstrengende Tour, vor allem im Sommer

Mit dem Auto können wir bis zum Ende der Asphaltstraße fahren. Dort findet man genug Parkmöglichkeiten. Die Beschilderung zur Vidova gora ist sehr gut, auch der Weg ist in einem sehr guten Zustand. Es handelt sich um einen angelegten Pfad mit gleichmäßiger Steigung, deswegen hat er sehr viele Kehren. Es wäre sehr gut, wenn diese nummeriert wären. Im Sommer ist ein früher Start sehr zu empfehlen, denn der Aufstieg dauert 2 bis 3 Stunden und es gibt nur selten Abschnitte im Wald, wo wir im Schatten eine Pause machen können.

▶ Von der **Kirche** 01 folgen wir den Schildern für Vidova gora. Der Weg führt zuerst ohne Kehren in ein Tal. Nach einer halben Stunde beginnen die Kehren und der gesamte Hang ist der Sonne ausgesetzt. Es gibt keine Wegkreuzungen, deswegen kann man dem Pfad ganz leicht folgen. Nach einer Stunde queren wir das Tal und steigen nun in immer zahlreicher werdenden Kehren auf der etwas weniger sonnigen Westseite des Tals auf. In diesem ständigen Zickzack erreichen wir einen großen Felsen. Das ist ein **Fotopunkt** 02.

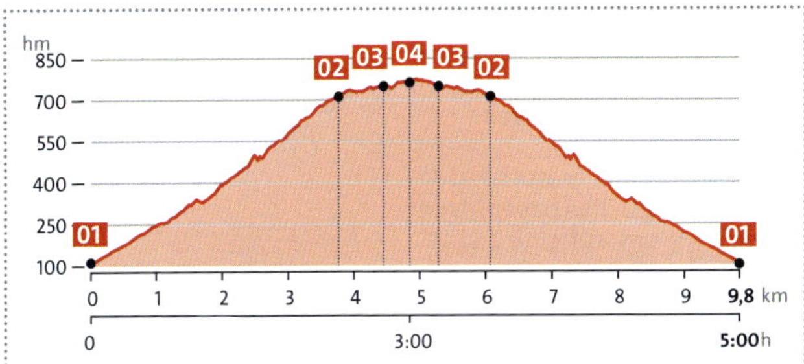

01 Kirche sveti Josipa, 105 m; 02 Aussichtspunkt, 712 m; 03 Parkplatz mit Kiosk, 747 m; 04 Gipfel Vidova Gora, 767 m;

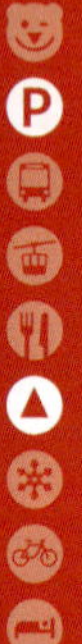

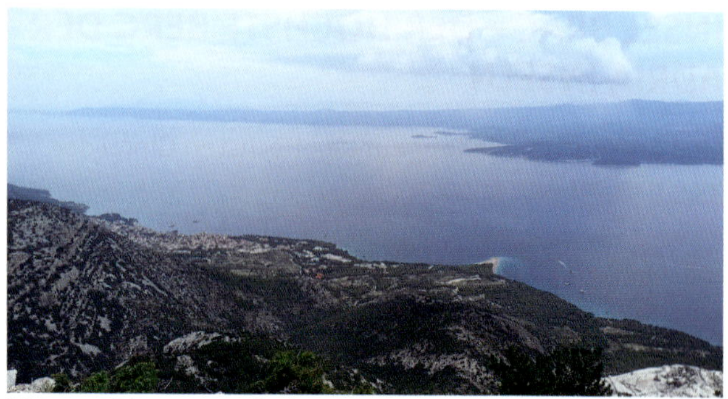

Blick von Vidova gora auf Bol und Zlatni rat.

Von dort bis zu einem Parkplatz sind es nur noch 15 Minuten. Auf dem **Parkplatz** 03 steht ein Kiosk, der im Sommer geöffnet ist. Hier treffen wir auf Radfahrer, E-Bikes, Motorräder und Autos, die hier herauf fahren. Bis zum eigentlichen Gipfel ist es nur noch ein 10-minütiger Spaziergang mit sehr wenig Aufstieg. Wenn wir am Rand der Felsen entlanggehen, genießen wir auf jedem Schritt eine außerordentliche Aussicht auf Hvar, auf unseren Ausgangspunkt Bol und auf den berühmten Strand Zlatni rat (siehe Tour 43) – er zeigt sich hier aus der Vogelperspektive. Auf dem **Gipfel der Vidova gora** 04 finden wir mehrere Fernsehsender, die Ruine einer Hütte, auch von der Kirche Sveti Vid ist nicht viel geblieben. Wir stehen auf dem höchsten Berg der Adriainseln. Es ist vernünftig, wenn wir eine lange Pause einlegen.

Wenn wir keine motorisierten Fortbewegungshilfen haben, dann müssen wir uns auf eine 2-stündige Rückkehr vorbereiten. Wir wandern wieder durch unzählige Kehren und beobachten das Tal und das Meer in der Ferne. Einmal in **Bol** 01 angekommen, suchen wir den erstbesten Strand und erfrischen uns im Meer.

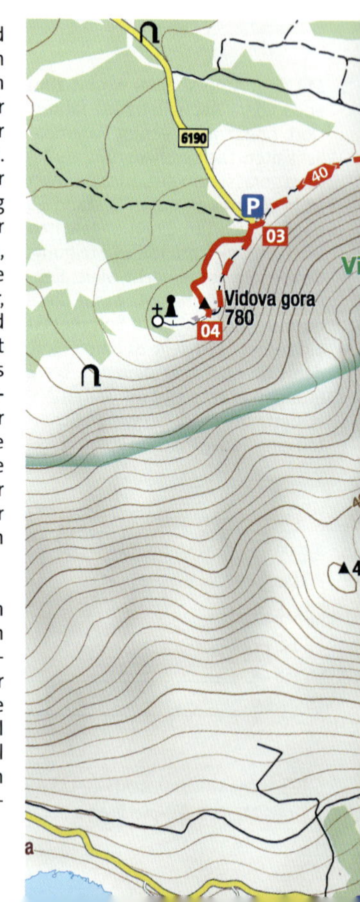

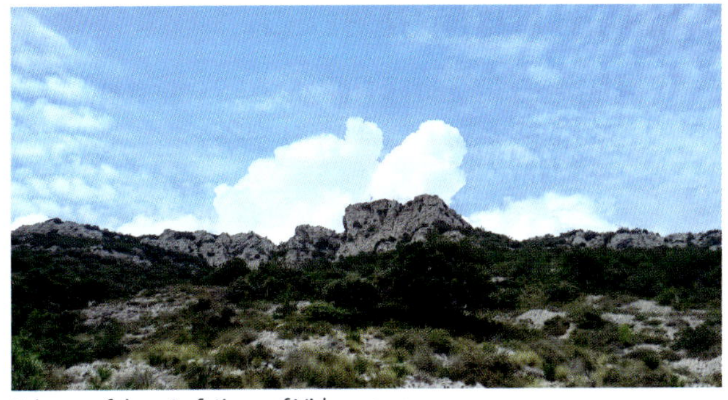

Felsen auf dem Aufstieg auf Vidova gora.

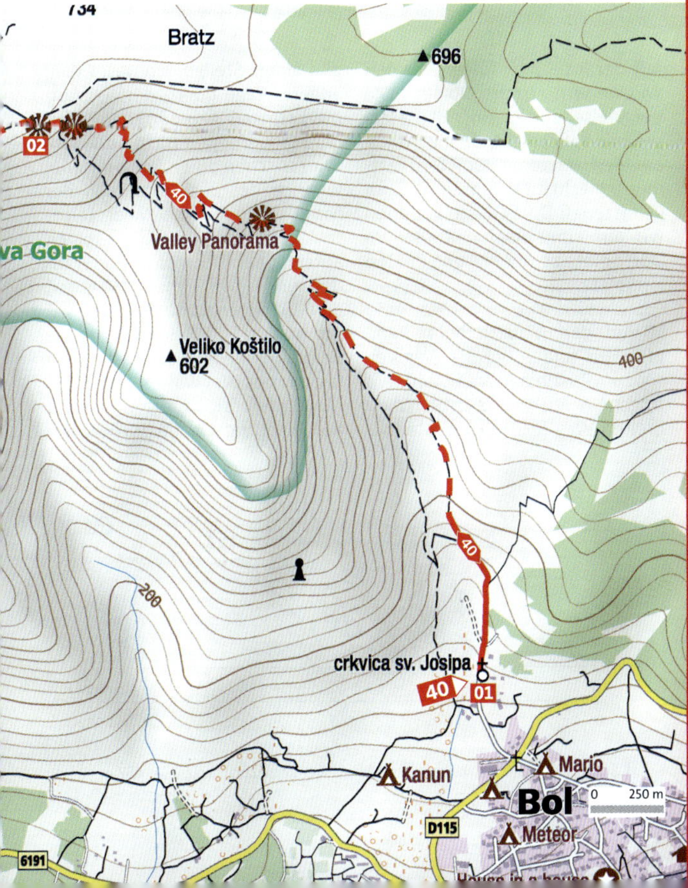

Bratz
696
02
40
Valley Panorama
va Gora
Veliko Koštilo
602
400
200
40
crkvica sv. Josipa
40
01
Kanun
Mario
Bol
0 250 m
D115
Meteor
6191

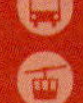

OBRŠJE – PUSTINJA BLACA

Von einem verlassenen Dorf hinunter zu einem ehemaligen Kloster und bergauf wieder zurück

  6,3 km  3:30 h  500 hm  500 hm 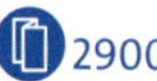 2900

START | Obršje, 480 m (Insel Brač)
[GPS: UTM Zone 33 x: 626.138 m y: 4.793.929 m]
CHARAKTER | Eine eigenartige Tour, bei der wir von oben starten und unser Ziel im Tal erreichen. Die Rückkehr ist der anstrengende Teil der Tour. Keine Verpflegung.

Auf der Insel Brač folgen wir den Wegweisern nach Obršje. Die Wegweiser zur Pustinja Blaca lassen wir außer Acht, da die Straße auf den letzten Kilometern extrem schlecht zu befahren ist. Zum verlassenen Dorf Obršje kommen wir auf einer Asphaltstraße. Im Dorf gibt es einen geeigneten Parkplatz.

▶ Auf den Mauern beim **Parkplatz** 01 finden wir die Wegweiser zur „Pustinja Blaca 1:30 h“. Wir folgen in leichtem Abstieg dem breiten Weg Richtung Westen. Es gibt einige Stellen, wo unser Weg andere Wege quert; dort ist Aufmerksamkeit geboten, damit wir die Markierungen nicht verlieren. Wir erreichen einen kahlen Hang, wo sich der Blick öffnet. In der Ferne sehen wir das Meer. Leichte Aufstiege und Abstiege folgen aufeinander. Nach ca. einer Wanderstunde trifft unser Weg auf eine **Schotterstraße** 02, der wir nur auf ca. 200 m folgen und die wir dann wieder nach rechts verlassen. Der Wegweiser auf einem Metallpfeil ist kaputt und zeigt nur Richtung Obršje zurück. Der

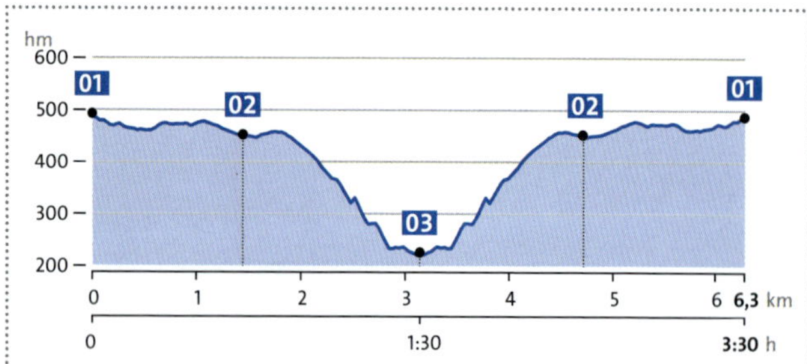

01 Startpunkt Obršje, 487 m; 02 Abbiegung von Schotterstraße, 452 m; 03 Kloster, 221 m;

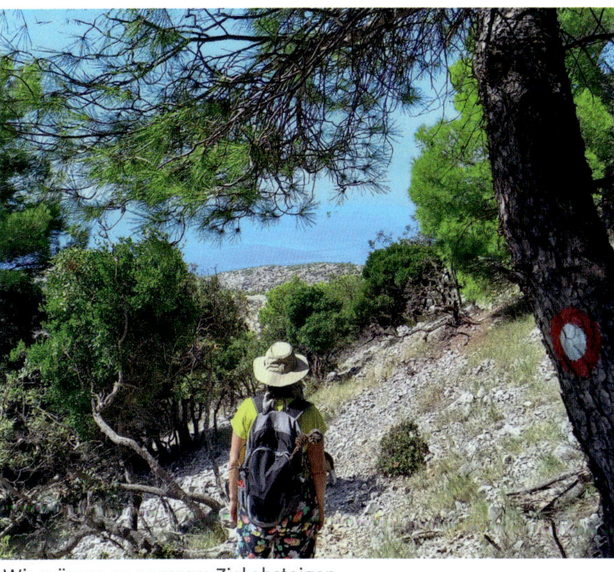

Wir müssen zu unserem Ziel absteigen.

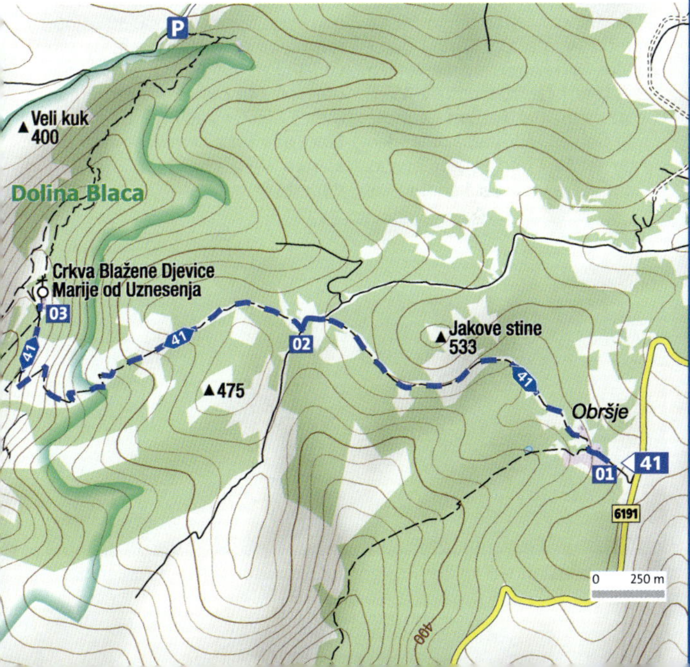

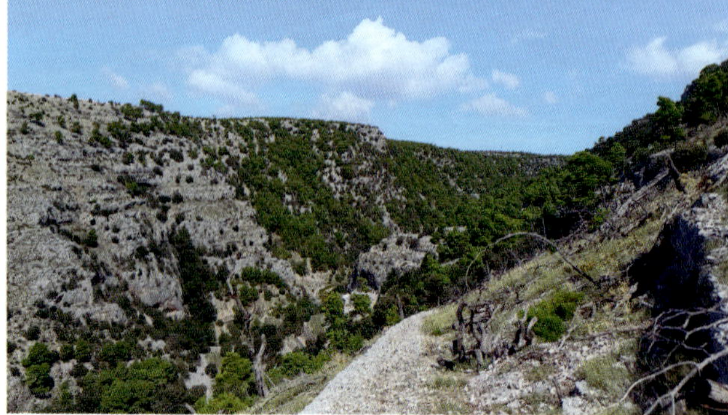

Von hier sind es noch ca. 20 Minuten bis wir das Kloster erreichen.

Weg verläuft geradeaus durch ein fruchtbares Land ohne viele Steine und Felsen. Auch die Bäume sorgen ab und zu für angenehmen Schatten. Nun beginnt der lange Abstieg. Wir wandern in Kehren ca. 250 m abwärts. Unser Ziel ist schon von Weitem zu erkennen: ein ehemaliges Koster, das unter einem Felsen versteckt wurde. Der Grund dafür liegt im Mittelalter, als die Türken dieses Land besetzten und die Mönche deshalb vom Festland auf die Inseln flohen. Hier in Blaca fanden sie ein Versteck und errichteten das Kloster. Im engen Tal konnten sie Landwirtschaft betreiben, offensichtlich haben sie genug Wasser gehabt oder gesammelt. Das **Kloster** 03 ist heute ein Museum mit Eintrittsgebühr. Die Öffnungszeiten variieren je nach Jahreszeit.

Die Rückkehr erfolgt auf demselben Weg. Sie dauert ca. 30 Minuten mehr als der Hinweg, da wir von 180 m auf 480 m aufsteigen müssen. Mit dem Boot kann man dieses Kloster auch von der Bucht Blaca aus auf einem anderen markierten Weg erreichen. Die Tour dauert 1 Stunde.

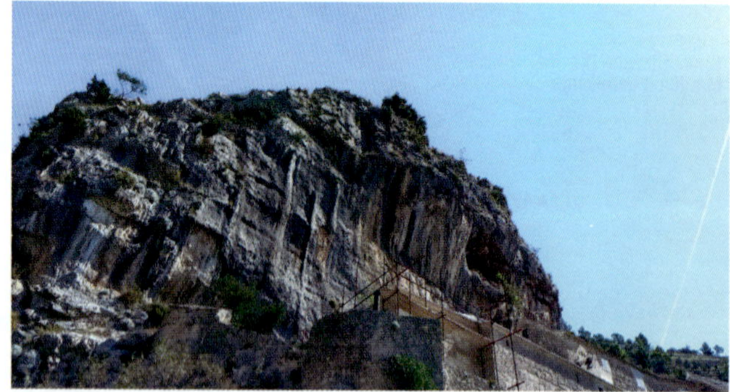

Das Kloster ist direkt an den Fels gebaut. Es wurde von den Türken nie entdeckt.

MURVICA – ZMAJEVA PEČINA • 280 m (INSEL BRAČ)

Eine anspruchsvolle Tour zu einem eigenartigen Felsen

 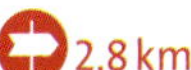 2,8 km 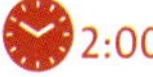 2:00 h 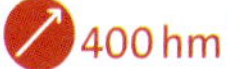 400 hm  400 hm 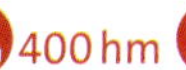 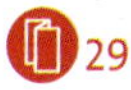 2900

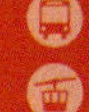
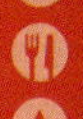
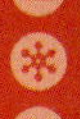

START | Murvica (5 km westlich von Bol), Insel Brač
[GPS: UTM Zone 33 x: 629.226 m y: 4.791.619 m]
CHARAKTER | Eine sehr anstrengende Tour, die das am Start gar nicht verspricht

Die Tour beginnt in Murvica. Im Sommer ist es schon eine Kunst, dort einen Parkplatz zu finden; leichter ist es einen an der Reede im kleinen Hafen zu finden. An der Straße sehen wir ein braunes Schild mit der Aufschrift „Zmajeva pečina". Keine Höhenangabe und keine Zeitangabe. Das wäre aber sehr nützlich, da diese braune Farbe zwar etwas Leichtes verspricht, wir aber das Gegenteil erleben werden.

▶ Von der **Straße** 01 steigen wir zwischen den kleinen Häusern zum oberen Teil von Murvica hinauf. Die steile Ortsstraße wird von Treppen unterbrochen und verläuft Richtung Osten. Oberhalb von Murvica lässt die Steigung nach und wir wandern eben dahin; dabei können wir den Ausblick aufs Meer und zur Insel Hvar genießen. Hier finden wir blau-weiße Markierungen. Nach 30 Minuten erreichen wir ein kleines Tal, in dem Wein angebaut wird. Hier queren wir einen Metallzaun was gar nicht so einfach ist. Wir müssen den Draht aushaken, um den Durchgang zu schaffen. Nun beginnt der Aufstieg in

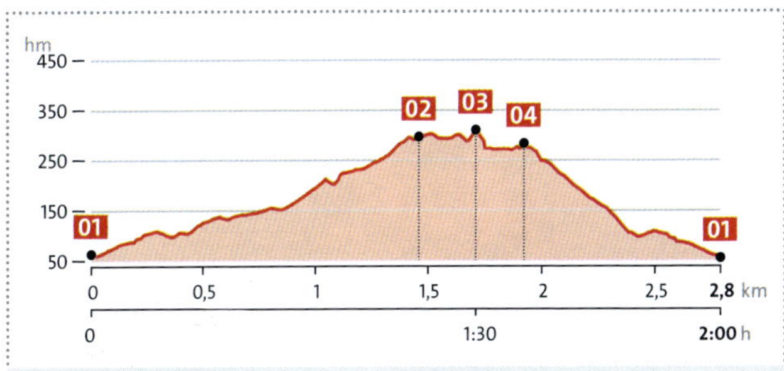

01 Straße, 54 m; 02 Terrassen, 291 m; 03 Drachenhöhle, 306 m; 04 Kirche, 279 m;

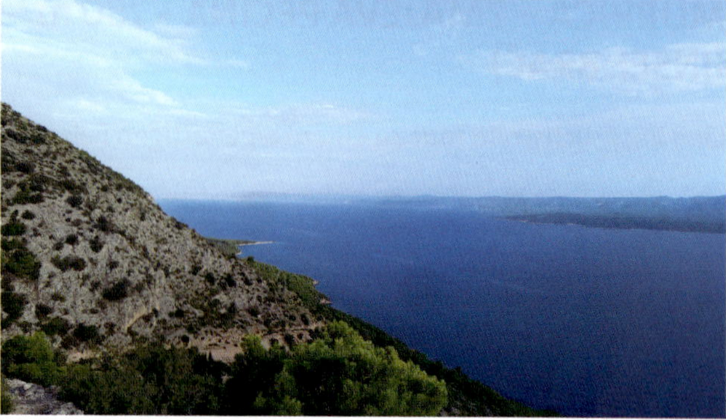

Unser Blick schweift über das Meer zur Insel Hvar.

Kehren. Die Markierungen zeigen aufwärts. Nach mehr als einer Stunde erreichen wir die Ruinen eines Dorfes. Erhalten sind noch die **Terrassen** 02, auf denen Landwirte gearbeitet haben. Der Weg biegt in Richtung Westen und es gibt sogar einige Abstiegsmöglichkeiten.

Unser nächstes Ziel ist die **Drachenhöhle** 03. Sie ist ein in Felsen gemauertes Versteck, in dem ein kriechender Drache in Stein gehauen wurde. Wenige Minuten weiter liegt die **Ruine einer Kirche** 04 Dort beginnen die technischen Schwierigkeiten. Unsere Hände müssen dabei helfen, an dieser Ruine vorbeizuklettern. Hier verlassen wir die Markierungen und steigen steil direkt nach Murvica ab. Wir sparen damit sicher eine Stunde. Unser Weg mündet knapp oberhalb der letzten Häuser von Murvica in den Weg des Aufstiegs. Zur **Hauptstraße** 01 sind es nur noch 10 Minuten.

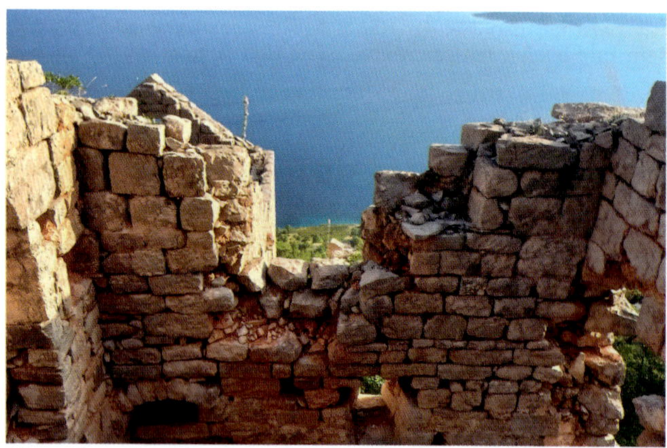

Wir treffen sehr viele Ruinen auf unserem Weg über Murvica.

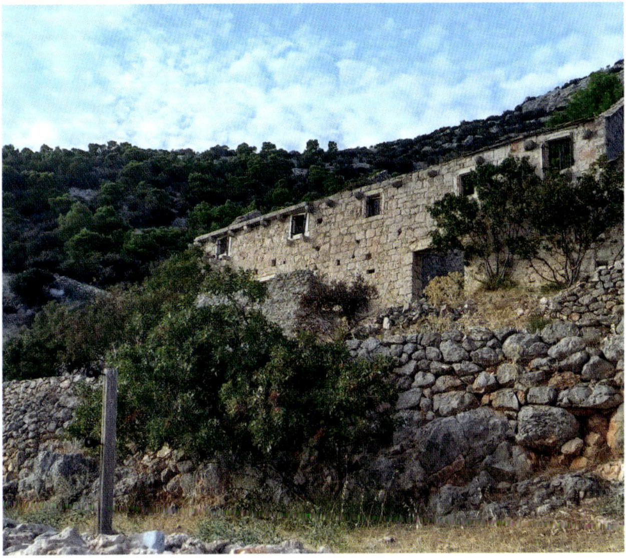

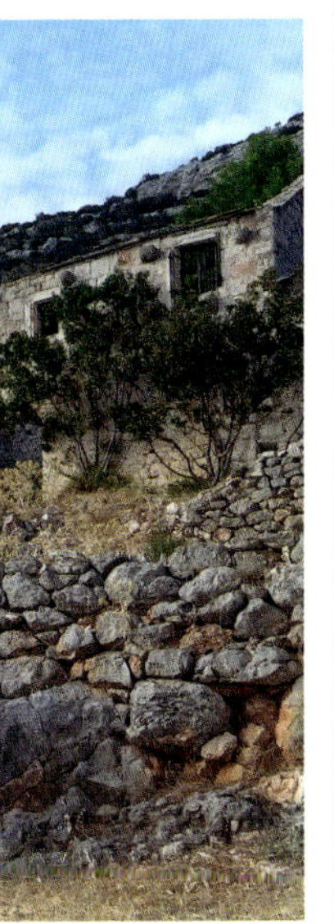

Reste eines verlassenen Dorfes.

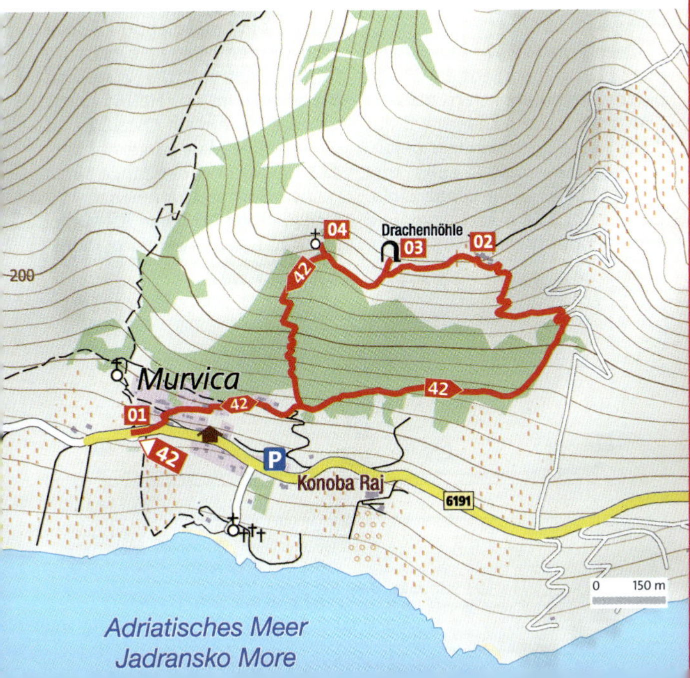

04
Drachenhöhle
03
02
200
Murvica
01
42
P
Konoba Raj
6191
0 150 m
Adriatisches Meer
Jadransko More

ZLATNI RAT (INSEL BRAČ)

Ein kurzer Spaziergang zum berühmtesten Strand der Adria

  2,2 km  1:00 h  50 hm  50 hm 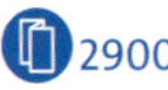 2900

START | Gebührenfreier Parkplatz für ca 3 bis 4 PKW Richtung Murvica im Westen des Kaps. Es ist sehr schwer, freie Parkplätze zu finden.
[GPS: UTM Zone 33 x: 631.963 m y: 4.791.150 m]
CHARAKTER | Ein leichter Spaziergang durch Wald zum Strand, der unter Naturschutz gestellt wurde

Es gibt viele Möglichkeiten, diesen Strand zu Fuß oder mit dem Fahrrad zu erreichen. Für Autos gibt es einige, aber kostenpflichtige Parkmöglichkeiten.

▶ Zuerst gehen wir vom **Parkplatz** 01 ca. 200 m auf der Straße bis zum Abzweig nach rechts zum Zlatni rat. Dann wandern wir auf dieser wesentlich weniger befahrenen Straße weiter. Links und rechts gibt es verlockende Einladungen zu Campingplätzen und gebührenpflichtigen Parkplätzen beim berühmten Strand von Zlatni rat. Zlatni rat bedeutet Goldhorn und dieses Horn verändert seine Form im Laufe des Jahres. In den Wintermonaten überwiegt der Nordostwind und zieht die Zunge nach Westen. Hingegen bläst im Sommer sehr oft der Westwind Maestral und im Herbst biegt sich das Horn nach Osten. Es ist schon einige Male vorgekommen, dass die Natur in der Zunge einen kleinen See geschaffen hat. Wir gehen an der **Schranke** 02 vorbei und wandern an den Informations-

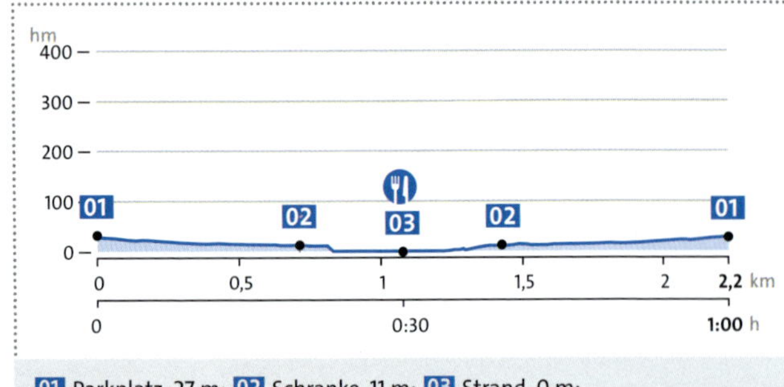

01 Parkplatz, 27 m; 02 Schranke, 11 m; 03 Strand, 0 m;

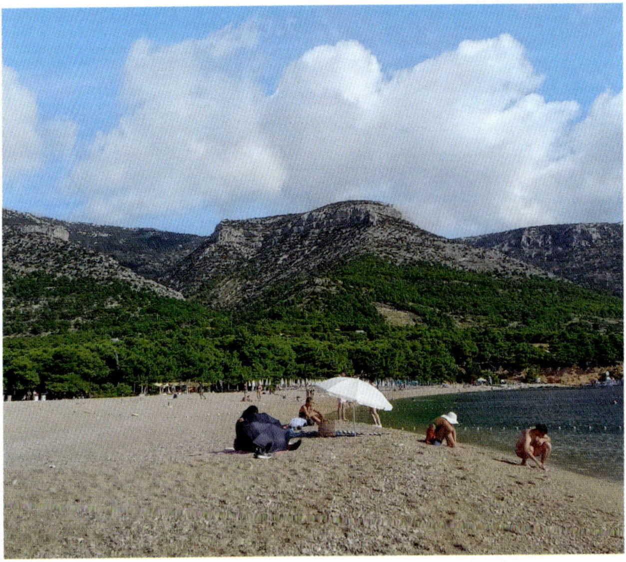

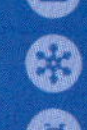

Vorne die Ostseite des Zlatni Rat,hinten das Bergmassiv Vidova gora.

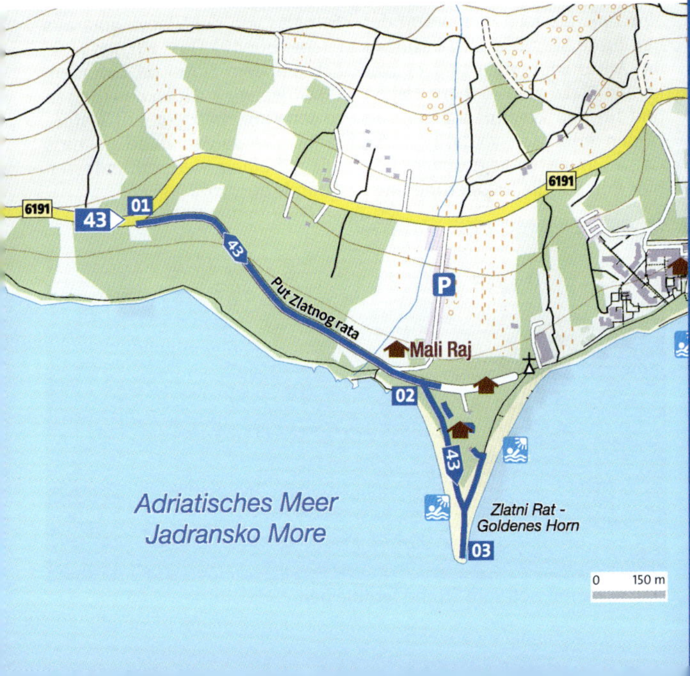

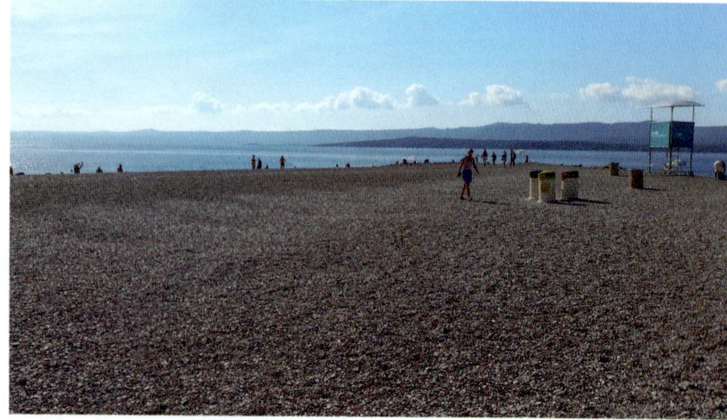

Auf dem gesamten Kap liegt feiner Kies, der angenehm zum Gehen ist und nicht an der Haut klebt.

tafeln und Hinweisschildern vorüber. Ich habe mir gemerkt, dass Hunde nicht zum Zlatni rat dürfen. Mit jedem Schritt lichtet sich der Wald und wir treten auf die **Landzunge** **03**, die sich etwa 200 m in das Meer hinein erstreckt. Es gibt eine App, die zeigt, wie belegt der berühmte Strand ist. Ich besuchte ihn Mitte September und es war genug Platz zum Gehen, Liegen und für den Weg ins Wasser. Am besten umkreisen wir das Horn zur Gänze. Im Osten liegt unweit von hier Bol. Für die Wanderung nach Bol braucht man keinen Wegweiser. Man folgt nur dem Uferweg.

Für die Rückkehr nehmen wir denselben Weg zurück. Zlatni rat sieht aus der Ferne und aus der Höhe überwältigend aus, z. B. mit dem Fernglas von der Vidova gora aus (siehe Tour 40). Dass wir uns wirklich auf dem Zlatni rat befinden, erkennen wir auch an den Preisen in den Kaffeehäusern und Restaurants. Die zeigen deutlich, dass wir auf einem der berühmtesten Strände der Adria weilen.

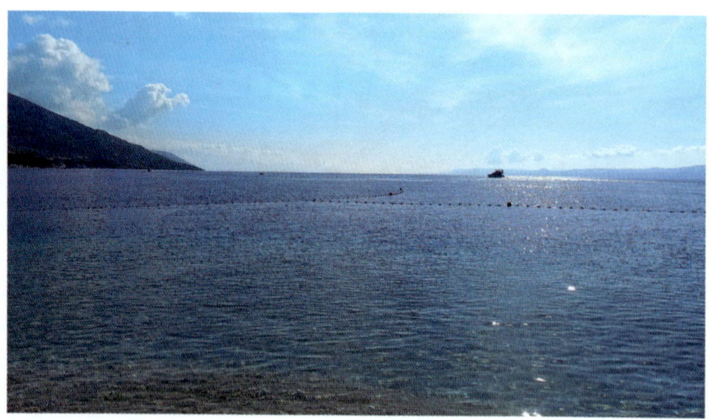

Die Boote müssen vom Strand fernbleiben.

BAČINSKA JEZERA

Seentour

 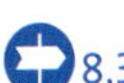 8,3 km  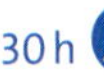 2:30 h 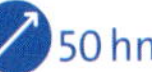 50 hm  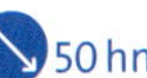 50 hm  2900

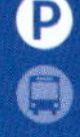
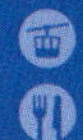
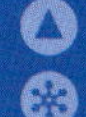

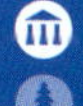
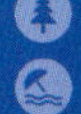

START | Bačina – Campingplatz (Schotterstraße)
[GPS: UTM Zone 33 x: 696.935 m y: 4.771.786 m]
CHARAKTER | Eine Wanderung auf gepflegten Wegen um zwei der größten Seen. Ein krasser Gegensatz zu den umliegenden Bergen: Dort mangelt es an Trinkwasser, hier gibt es das in großen Mengen.

Vom **Parkplatz** 01 am Eingang des Campingplatzes gehen wir auf der dürftigen Schotterstraße noch ca. 500 m bis zur einer Brücke. Unter dieser Brücke liegt ein schmaler Kanal, den man mit dem Ruderboot befahren kann. Hinter der Brücke biegen wir nach links ab und wandern am See entlang. Zuerst begleiten uns richtige Bergmarkierungen (roter Kreis mit weißem Punkt). Bei einem mehr oder wenig verlassenen Gebäude biegt der markierte Weg nach rechts ab und führt zu einer Wallfahrtskirche auf dem benachbarten Hügel (1 Stunde).

Unser Weg bleibt weiter am Ufer. Nachdem wir die Hälfte des Sees umkreist haben, **endet plötzlich der Weg** 02. Ein Autowrack beweist uns, dass es hier nicht mehr weiter geht. Wir gehen auf demselben Weg zurück bis zur Brücke und biegen hier nach links ab.

Nun wandern wir entlang des größten Sees. Es geht einige Male leicht auf und ab. Hier ist ein Vogelparadies. Nach 2 km gelangen wir zur **Vogelbeobachtungsstelle** 03. Kurz danach können wir eine enge Stelle zwischen zwei Seen erahnen. Wegen der vie-

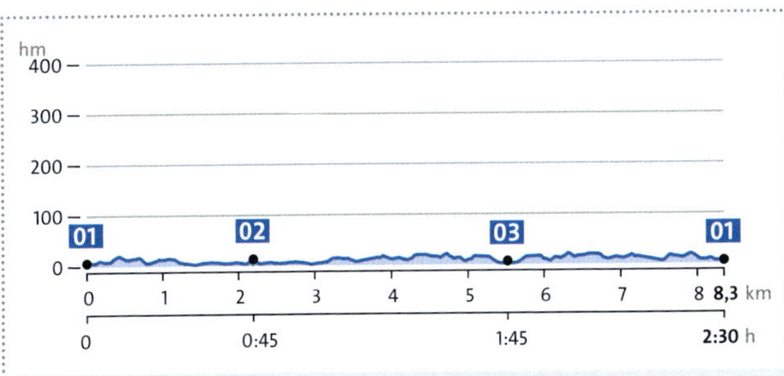

01 Startpunkt, 4 m; 02 Wegende, 8 m; 03 Vogelbeobachtungsstelle, 0 m;

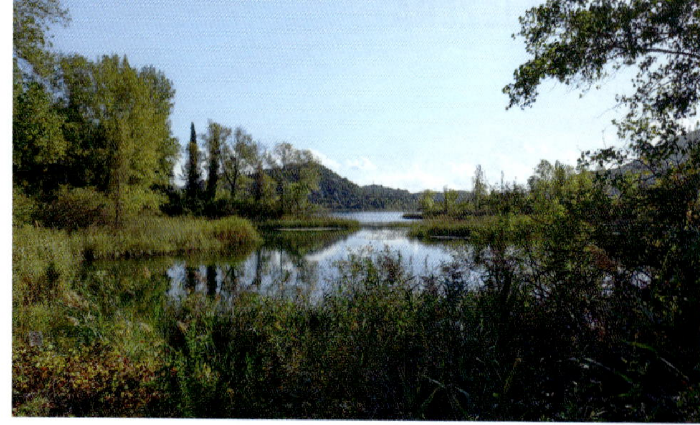

Der Seespiegel liegt einige Meter über dem Meeresspiegel, der Grund des Sees darunter.

len Sträucher ist der Blick zum Wasser kaum möglich. Hier endet ein See und es beginnt der nächste. Es wäre möglich, diesem Weg noch auf weiteren 7 km zu folgen. An dieser Stelle wenden wir aber stattdessen wieder und wandern bis zur Brücke zurück. Diesmal queren wir sie erneut und gelangen zurück zum Ausgangspunkt. Es lohnt sich, den Blick auf das gesamte Seengebiet von der Raststation an der Bundesstraße Ploče – Drvenik zu genießen. Diese Raststation liegt ca. 100 m Meter höher als die Seen selbst, daher kann man aus der Vogelperspektive die Landschaft betrachten.

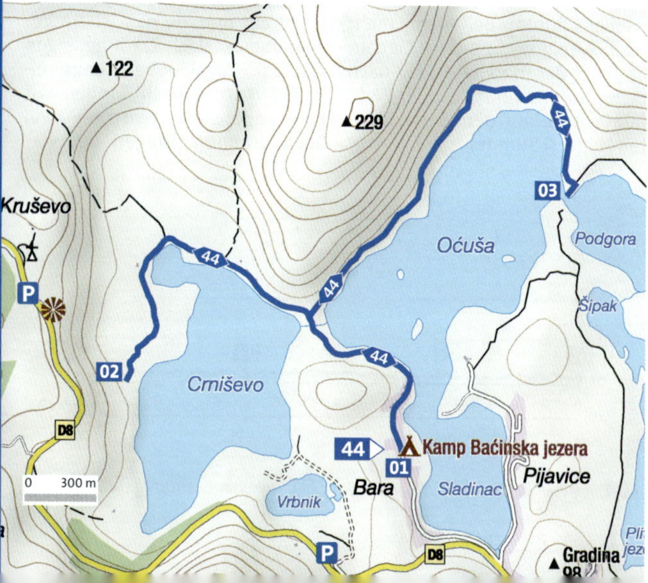

UŠČE NERETVE UND MODRO OKO

Zwei Wanderungen

  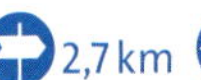 2,7 km 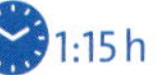 1:15 h  50 hm 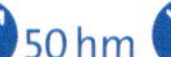 50 hm   2900

START | Nr. 1 Ušče Neretve (Delta der Neretva) und ein Damm, der den Fluss vom Meer im Osten trennt.
Nr. 2 zum Modro oko: Ort Banja bzw. die Informationstafel für das Modro oko.
[GPS: UTM Zone 33 x: 699.857 m y: 4.766.262 m]
CHARAKTER | Zwei Wanderungen zu kleinen Perlen dieser Gegend. Schwieriger als das Wandern ist es, sie zu finden.

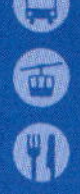
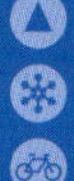

An der Bundesstraße von Opuzen nach Ploče sehen wir den Wegweiser „Ušće Neretve". Dem folgen wir mit dem Auto ca. 3 km, bis wir zum einzigen Haus gelangen, das an den bewaldeten Teil des Damms angrenzt. Dort lassen wir das Auto stehen.

▶ Vom **Parkplatz** 01 wandern wir durch den Kieferwald. Rechts ist der

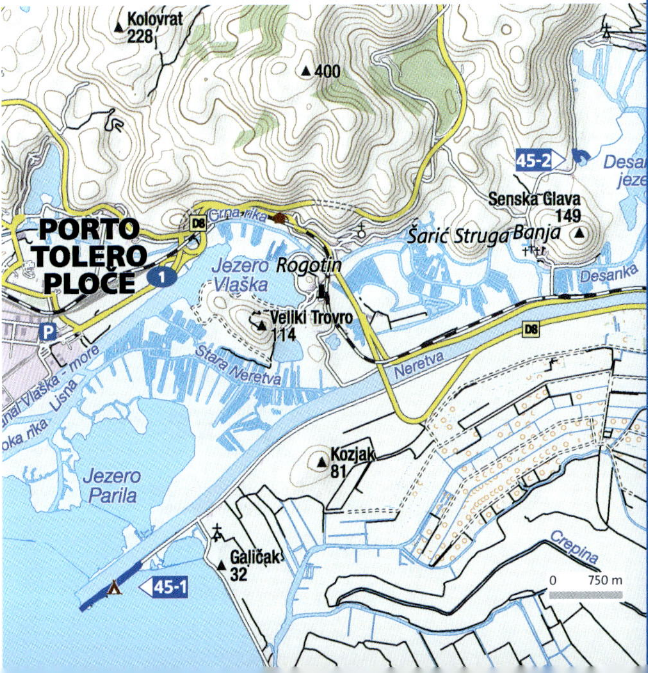

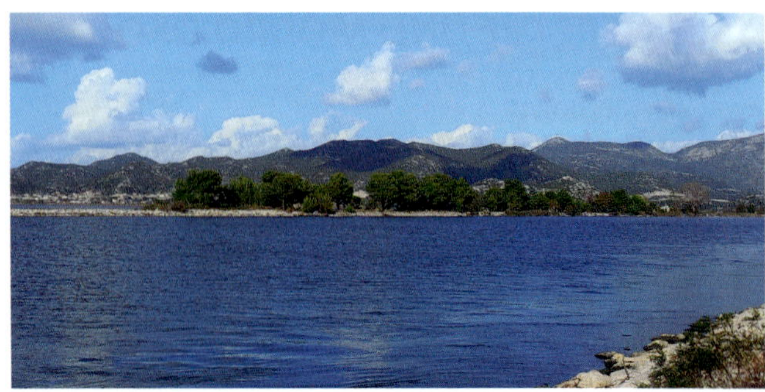

Blick auf Hafen Ploče vom Damm der Neretva.

Fluss Neretva, links das Meer. Meist weht hier ein starker Wind. Auf dem flachen Wasser ohne Schiffsverkehr tummeln sich Windsurfer, Kiter und andere Windsportler. Es gibt auf diesem 800 m langen Wanderweg keine technischen Schwierigkeiten. Es ist einfacher, im Schatten des Kieferwaldes zu wandern als auf der Straße, die zum Leuchtturm und zum Restaurant an der Deltaspitze führt. Am **Ende des Dammes** 02 treffen wir bei jedem Wetter auf sehr viele Fischer. Offensichtlich zieht diese Mischung aus Süßwasser und Meer die Fische an. Im Nordwesten sehen wir den Hafen von Ploče und große Benzintanks, vor uns verdeckt die Halbinsel Pelješac die Fernsicht aufs Meer. Im Südosten können wir einen Teil der 2,4 km langen Pelješac-Brücke sehen, mit dem Fernglas können sogar die Autos auf der Brücke. Im Meeresbereich gibt es Heilschlammgruben, wie man an einigen, in schwarzen Schlamm gehüllten Badegästen sehen kann.

Es gibt auch einen kleinen Strand beim Restaurant. Die Strandverwaltung hat die Dusche am Strand ganz einfach hergestellt. Eine Wasserpumpe zieht das Süßwasser aus der Neretva ca. 20 m weit über den Damm und so entsteht eine kalte Dusche auf der Meeresseite. Dazu muss ich sagen, dass der Fluss Neretva nicht als reiner Fluss gilt.

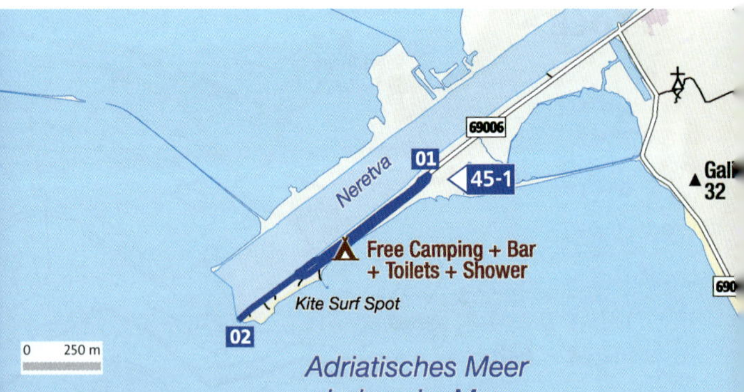

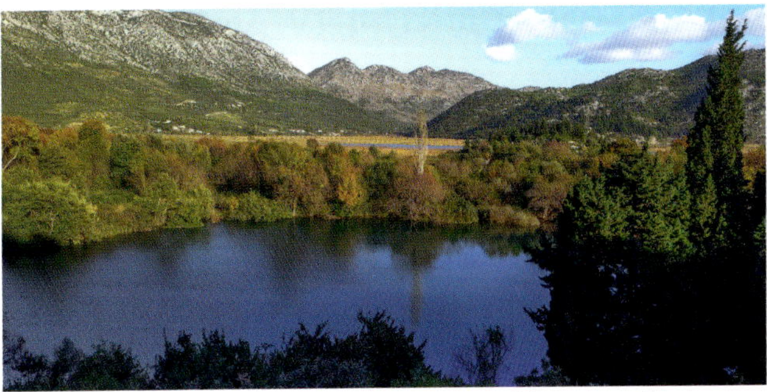

Eine kleine Perle unweit von Ploče – Modro oko (blaues Auge).

Start Nr. 2 zum Modro oko: Ort Banja bzw. die Informationstafel für das Modro oko. Wegbeschreibung: Nach der Ortausfahrt von Banja fahren wir noch ca. 1 km. Zuerst kommen wir an einer Informationstafel vorbei. 100 m weiter gibt es etwas Platz, um unser Auto abzustellen.

▶ Wir wandern zurück zur Informationstafel. Der kleine See Modro oko (Blaues Auge) liegt vor uns und in der Ferne liegt der zweite See namens Desna. Dieser See ist nur mit einem Boot erreichbar. Rundherum ist ein breites Moorgebiet. Um ein bisschen zu wandern, gehen wir zurück zum **Parkplatz** 01 und biegen in die Zufahrtstraße zum See ab. Die Straße endet bei einer Ruine. Zuerst wandern wir im Uhrzeigersinn. Der nicht markierte Weg führt sehr oft über kleine Holzbrücken, die aus Eisenbahnschwellern bestehen. Es gibt viele kleine Äcker und überall kleine Wasserkanäle. Leider endet unser Weg in einer **Sackgasse** 02. Ein Weg, der den See ganz umrundet lässt noch auf sich warten.

Eine Wasserquelle ist noch zu erwähnen. Gleich neben der erwähnten Ruine führt der Weg bis ans Ufer. Dort können wir eine sprudelnde Quelle finden. Ihr Wasser fließt keine zwei Meter und mündet dann in den See. Ich hoffe, dass dieses Gebiet in der Zukunft für den Tourismus nutzbar gemacht wird.

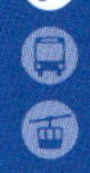
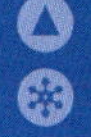
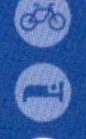

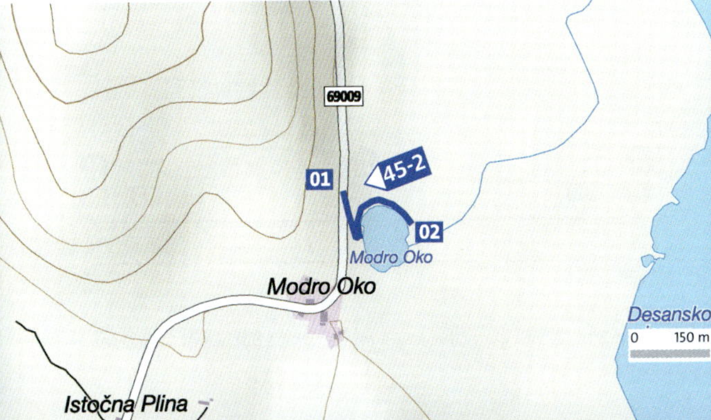

SRESIR – DRAČA – UFERWANDERWEG

Ein kurzer Spaziergang entlang der Küste mit dem Blick auf die Pelješac-Brücke

START | Sresir (Ortseinfahrt), Halbinsel Pelješac
[GPS: UTM Zone 33 x: 699.293 m y: 4.757.803 m]
CHARAKTER | Ein leichter Spaziergang entlang der Küste

Bei der **Ortseinfahrt** 01 befindet sich auf dem Rasen ein unauffälliger Parkplatz. In der Nähe steht schon der Wegweiser für den Drača-Uferweg (Šetnica). Wir gehen ca. 200 m auf dieser Straße und erreichen auf der linken Seite das Meer und auf der rechten Seite eine kleine Kirche mit einem Friedhof. Unser Weg ist eine Uferstraße, die die Häuser von Sresir verbindet. Entlang der Straße liegt ein Strand. Wir können unsere Tour jederzeit unterbrechen und eine Erfrischung im Meer suchen. Nach einem Kilometer endet die Straße und es beginnt ein neuer **Uferweg** 02 – nur für Wanderer und Radfahrer. Vor uns im Meer liegen kleine Inseln, die die Blicke auf die Pelješac-Brücke verdecken. Es kommt aber eine Stelle, wo der Blick frei ist auf das gesamte Bauwerk, eine 2,4 km lange Brücke mit einer Fahrbahn, die bis zu 55 m über dem Meeresspiegel liegt. Unser Uferweg ist nachts beleuchtet und mit Bänken ausgestattet. Diese anstiegsfreie Wanderung macht wirklich Spaß. Wir wandern an einigen kleinen Buchten vorbei und schon sind wir bei den ersten Häusern von Drača. Es ist schwer, ein Ende für die Wanderung zu bestimmen. Es gibt kein typisches Zentrum des Ortes; keine Kirche, keinen Marktplatz. Man wandert am Hafen von Drača vorbei und erreicht eine kleine **Bucht mit Cafés** 03. Hier

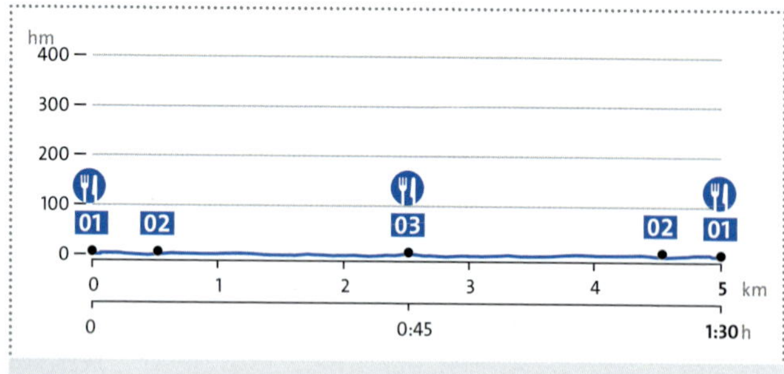

01 Sresir, 3 m; 02 Beginn Uferweg, 1 m; 03 Drača Bucht mit Cafe, 3 m;

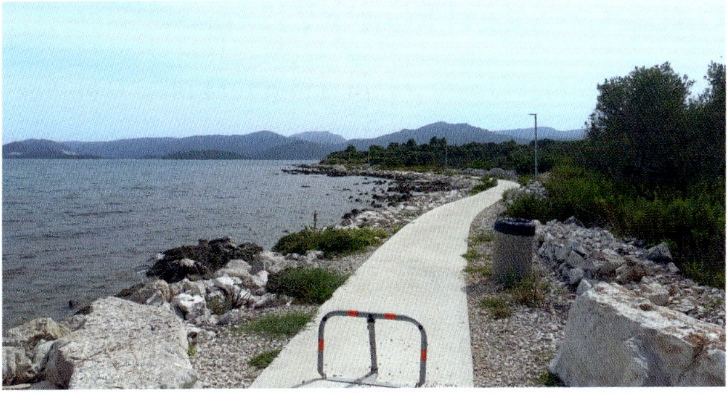

Die neu erbaute 2,4 km lange Pelješac Brücke zieht unsere Blicke an sich (ganz links im Bild).

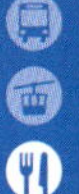
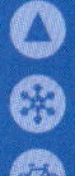
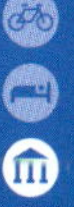

entscheiden wir uns umzukehren. Unweit von hier verläuft auf der Halbinsel die Hauptstraße nach Orebić. Das hört man am Verkehrslärm. Deswegen wählen wir nicht den Rundweg durch die Felder, sondern gehen denselben Weg zurück zum **Ausgangspunkt** 01. Auf dem Rückweg sehen wir die vielen kleinen Inseln vor Sresir aus einer etwas anderen Perspektive. Die knappe Wanderstunde vergeht sehr schnell. Verpflegung gibt es in Sresir und in Drača.

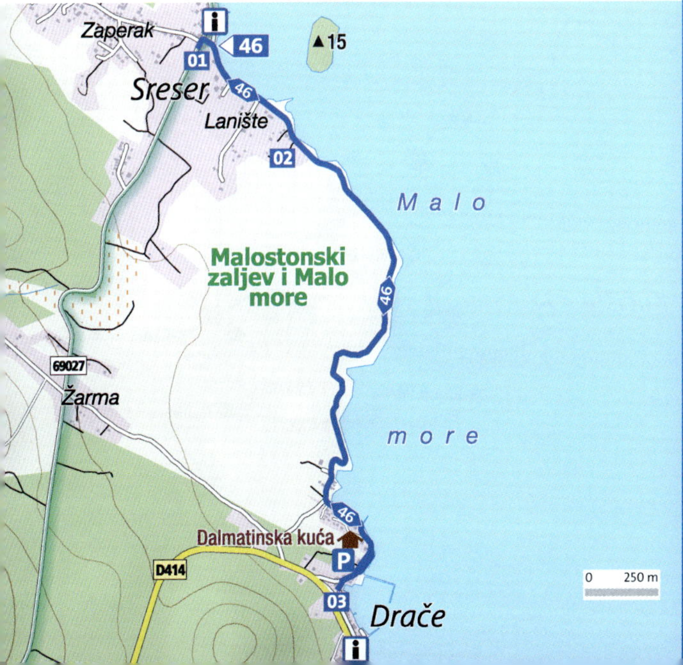

OREBIČ – SVETI ROK • 235 m

Ein angenehmer Aufstieg vom Hafen zur Kirche Sveti Rok

 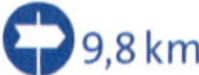 9,8 km  3:00 h 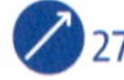 270 hm 270 hm 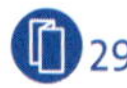 2900

START | Orebič (Altstadt)
[GPS: UTM Zone 33 x: 677.774 m y: 4.760.239 m]
CHARAKTER | Ein Aufstieg auf Straßen und breiten Wegen oberhalb der Stadt Orebič mit schönen Ausblicken auf die Insel Korčula

Diese Tour sollten wir in der **Altstadt von Orebič** 01 beginnen. Am Ufer entlang verläuft eine Fußgängerzone und hier ist unser Start. Wir gehen in Richtung Westen an vielen Cafés und Läden vorbei. So erreichen wir den **Hafen** 02, wo die Fähre nach Korčula fährt. Hier queren wir die Straße und gehen an der Küste entlang weiter. Nun beginnen links und rechts von unserem Weg die Strände und Restaurants. Beim **Hotel Azur** 03 endet der Uferweg

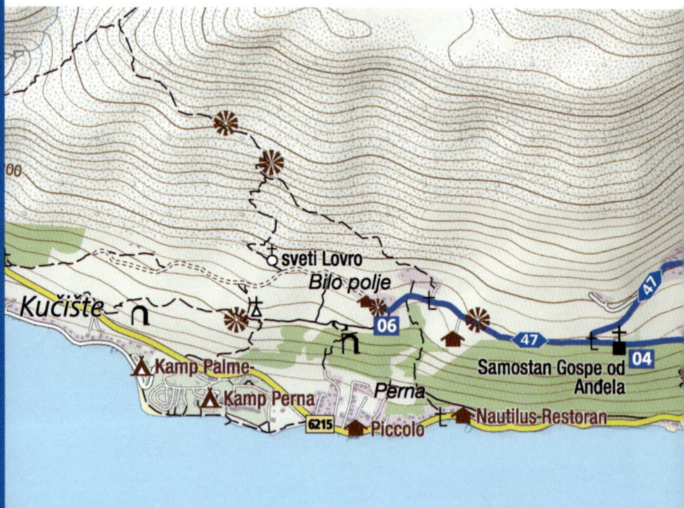

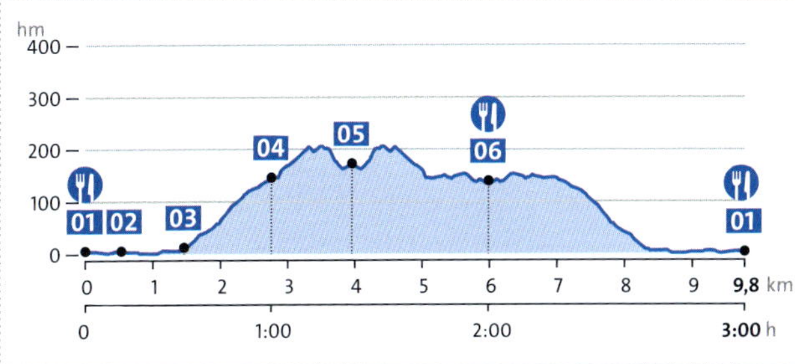

01 Orebič Altstadt, 3 m; **02** Hafen, 4 m; **03** Hotel Azur, 6 m; **04** Franziskanerkloster, 139 m; **05** Kirche, 171 m; **06** Aussichtsplatz mit Restaurant, 137 m;

und wir biegen am Hotelparkplatz nach rechts (bergauf) ab. Zuerst queren wir eine Straße und nach 100 m noch eine weitere Straße. Diese Stelle ist nicht gut markiert, deswegen ist die Suche nach dem Wegbeginn auf der anderen Seite der Straße etwas kompliziert. Der Weg ist angenehm und steigt in großen Kehren den Hang über Orebič hinauf. Wir gehen in einem schönen Wald, der unter Naturschutz steht und erreichen nach ca. 30 Minuten eine Asphaltstra-

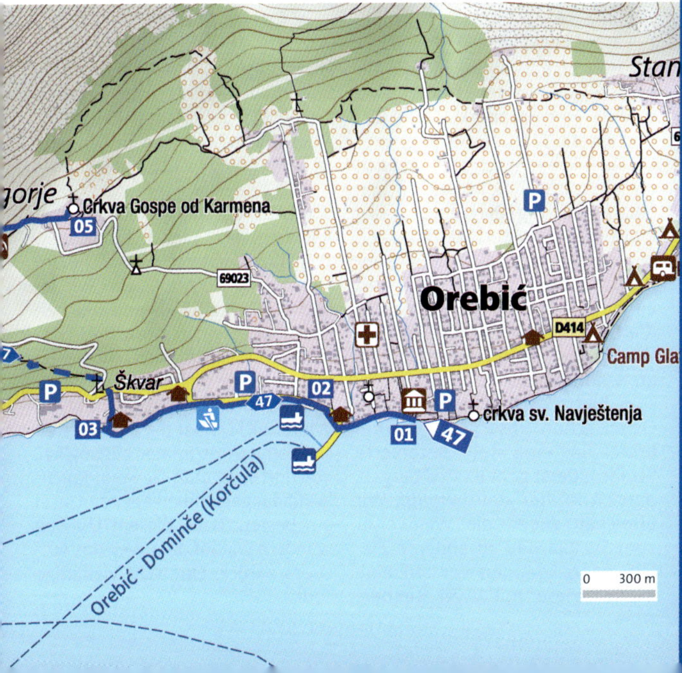

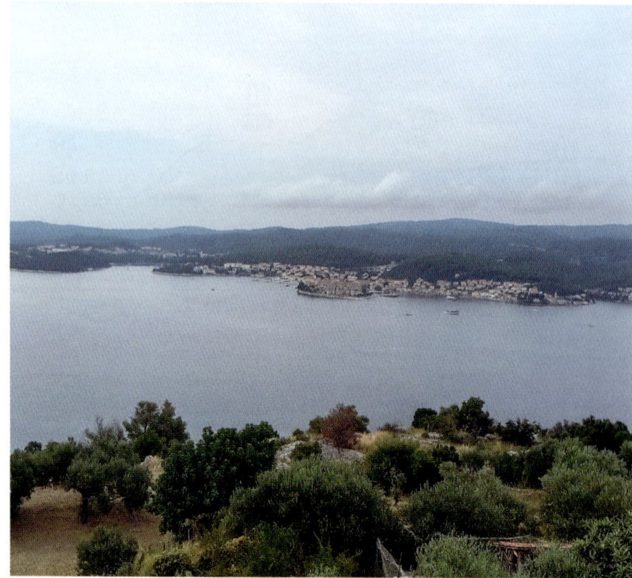

Blick über die Olivenbäume auf die Insel Korčula. Dort soll Marco Polo geboren sein.

ße. Hier biegen wir nach links ab und steigen auf der Straße bis zu einem **Franziskanerkloster** 04. Dort ist die Straße sehr eng, aber der Ausblick sehr schön. Kurz nach diesem Kloster kommen wir zu einen Kreuzung (Parkplatz für das Franziskanerkloster). Dort biegen wir nach rechts auf die ansteigende Straße, die uns zuerst zu einem Felsen bringt, wo es ein Klettergelände gibt. Dieser Teil der Wanderung ist schon sehr reich an schönen Ausblicken. Von diesem Klettergarten sehen wir im Osten schon unser Ziel. Dorthin bringt uns eine steile betonierte Straße. Zuerst geht es steil bergab, danach wieder steil bergauf. Wir erreichen zuerst die Wegweiser zum Sv. Ilija und zu anderen Zielen; dann kommen wir auf eine kleine Wiese mit zwei Kirchen. Hier finden wir Schatten und eine Steinmauer. Hinter der großen **Kirche** 05 befinden sich Bienenstöcke. Das Summen der Bienen ist im Frühling nicht zu überhören.

Von hier begeben wir uns auf den Rückweg, der zunächst auf dem Weg des Aufstiegs verläuft. Beim Franziskanerkloster biegen wir jedoch nach rechts ab und machen zuerst noch einen Abstecher zum ca. 500 m entfernten **Aussichtsplatz** 06. Hier gibt es ein Restaurant. Im Sommer ist es geöffnet, im Winter nicht. Aber die aussichtsreiche Terrasse ist immer zugänglich. Von dort sieht man die Stadt Korčula auf der gegenüberliegenden Insel am besten. Nach diesem Umweg wandern wir auf dem Weg des Aufstiegs zurück. Eine sehr vielfältige Tour.

SVETI ILIJA • 961 m

Eine anspruchsvolle Tour auf den höchsten Gipfel der Halbinsel Pelješac

  11,6 km 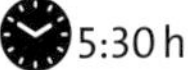 5:30 h 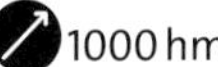 1000 hm 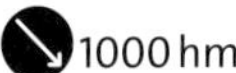 1000 hm 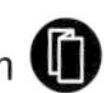 2900

START | Kučište – Friedhof (Kirche Sv. Luka)
[GPS: UTM Zone 33 x: 672.026 m y: 4.761.130 m]
CHARAKTER | Eine sehr anstrengende Tour, vor allem im Sommer. Ohne Verpflegung muss man 1000 Höhenmeter überwinden.

Es gibt beim **Friedhof 01** nur wenige Parkplätze. Dort finden wir die Wegweiser, einer davon zeigt bergauf: „SV. ILIJA 2:30 h". Die Zeit ist viel zu knapp bemessen. Der Weg steigt zuerst gemütlich, dann steil auf den Südhang des Sveti Ilija. Es gibt auf der ersten Hälfte des Weges kaum Schatten. Relativ gemütlich bringt uns der Weg zur **Kirche von Sv. Luncijata 02** auf etwa 160 m.

Dann wird der Weg enger und noch steiler. Es folgen mehrere Passagen, bei denen wir die Hände benutzen müssen, um vorwärts zu kommen. Die Markierung ist nur noch schwach zu erkennen. Am sichersten sind die Steinmännchen. Das Gebüsch ist hart und dornig, deswegen sind auch im Sommer lange Hosen sehr zu empfehlen. Nach ca. 1 Stunde erreichen wir den kleinen **Gipfel Mala Lutica 03** mit einem weißen Kreuz. Ein schöner Platz zum Rasten, man findet in der Nähe auch Schatten. Dann geht es auf dem kahlen Berg weiter hinauf bis zur Kreuzung mit dem Weg aus Orebič, Seehöhe ca. 480 m. Danach geht es quer am Hang entlang. Wer in der Morgendämmerung startet, hat auf

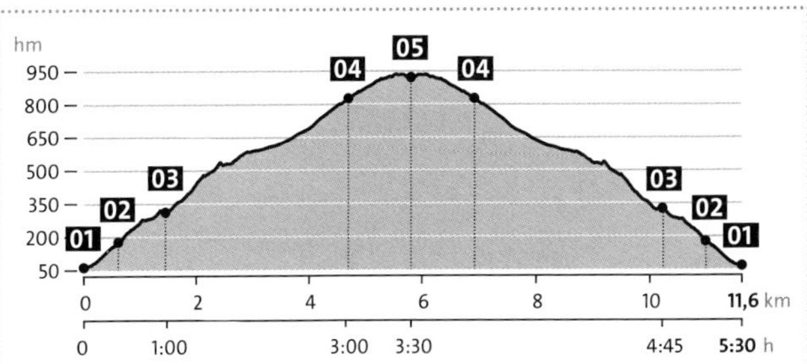

01 Startpunkt, 64 m; 02 Sv. Luncijata, 161 m; 03 Gipfel Mala Lutica, 311 m; 04 Hütte, 815 m; 05 Gipfel Sveti Ilija, 912 m;

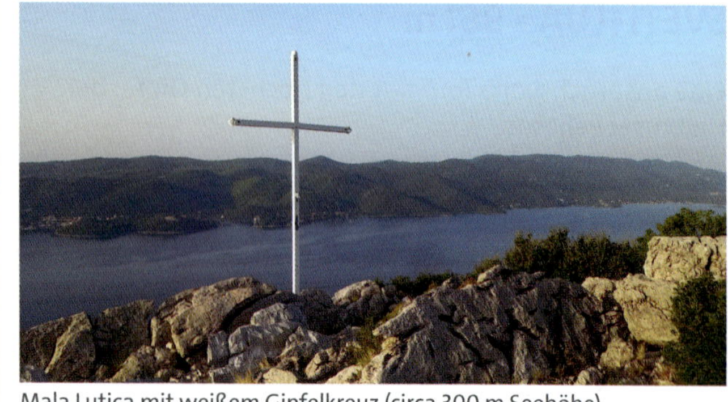

Mala Lutica mit weißem Gipfelkreuz (circa 300 m Seehöhe).

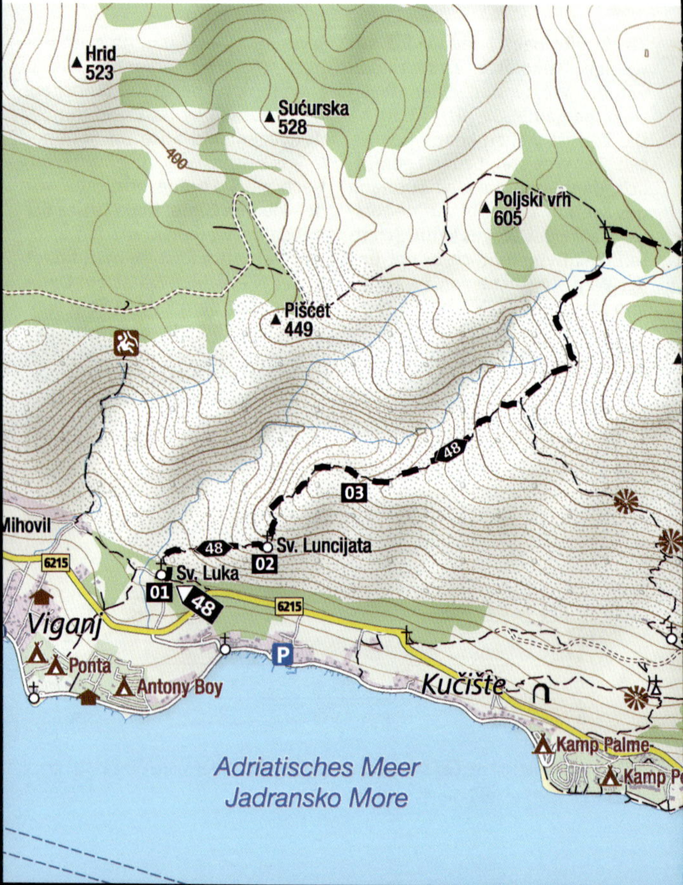

Hrid 523
Sućurska 528
400
Poljski vrh 605
Pišćet 449
48
03
Mihovil
48
Sv. Luncijata
02
6215
Sv. Luka
01
48
6215
Viganj
Ponta
Antony Boy
Kučište
Kamp Palme
Kamp Pe
Adriatisches Meer
Jadransko More

diesem Abschnitt noch Schatten. Nach ca. 2 Stunden erreichen wir einen Wald, eine seltsame Erleichterung. Der Weg verläuft nun im Schatten und stößt auf den Weg, der von Naredine kommt. Auf dem Markierungsstein steht auch „AQUA", aber ich empfehle, Proviant und Wasser mitzunehmen, da dieses „AQUA" eine Verlängerung unserer Tour bedeutet. Der Wasserverbrauch liegt bei ca. 1,5 l pro Person. Unser Weg verläuft im Wald und in diesem Abschnitt ist auch ein Lehrpfad eingerichtet worden. Es gibt kaum steile und sonnige Passagen, bis wir zur Hütte **Nova kuća** **04** auf ca. 820 m gelangen. Danach verläuft der Weg wieder auf dem kahlen, breiten Kamm des Gipfels. Je nach Hitze schaffen wir diesen Abschnitt in 20 bis 30 Minuten. Einmal auf dem **Gipfel** **05** angelangt, verdienen wir einen Applaus. Diese Tour ist ganz anders als gleichwertige Touren in den Alpen. Der steinerne Weg erlaubt kein Renntempo. Die Hitze erreicht im Sommer um die Mittagszeit knapp +40°C im

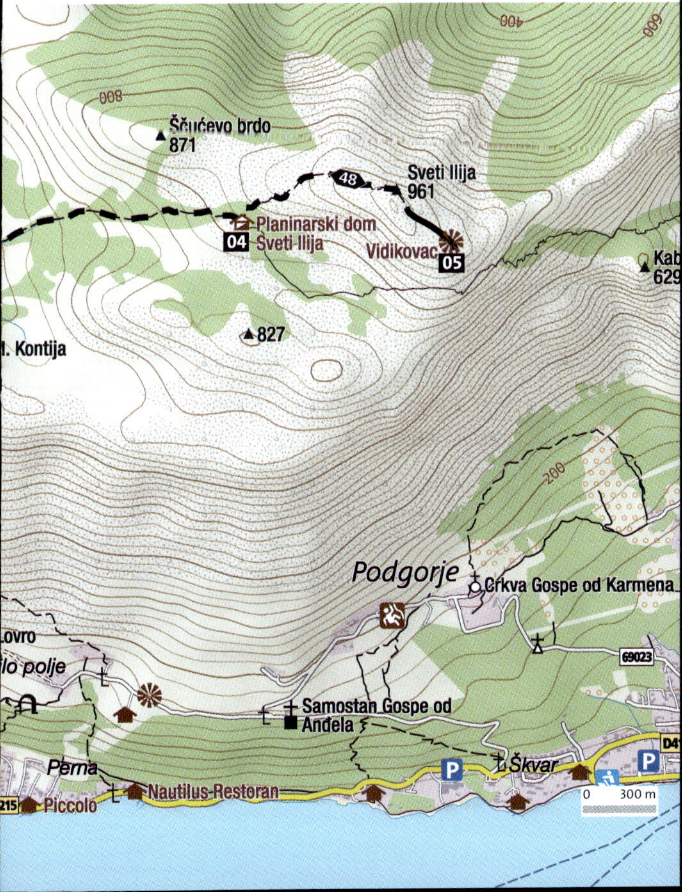

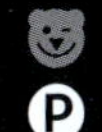
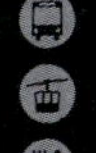
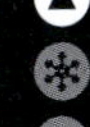
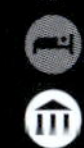

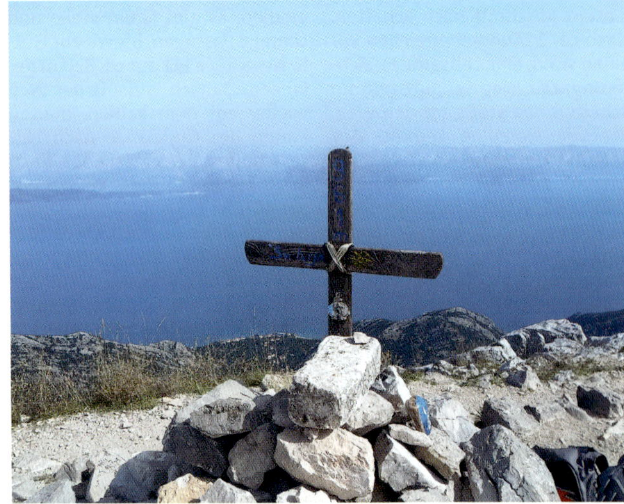

Blick vom Gipfel des Sveti Ilija, vergeblich suchen wir hier nach Schatten.

Schatten. Der kahle Hang macht uns bei diesen Temperaturen auch im Abstieg sehr erschöpft. Die „normale“ Saison für diesen Berg ist von Oktober bis Mai. In anderen Monaten müssen wir uns mit der Morgendämmerung auf den Weg begeben. Trotz der Länge und Schwierigkeit der Tour wird dieser Gipfel ziemlich oft bestiegen. Vielleicht liegt die magische Anziehungskraft des Gipfels darin, dass man vom Gipfel noch ca. 200 m weiter südöstlich wandern kann; dort findet man eine primitive Beobachtungsstelle, von der sich eine faszinierende Sicht auf Orebič und Korčula öffnet. Eine der schwierigsten Touren in diesem Wanderführer.

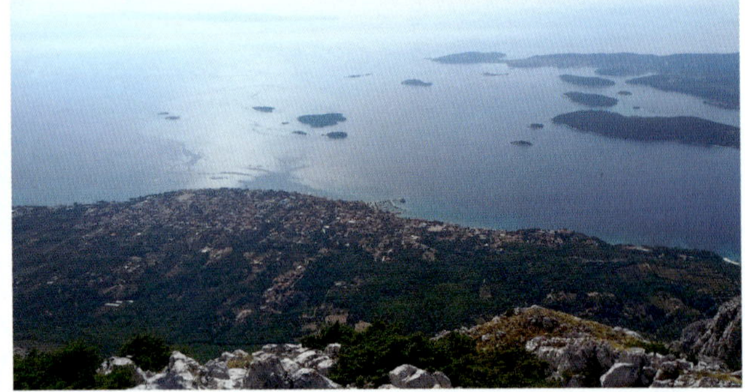

Viele kleine Insel an der Ostseite von Korčula, unten die Stadt Orebič aus der Vogelperspektive.

PELJEŠAC

Eine Wanderung an der engsten Stelle der Halbinsel Pelješac

  3,7 km  2:30 h  350 hm  350 hm  2900

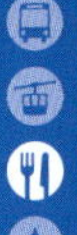
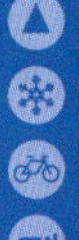

START | Hafen von Mali Ston, gebührpflichtiger Parkplatz [GPS: UTM Zone 33 x: 720.982 m y: 4.747.358 m]
CHARAKTER | Eine Wanderung entlang der Wehrmauer, die nach 800 Jahren renoviert wurde. Mit dieser Schutzmauer konnte per Land kein Eroberer die Halbinsel einnehmen. Der Rückweg ist ein Kinderspiel im Gegensatz zur Wanderung entlang der Mauer.

Zuerst betreten wir durch das Tor die Stadt **Mali Ston** 01. Englische und kroatische Wegweiser zeigen uns den Weg zur Wehrmauer. Nach 10 Minuten kommen wir zur Kasse. Wir werden schwitzen und dazu müssen wir noch zahlen. Einmal auf die Mauer aufgestiegen, wird sich unsere Laune aber schnell bessern. Die Mauer liegt etliche Meter über der Wasseroberfläche, somit genießen wir stets eine wunderbare Aussicht und auch die angenehme Briese macht unseren Aufstieg im Sommer ertragbar. Wenn wir den **vierten Wehrturm** 02 erreichen, wird der Weg flach. Geradeaus und mit immer schöner werdenden Ausblicken nach Süden wandern wir in das Gebiet von Veliki Ston. Dort macht unser Weg schon einen steilen Abstieg. Die Treppe ist hier sehr eng und das Begehen durch weitere Wanderer erschwert. Noch einmal biegt der Treppenweg hinauf zur einer großen Festung. Von dort können wir die Saline von Ston ganz genau betrachten. In Zukunft wird von dieser Festung auch der Treppenweg zum Gipfel erneuert und

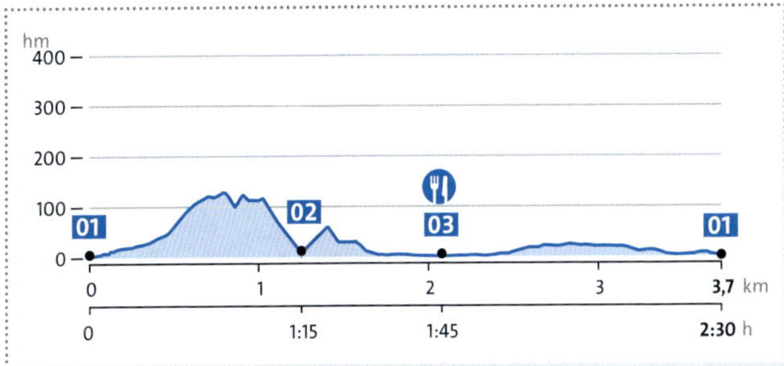

01 Startpunkt, 0 m; 02 Wehrturm, 9 m; 03 Veliki Ston, 0 m;

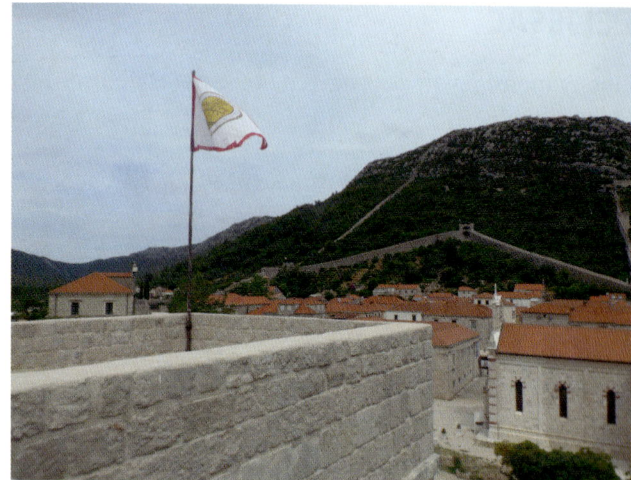

Blick auf die Wehrmauer von Veliki Ston.

dann wird diese Mauerwanderung noch länger und noch anstrengender werden, da der Gipfel mit der einstigen Festung über 250 m hoch ist. Aber zur Zeit brauchen wir nur noch entlang der mittelalterlichen Kanonen absteigen und in 15 Minuten erreichen wir die Ortschaft **Veliki Ston** 03. Dort endet eigentlich unser Weg auf der Wehrmauer, jedoch gilt unsere Eintrittskarte auch für die gut erhaltene Festung etwa 500 m vom Ausgang der Wehrmauer entfernt. Diese Festung ist von einem Wassergraben umgeben, die Besichtigung nimmt mindestens 15 Minuten in Anspruch. Danach können wir durch die Altstadt von Ston wandern. Ston ist für Muscheln und Salinen bekannt. Man sollte sich eine brauchbare Erinnerung schaffen, indem man eine hier heimische kulinarische Spezialität kostet. Für den Rückweg wandern wir auf dem Pfad, der neben der Bundesstraße verläuft. Bis zum Ausgangspunkt in **Mali Ston** 01 sind wir noch gut 1,5 km unterwegs.

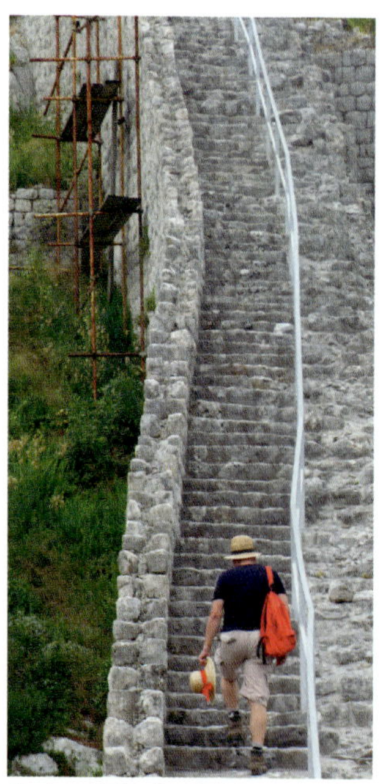

Sind es 400 oder 500 Treppen die wir aufsteigen müssen?

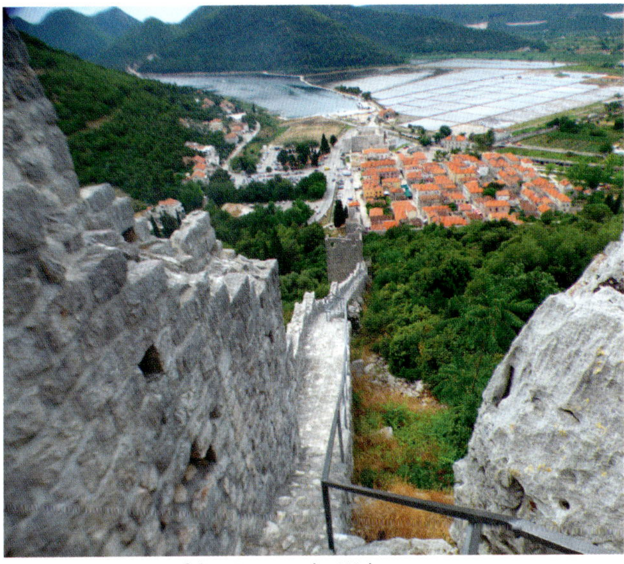

Der steile Abstieg auf den Treppen der Wehrmauer.

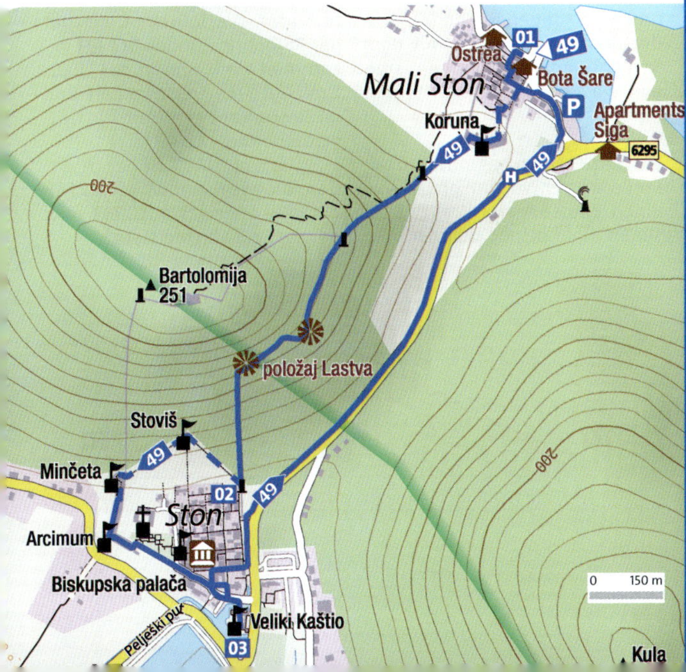

DUBROVNIK – SRĐ • 415 m

Ein Aufstieg auf den Hausberg von Dubrovnik

  4,6 km 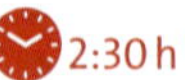 2:30 h 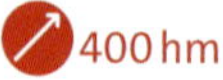 400 hm 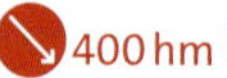 400 hm 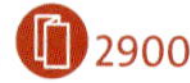 2900

START | Bushaltestelle an der Hauptstraße D8, 50 m nach dem Abzweig Richtung Dubrovnik.
[GPS: UTM Zone 33 x: 754.518 m y: 4.726.331 m]
CHARAKTER | Ein schöner, aber langer Weg, der sich in scheinbar unendlichem Zickzack auf den Berg Srđ hochschlängelt

Noch auf der **Hauptstraße** 01 sehen wir ein Schild mit dem Namen des Weges: „Križniput". Am Anfang gibt es einige Steinstufen zu überwinden. Wir gehen eine Weile auf dem ausgetretenen Sandweg und genießen so lange wie möglich die kühle Luft und den angenehmen Geruch der Kiefern. Bevor wir mit dem Serpentinenweg beginnen, steigen wir wieder ein paar Stufen hinauf.

Die Serpentinen beginnen an der Stelle, an der wir zum ersten Mal einen Bildstock des Kreuzweges sehen. Bald öffnet sich der Weg und gibt den ersten Blick auf die Altstadt frei. Wir folgen dem Serpentinenweg bis ganz nach oben. Der Panoramaweg ist sehr schön und bietet einen herrlichen Blick auf ganz Dubrovnik und seine Umgebung. Oben treffen wir auf eine völlig andere Kultur. Die Touristen, die mit der Bergbahn auf den **Srđ** 02 gekommen sind, sind in der Überzahl. Auch die Preise im Café und im Restaurant sind nur für Gutverdienende.

Den Rückweg können wir zu Fuß auf dem Weg des Aufstiegs oder mit der Seilbahn meistern.

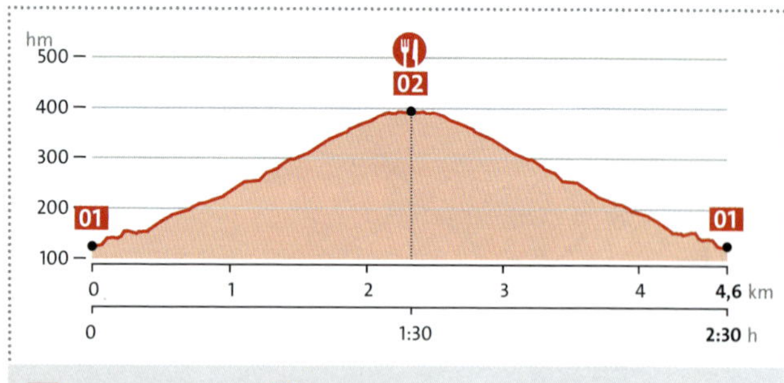

01 Hauptstraße, 123 m; 02 Srđ, 395 m;

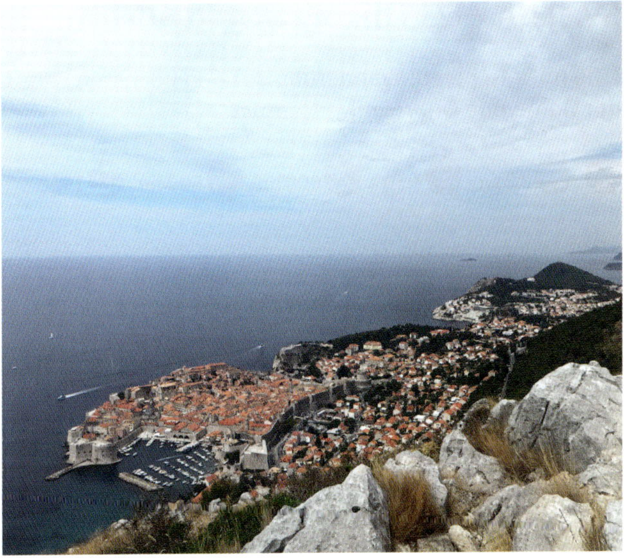

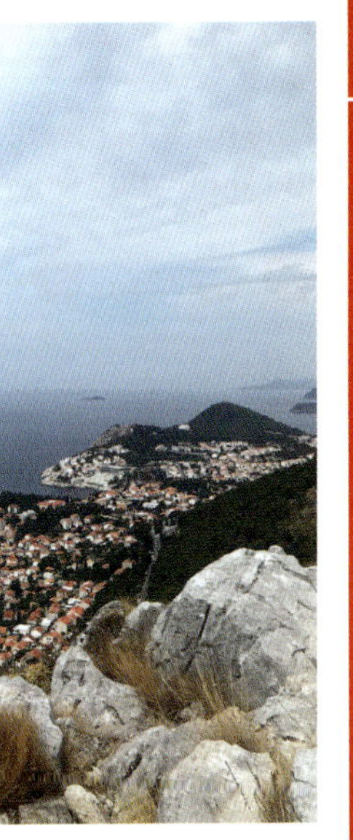

Blick zurück auf Dubrovnik.

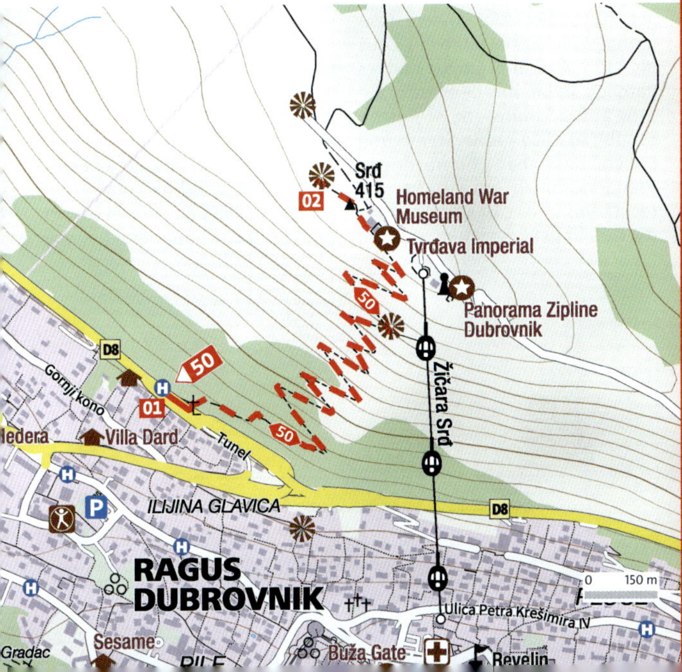

Srđ
415
02
Homeland War
Museum
Tvrđava Imperial
Panorama Zipline
Dubrovnik
50
D8
Gornji kono
01
Villa Dard
Tunel
Žičara Srđ
ILIJINA GLAVICA
RAGUS
DUBROVNIK
Ulica Petra Krešimira IV
0 150 m
Sesame
Gradac
Buža Gate
Revelin

51

SV. ILIJA • 1234 m (BEI DUBROVNIK)

Eine mittelschwere Wanderung auf den höchsten Berg der Gemeinde Dubrovnik – Neretva

  8,3 km  3:30 h  600 hm 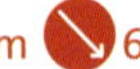 600 hm  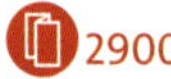 2900

START | Kuna Kunavoska 723 m
[GPS: UTM Zone 33 x: 775.899 m y: 4.717.365 m]
CHARAKTER | Eine mittelschwere Wanderung auf den südlichsten Eintausender der kroatischen Küste in Dalmatien. In der k.u.k.-Zeit gab es hier schon eine Festung und eine Zufahrtstraße vom Ausgangspunkt. Dieser Straße folgen wir für den Aufstieg, beim Abstieg nutzen wir dann alle markierten Abkürzungen. Auf dem Gipfel sind neben einer versteckten Kapelle von Sv. Ilija auch Funkantennen. Mit Fernglas können wir jedes Flugzeug, das vom Flughafen Dubrovnik Čilipi startet, einwandfrei betrachten.

Dieser Aufstieg ist kein Unterfangen für Segler oder andere Seefahrer. Vom Hafen Dubrovnik Gruž bis zum Ausgangspunkt sind es nämlich 36 km mit dem Auto. Ein sehr gutes Schuhwerk ist Pflicht. Es gibt so viele große Steine und Felsen, dass man mit niedrigen Wanderschuhen gar nicht zurechtkommt. Dazu kommt noch die Gefahr der Begegnung mit den giftigen Schlangen und unter diesem Gesichtspunkt sind auch hohe Wanderschuhe von Vorteil. Oft gehen wir durch Gebüsch-Passagen, in denen wir auf die Spinnennetze achtgeben sollten. Bei den Spinnen, die dahinter lauern, handelt es sich oft um giftige Schwarze Witwen. Man sollte sich mit Gehstöcken helfen und die Luft vor sich freischeren. Im Sommer muss man

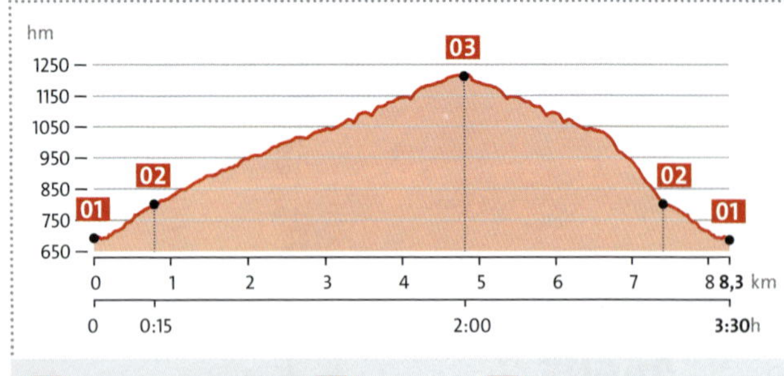

01 Kuna Kunavoska, 680 m; 02 Teich, 789 m; 03 Gipfel Sv. Ilija, 1212 m;

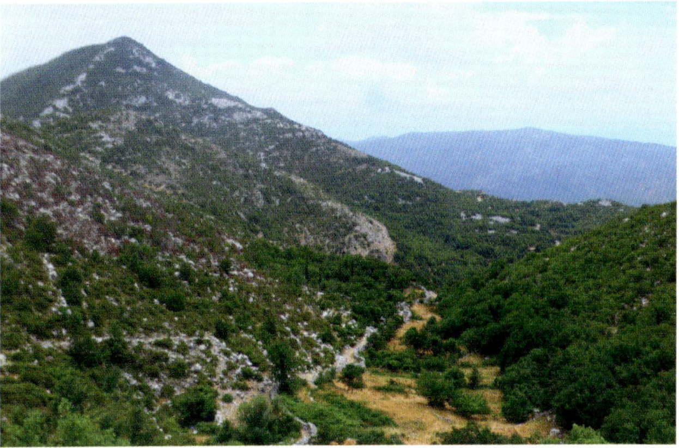

Auf dem Militärpfad aus der Monarchiezeit erreichen wir in unzähligen Kehren den Gipfel.

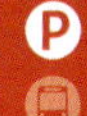

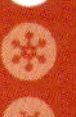
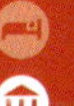
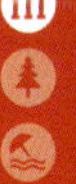

hier mit Hitze rechnen, im Winter gibt es hier Schneeverwehungen. Somit sind die besten Jahreszeiten für den Aufstieg der Frühling und der Herbst. Was der Gipfel Učka (1396 m) für den Norden Kroatiens ist, ist der Sv. Ilija (1234 m) nahe Dubrovnik für den Süden Dalmatiens: ein perfekter Aussichtsort, der unser Herz höherschlagen lässt.

▶ Im **Dorf** **01** gibt es nur wenige Parkmöglichkeiten, aber die netten Einheimischen helfen jedem Wanderer gerne mit Rat, wo man das Auto stehen lassen kann.

Es gibt nur eine abgesperrte Berghütte im Ausgangsort, somit ist man auf Wasser und Proviant, das man aus dem Tal oder von der Küsten mitbringt, angewiesen.

Die Markierungen sind etwas verwaschen – mein Aufstieg erfolgte im Juli 2021. An einem Haus steht ein rotes Schild – „Sv. Ilija 1:30 Std". Diese Zeit ist zu knapp geschätzt, wenn man die Straße zum Aufstieg wählt. Der Ausdruck „Straße" ist etwas übertrieben, es handelt sich um einen steinreichen Pfad, der einer mehr als ein Jahrhundert alten Straße folgt. Dieser Pfad hat eine konstante Steigung von ca. 10 %. Somit dauert der Aufstieg für die knapp 5 km lange Strecke etwa 2 Stunden. Auf dieser Strecke werden wir 7 Kreuze finden, an denen die Gaben des Heiligen Geistes eingraviert sind.

Nach 15 Minuten Gehzeit erreichen wir zunächst eine Stelle namens Lokev, wo sich auch ein **Teich** **02** befindet, aber dieses stehende Wasser ist nur für die Tiere geeignet.

Bei meinem Aufstieg habe ich auch einen Otter gesehen. Er hat sich, nachdem er mich bemerkt hat, rasch unter den Felsen versteckt. Wie es sich für diese steinige Welt gehört, gibt es weiterhin kein Trinkwasser auf dem Weg.

Dem weiteren Wegverlauf lässt sich leicht folgen und so erreichen wir bald den **Gipfel** **03**, wo der Blick nach Süden schweift. Unter uns die

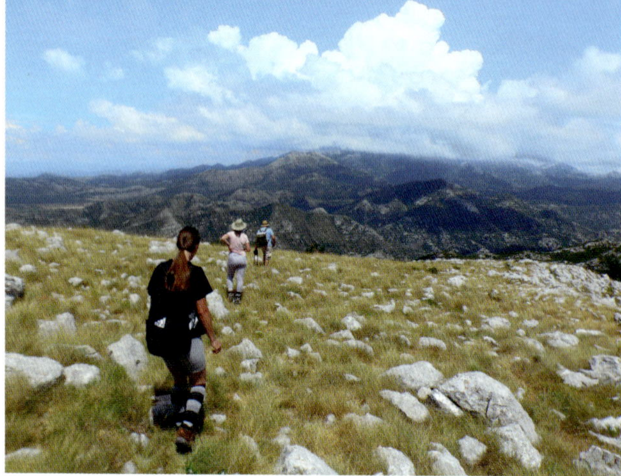

Abstieg auf dem kahlen Hang, ganz links im Hintergrund erkennt man die Landebahn des Flughafens Dubrovnik – Čilipi.

fruchtbaren Felder von Konavle, dahinter das Meer, im Westen die Landebahn des Flughafens Dubrovnik Čilipi, im Osten sieht man schon die Berge von Montenegro und einen Teil der Bucht Boka Kotorska. Bei guter Fernsicht erkennen wir weit im Norden (Herzegowina und Montenegro) die Berge, die unsere Gipfelhöhe überragen.

Für den Abstieg folgen wir jetzt allen Abkürzungen, die zumindest durch schlechte Markierungen gekennzeichnet sind. Somit sparen wir uns knapp 1,5 km Strecke auf dem steinigen Pfad. Das wird auch an der Gehzeit deutlich – nur noch eine gute Stunde und schon erreicht man den **Ausgangspunkt 01**.

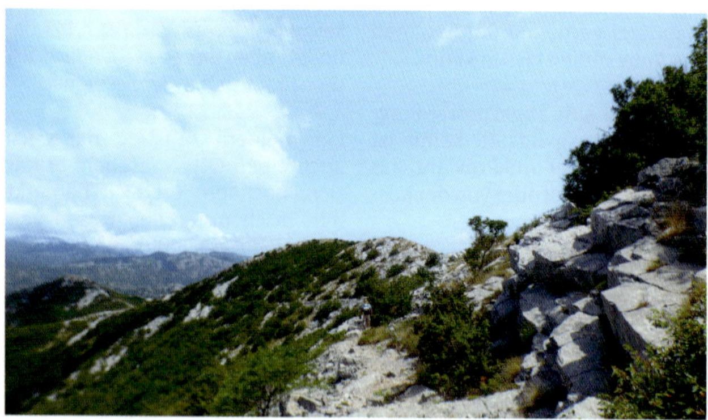

Blick nach Norden, die Berge liegen schon in Bosnien und Herzegowina.

Tipp

Unweit vom Ausgangspunkt befindet sich Sokol grad (Falkenburg) beim Dorf Dunave. Diese auf einem 25 m hohen Felsen erbaute Burg ist für die Öffentlichkeit – gegen Bezahlung des Eintritts – zugänglich gemacht worden. Man kann die Meisterbauer des Mittelalters bewundern, die dieses markante Bauwerk mit damaligen Hilfsmitteln erbaut haben. Auch die Fernsicht von der höchsten Etage der Burg kann uns sprachlos machen.

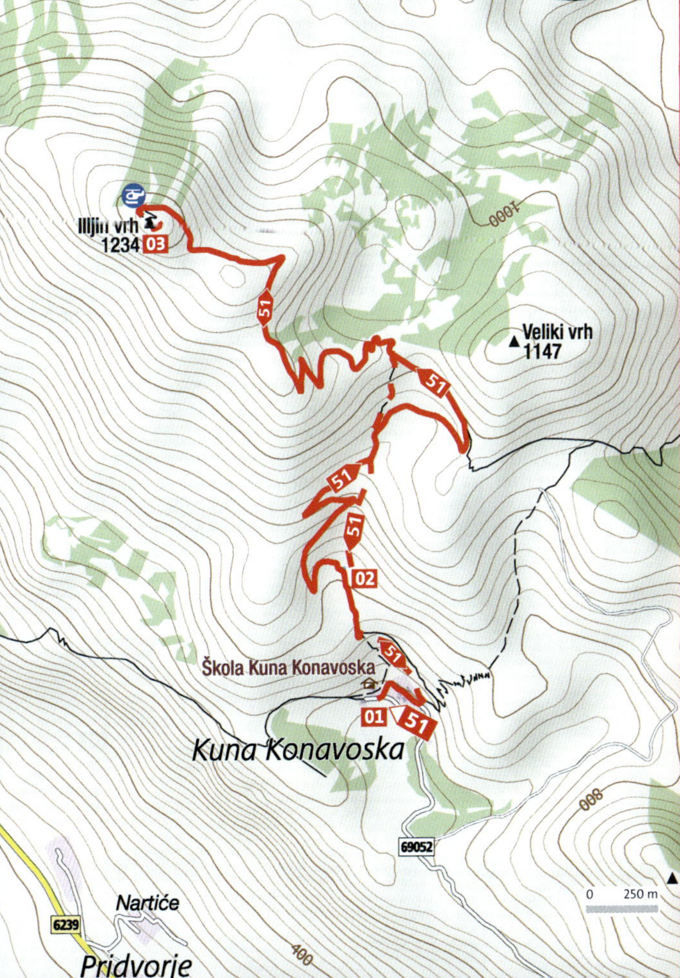

PREVLAKA – KAP OŠTRO

Eine Wanderung auf dem südlichsten Landstück Kroatiens an der Grenze zu Montenegro

  5,4 km  2:00 h  100 hm 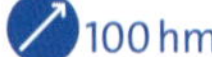 100 hm   2900

START | Strand von Prevlaka
[GPS: UTM Zone 33 x: 788.899 m y: 4.700.796 m]
CHARAKTER | Eine leichte Wanderung entlang der südlichsten Halbinsel Kroatiens. Diese Halbinsel hat schon seit Jahrhunderten strategische Bedeutung. Von dieser Halbinsel kann man den ganzen Schiffsverkehr in die benachbarte Bucht von Boka Kotorska, die zu Montenegro gehört, kontrollieren. Die Festung Oštro aus dem Mittelalter bezeugt das.

An der engsten Stelle am Anfang ist diese Halbinsel knapp 100 m breit. Dort befinden sich zwei Bars. Parkplätze in der Nähe gibt es mehr als genug.

▶ Wir wandern (können aber auch mit dem Fahrrad die Strecke bewältigen) vom **Parkplatz** 01 an der geteerten Uferstraße entlang. Diese bringt uns in knapp 3 km mit vielen schönen Ausblicken zur **Festung Oštro** 02. Die Festung ist zur Zeit nur eine Halbruine. Es gibt Warnungen vor abfallenden Steinen aus der Festung. Es handelt sich um ein riesiges Bauwerk. Es git auch eine Gedenktafel für eine Seeschlacht im Jahre 1917. Um eine bessere Aussicht zu erlangen, müssen wir von der Festung eine betonierte Straße bergauf wählen. Diesen Wegabschnitt können wir zu Fuß bestreiten. Nach 300 m

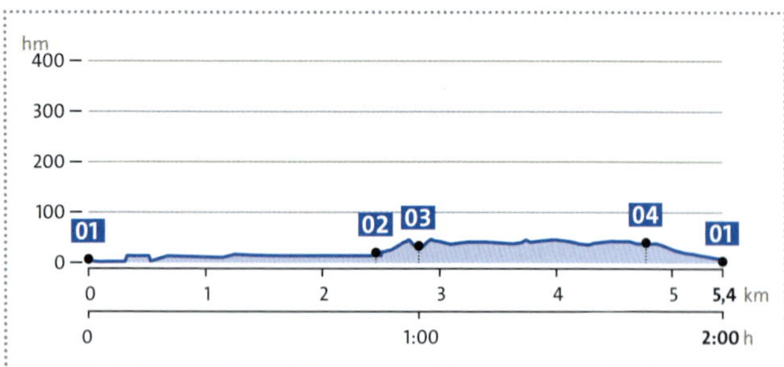

01 Parkplatz, 5 m; 02 Festung Oštro, 14 m; 03 Leuchtturm, 26 m; 04 Hubschrauberlandeplatz, 41 m;

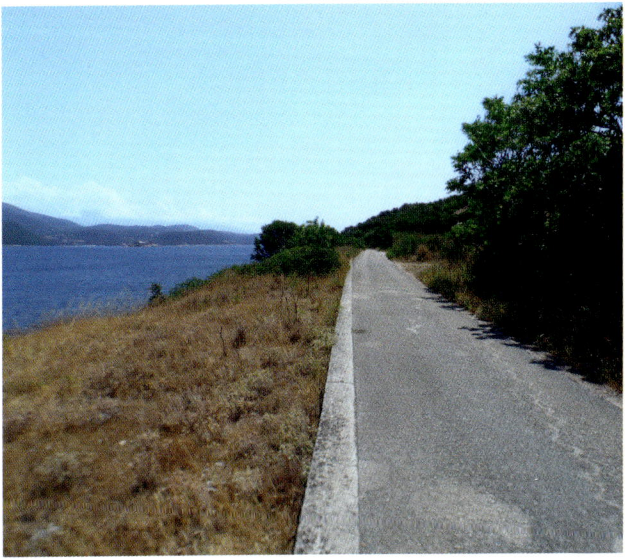

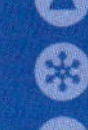

Die einfache Wanderung zum Kap Oštro.

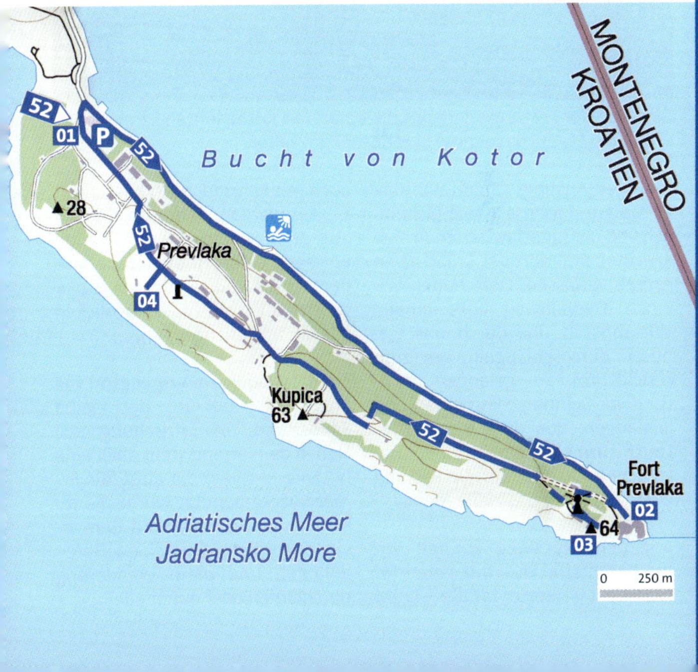

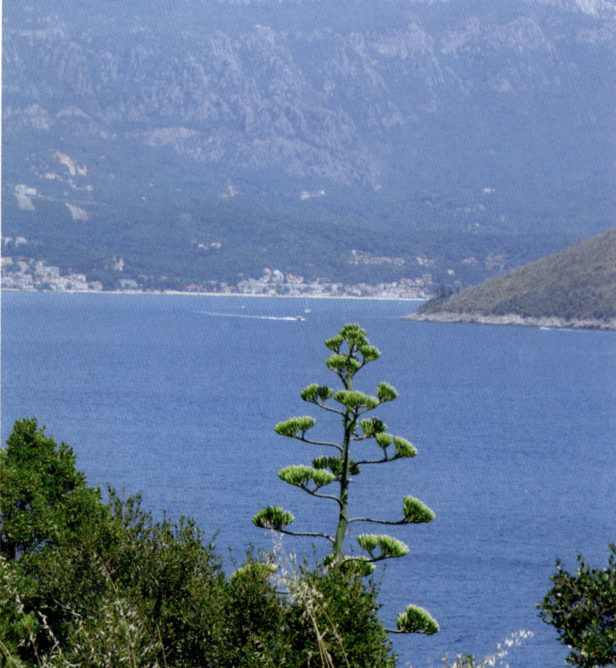

Blick von der Festung Oštro auf die Bucht von Kotor, hinten kann man schon die Stadt Hercegnovi in Montenegro sehen.

mäßigen Anstiegs finden wir eine verlassene Kaserne – wahrscheinlich von der jugoslawischen Armee errichtet und von der kroatischen Armee verlassen. Dort finden wir einen Treppenweg links hinauf. Wir müssen uns durch das Gebüsch durchschlängeln, um zum Leuchtturm zu gelangen. Achtung vor Spinnen, Skorpionen und Schlangen. Von der Ostseite des **Leuchtturms** 03 gibt es einen malerischen Ausblick auf die Festung Oštro und über das weite Meer.

Auf dem Rückweg können wir die Kammstrecke – mit geteerter und nicht geteerter Straße – (geht auch mit Fahrrad, noch besser mit E-Bike) wählen. Beim Auf und Ab auf dem Halbinselkamm finden wir auch einen **Hubschrauberlandeplatz** 04 und von der Stelle bietet sich auch ein super Ausblick in alle Himmelsrichtungen.

Einmal wieder am **Ausgangsort** 01 angelangt, lädt uns der kleine Sandstrand zur Erfrischung ein. Neben dem Strand steht auch eine betonierte Mole, die einst für Armeezwecke benutzt wurde, heute kann man aber auch mit dem zivilen Schiff diesen kleinen Hafen anlaufen und diese Wanderung durchlaufen oder durchradeln.

GROSSER UND KLEINER SEE

Eine Wanderung im Nationalpark Mljet

  11,5 km 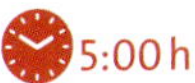 5:00 h 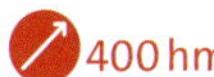 400 hm  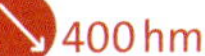 400 hm  2900

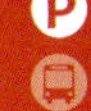
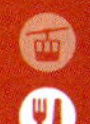

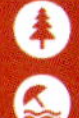

START | Hafen von Polače auf der Insel Mljet
[GPS: UTM Zone 33 x: 694.526 m y: 4.739.770 m]
CHARAKTER | Eine Wanderung im Nationalpark Mljet. Diese Insel ist die meist bewaldete Insel in der Adria. Im Norden der Insel befinden sich diese Perlen der Natur: der große See, der kleine See und die Insel der hl. Maria. Dazu kommt noch der Aufstieg auf den markanten Gipfel Montokuc, um von oben die Pracht der Natur besser schätzen zu können.

Dieser malerische kleine **Hafen** 01 ist per Schiff am besten erreichbar. Wenn wir mit dem Auto unterwegs sind, können wir uns die erste halbe Stunde der Wanderung sparen, da sich der Parkplatz unweit von dem großen See befindet. Im Hafen kann man schon die Eintrittskarten kaufen und dann beginnt die Wanderung neben einem römischen Palast bergauf. In 30 Minuten erreichen wir den großen See. Das Solarschiff bringt uns auf die kleine Insel **Sveta Marija** 02. Dort können wir die kleine Insel mit dem benediktinischen Kloster erforschen. Auch einige Badeplätze sind zu finden auf der Insel. Danach wählen wir das **Schiff** 03, das zur kleinen Brücke (Mali Most) fährt. Dort, bei **Mali Most** 04, beginnt unsere Wanderung erst richtig. Wir umwandern den kleinen See gegen den Uhrzeigersinn. Alle Wege sind besten ausgeschildert. Wir können uns Fahrräder leihen – in den Häfen Polače oder Pomena auch E-Bikes,

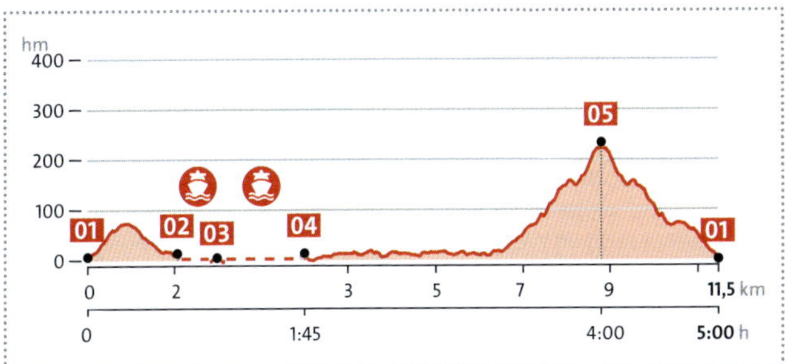

01 Startpunkt, 1 m; 02 Schiff zur Insel Sveta Marija, 13 m; 03 Schiff zum Hafen Mali Most, 0 m; 04 Mali Most und kleiner See, 9 m; 05 Gipfel Montokuc, 239 m;

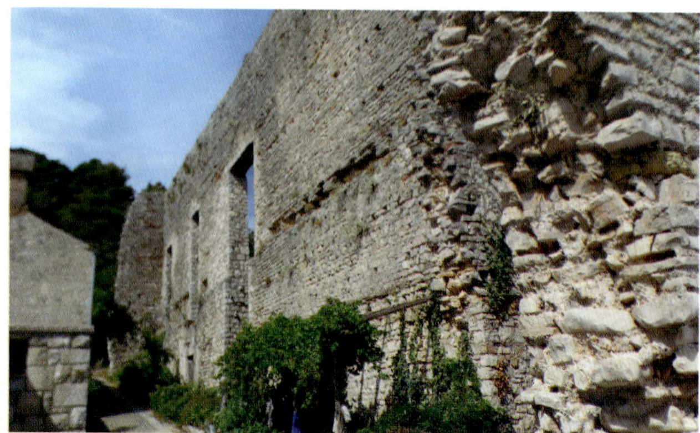
Reste des römischen Hauses bei Polače.

am Seeufer die normalen Fahrräder, und so können wir ohne große Anstiege den großen See umfahren. Nur der Weg nach Polače ist mit einem 500 m langen Anstieg versüßt. Den Anstieg auf den Gipfel Montokuc können wir nur zu Fuß bewältigen. Der Abzweig befindet sich nahe der Scheitelstelle zwischen dem Hafen Polače und dem großen See. Leider sind an den Tafeln nur Kilometer-Entfernungen angegeben, aber auch die stimmen nicht. Man sollte sich 45 Minuten Zeit nehmen und ein solides Schuhwerk anhaben. Der Weg ist so steinig, wie man es in den Alpen auf 2000 m gewöhnt ist. Auf der Insel wurden im Jahr 1910 Ichneumone angesiedelt und diese Tiere haben in der Zeit fast alle Schlangen aufgefressen. Somit ist diese Insel eine seltene Ausnahme, was die Schlangen anbelangt. Ohne weiteres können Sie aber in dieser felsigen Welt Spinnen und Skorpione vorfinden.

Auf dem **Gipfel von Montokuc** 04 steht ein Holzschutz. In dem Schutzbiwak hält die Feuerwehr die Wache – Waldbrandmeldung. Auf dem Rückweg achten wir auf die Schilder nach Polače und so gelangen wir wieder an den **Ausgangspunkt** 01 zurück. Die genannte 5-Stündige Wanderzeit können wir durch entspann-

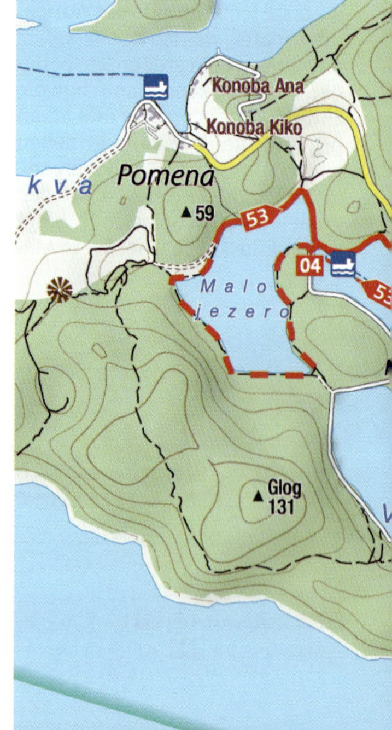

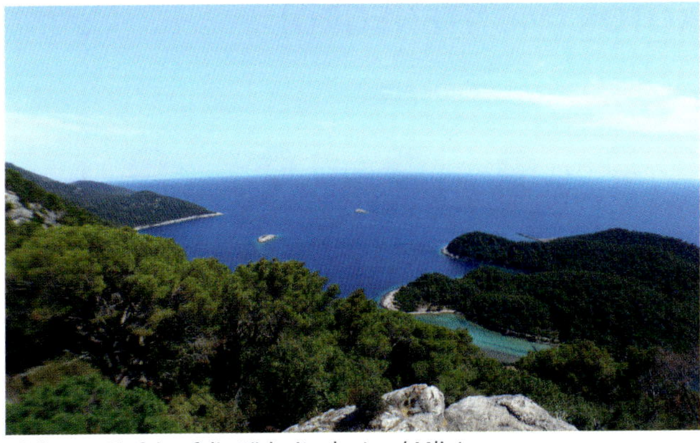

Blick vom Gipfel auf die Südseite der Insel Mljet.

tes Baden verlängern und so die Wanderung um einiges bereichern. Die Insel Mljet hat auch außerhalb des Nationalparks einiges zu bieten. Die Segler und Yachtbesitzer können auch viele malerische Buchten besichtigen, zu denen kein Fußpfad führt und die dadurch nur den Seeleuten vorbehalten sind.

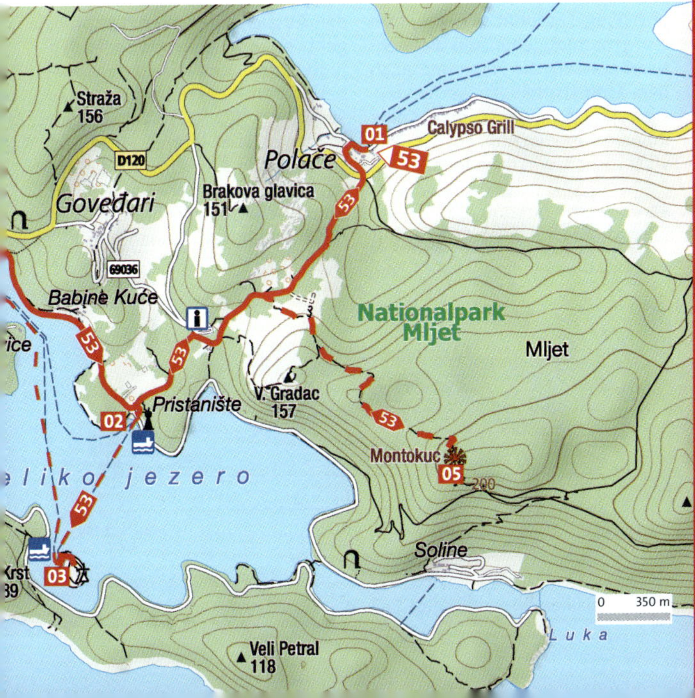

KOTOR (MONTENEGRO)

Ausflug nach Montenegro

 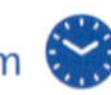 4 km  2:15 h  250 hm  250 hm 2900

START | Kotor Altstadt, Kirche svete Marije od Rijeke
[GPS: UTM Zone 33 x: 810.293 m y: 4.703.725 m]
CHARAKTER | Oberhalb von Kotor liegt die Festung des Heiligen Johannes (Tvrđava Svetog Ivana). Von dort haben Sie einen schönen Blick auf Kotor und die umliegende Bucht. Eine Rundtour, bei der man neben großartigen Ausblicken von oben auch interessanten Bauten entlang des Weges begegnet.

Der Aufstieg von der Altstadt aus dauert etwa 45-60 Minuten und führt etwa 250 Höhenmeter bergauf. In den frühen Morgenstunden sind keine Menschenmassen unterwegs. Es lohnt sich also, früh morgens loszugehen, um die Menschenmassen, die Hitze und auch den Eintrittspreis zu vermeiden. Die Festung auf dem Gipfel ist eine Ruine, aber die Aussicht ist, wie versprochen, wirklich schön.

▶ Von der **Altstadt** 01 gehen wir zuerst auf der Straße Put do svetog Ivana. Wir gehen den „Hauptweg“ vom Stadtzentrum aus hinauf, vorbei an der **Kirche Gospe od Zdravlja** 02 bis zur **Festung St. Ivan** 03. Nachdem wir die Aussicht genießen konnten, geht es auf dem „Wanderweg hinter der Burg“ hinunter, vorbei an den Ruinen der Kirche des **Sveti Juraj** 04. Der Weg bergab ist länger, aber interessanter und schöner. Die Aussicht auf die benachbarten und höher gelegenen Berge ist wunderschön. Der Weg führt an einigen Ruinen von Kir-

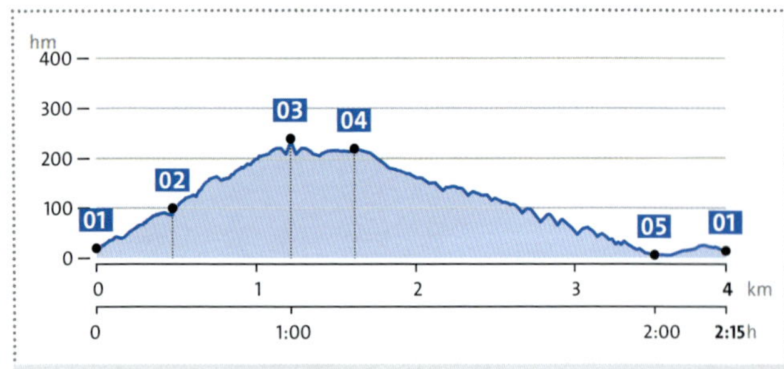

01 Altstadt, 19 m; 02 Gospe od Zdravlja, 99 m; 03 Festung St. Ivan, 234 m; 04 Sveti Juraj, 210 m; 05 Kotor, 5 m;

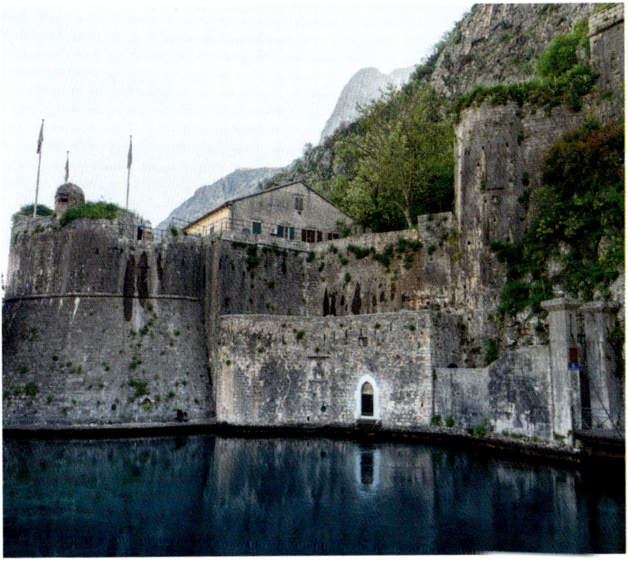

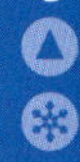

Die Altstadt ist durch viele Wehrmauern geschützt.

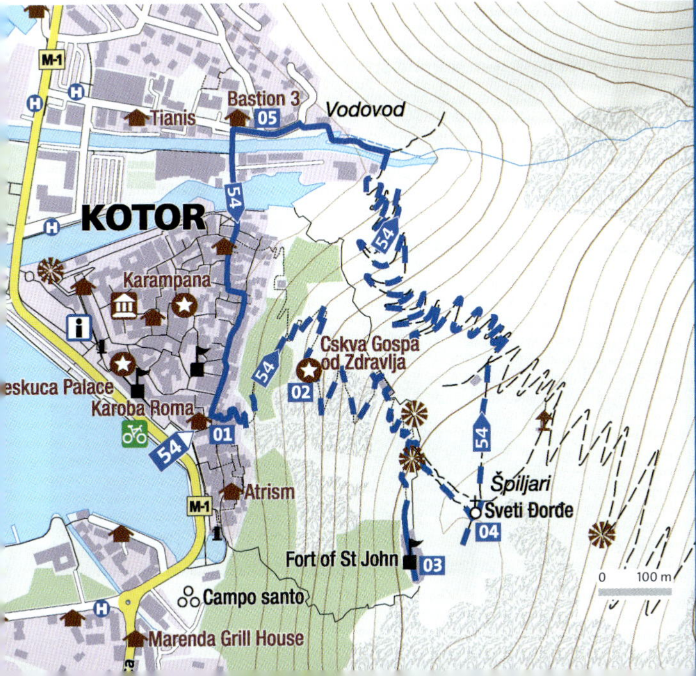

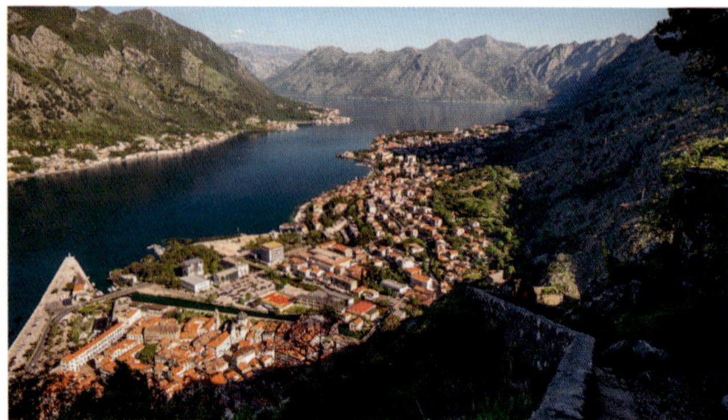

Aussicht auf die Stadt von der Festung Sveti Ivan aus.

chen und Häusern vorbei und es fühlt sich an, als würden wir in der Natur spazieren gehen, während der Weg hinauf aus der Stadt eher eine Fußgängerzone mit Anstieg ist. Wir kommen nach Überqueren eines Baches wieder ins **Stadtgebiet** 05 und erreichen nach Überqueren der nächsten Brücke unseren **Ausgangspunkt** 01, wenn wir der Straße weiter geradeaus folgen.

Festung St. Ivan

Die Festung St. Ivan stammt aus illyrischer Zeit (4. Jh. v. Chr.-1. Jh. n. Chr.) und wurde in der Zwischenzeit natürlich mehrmals umgebaut. Die gesamte Altstadt von Kotor wurde fortifiziert. Das können Sie sehen, wenn Sie durch die Altstadt spazieren oder wenn Sie aus der Ferne auf Kotor blicken. Sie können die Mauern von der Stadt bis hinauf zur Festung des Heiligen Ivan sehen.

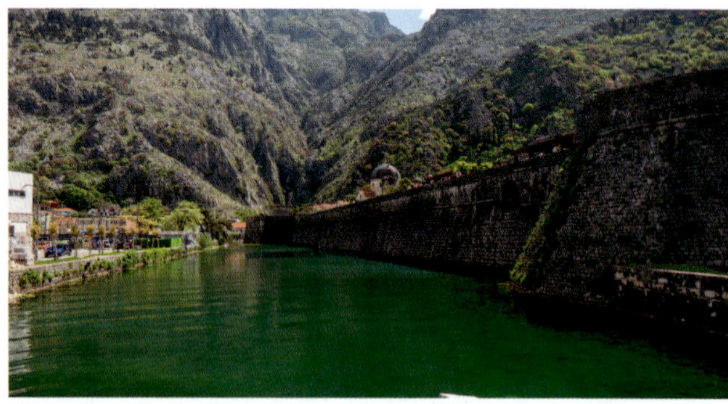

Wasserkanal in der Altstadt von Kotor.

KLEK • 1181 m

Einzigartige Felsenbildung am Rande des Gorski Kotar

  5,7 km  4:00 h 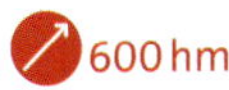 600 hm  600 hm

START | Bjelsko – 7 km westlich von Ogulin
[GPS: UTM Zone 33 x: 511.683 m y: 5.009.814 m]
CHARAKTER | Von der Hütte gibt es nur diesen einen Weg auf den Gipfel. Es ist auch technisch ein anspruchsvoller Aufstieg. Die Südostwand gehört den Raubvögeln und den Kletterern.

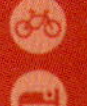

Am **höchsten Punkt des Ortes** 01 kommt eine Schotterstraße von rechts. Gleich am Beginn oder spätestens nach 300 m müssen wir eine Parklücke finden. Der Weg ist sehr gut gekennzeichnet und mit sehr vielen Informationstafeln versehen. Leider oft nur auf Kroatisch, selten auch auf Englisch. Die erste Stunde verläuft im Wald und erst kurz vor der Hütte können wir die Felsen des Gipfels erblicken. Danach kommen wir zum roten Eingang in das Königreich der Hexen. Die Legende besagt, dass die Hexen auf diesem Berg ihre Versammlungen hatten. Bis zum Beginn des 19. Jhd. war dieser Aberglauben noch Teil der Kultur der weiteren Umgebung von Karlovac (Karlstadt), bis Im Jahre 1838 der sächsische König Friedrich August diesen Berg bestieg. Danach gehörte dieser Berg den Wildtieren und den Menschen. Die **Hütte** 02 liegt auf 980 m Seehöhe. Sie ist an Wochenenden und an kroatischen Feiertagen geöffnet, bietet aber nur Getränke. Von der Hütte geht es ein Stück bergab, um die überhängenden Felsen zu umgehen. Nach 15 Minuten kommen wir zu einer Wegkreuzung. Rechts geht es steil bergauf und geradeaus geht es zum Gipfel des Klečice.

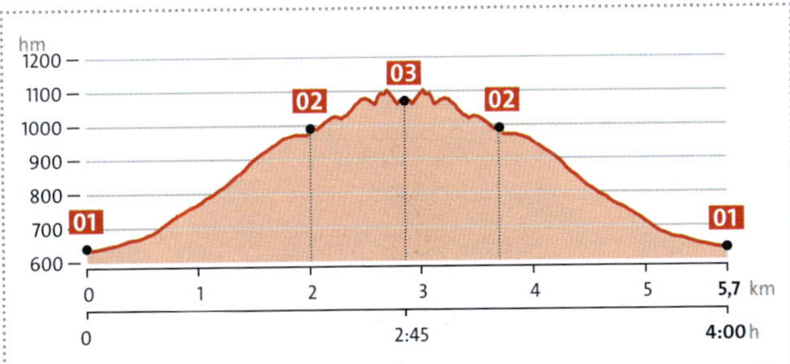

01 Bjelsko, 634 m; 02 Hütte, 980 m; 03 Gipfel Klek, 1082 m;

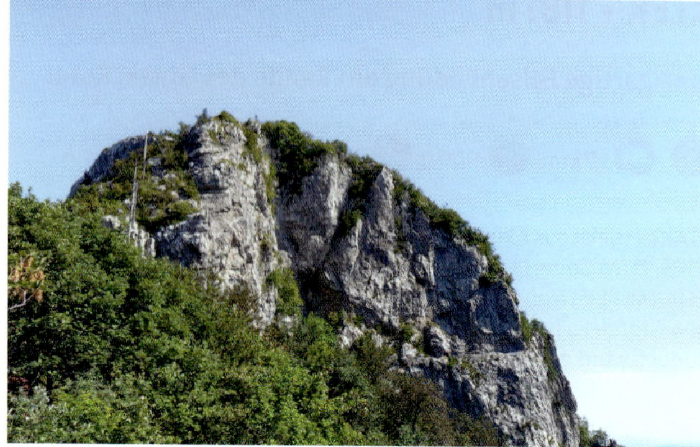

Die markante Form des Gipfels macht ihn unverwechselbar. Vom Flachland um Karlovac und sogar vom Gipfel des Gorjanci Gebirges in Slowenien ist der Klek noch erkennbar.

Nach wenigen Minuten erreichen wir ein dickes Tau, das hier anstatt Stahlseilen als Steighilfe benutzt wird. Nach der ersten Kletterpassage folgen 5 Minuten Pause im Wald und danach kommt die Schlüsselstelle – ein steiles Zickzack, ebenfalls mit einem Tau gesichert. Zur Veranschaulichung: Mein Hund konnte nicht allein über diese Felsen kommen. Dann sind es nur noch 15 Minuten bis zum Gipfel. Wir wandern an einem Hubschrauberlandeplatz vorbei und kurz unter dem Gipfel ist noch ein enges Kammstück ebenfalls mit einem Tau gesichert. Danach liegen die technischen Probleme hinter uns. Auf dem **Gipfel 03** steht eine Antenne, es gibt ein Kreuz und genug Platz zum Rasten.

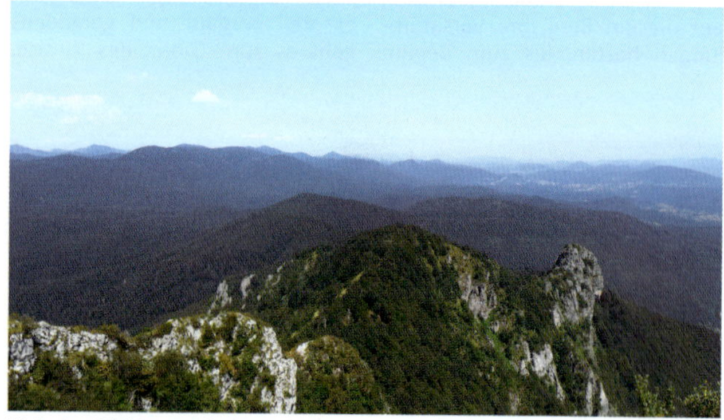

Links im Bild Berge des Gorski Kotar, rechts der sanfte Übergang ins Flachland um Karlovac.

Wenn wir wollen, können wir vor dem Rückweg noch den Gipfel des Klečice besichtigen. Dieser Umweg erfordert noch eine zusätzliche Stunde. Wir kehren auf dem Weg des Aufstiegs wieder in den Ort Bjelsko zurück. Der Aufstieg auf diesen Berg ist schon bei geringen Schneelagen äußerst gefährlich. Oberhalb der Hütte sind dann Steigeisen und Eispickel unbedingt erforderlich.

Obwohl dieser Berg weit weg von der Adria liegt, hat er so eine interessante Form, dass er es verdient hat, in diesem Wanderführer angeführt zu werden.

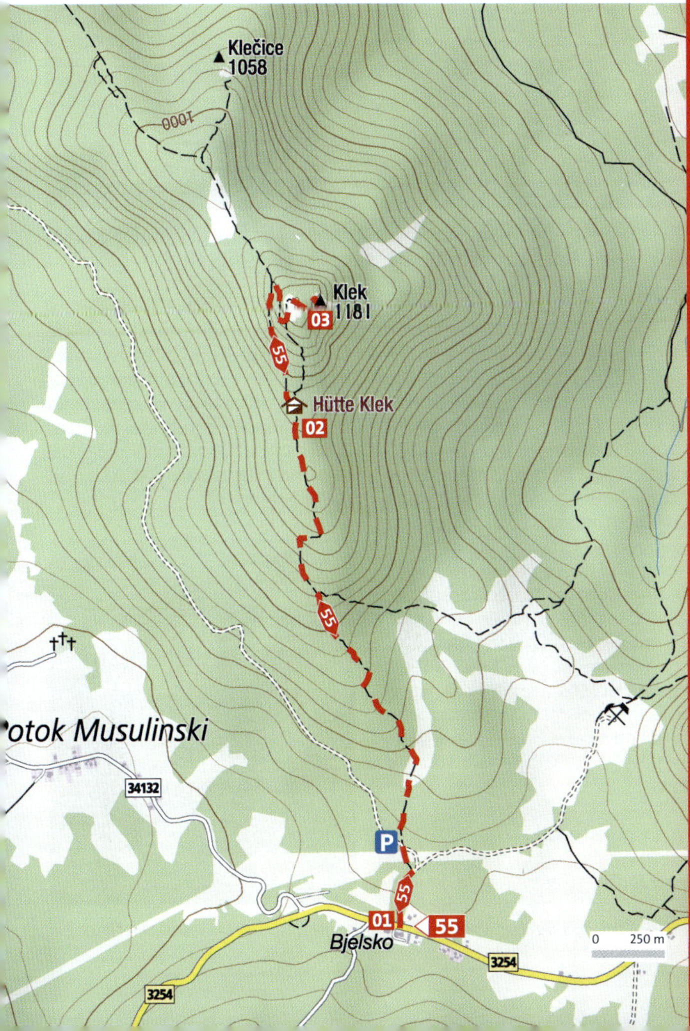

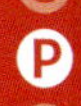
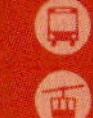

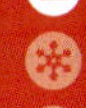
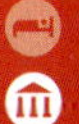
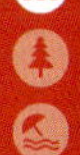

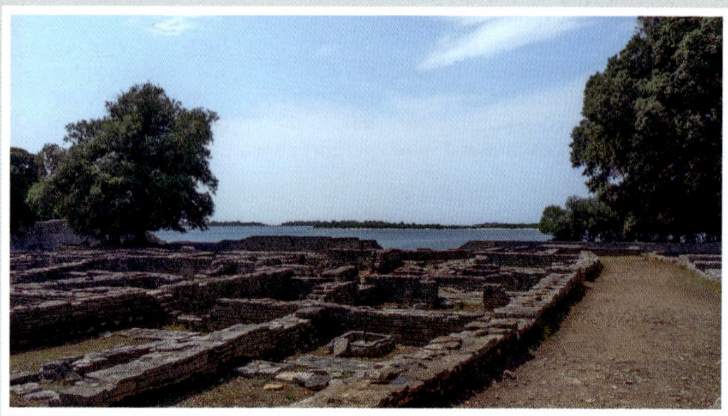

Auf der größten der Brijuni-Inseln kann man neben einem Safaripark auch die Überreste eines römischen Hafens besichtigen (Tour 8).

In den größten Städten an der Adria kann man auch bei unfreundlichem Wetter immer etwas unternehmen. Die größte Stadt ist Triest, gefolgt von Split, Rijeka, Dubrovnik, Zadar, Šibenik und Koper. Es gibt im Küstengebiet auch einige Grotten. Die Grotta Gigante bei Triest ist mit einer Höhe von 107 m die höchste Grotte und ist daher auch in das Guinness Buch der Rekorde eingetragen. Dazu kommen noch viele kleinere und wenig bekannte Höhlen, wie zum Beispiel Biserujka auf der Insel Krk. In einige Grotten kann man auch mit dem Boot rudern oder sogar hineinschwimmen. Die berühmteste Seegrotte ist Modra špilja auf der Insel Vis, weniger bekannt, aber auch atemberaubend ist die Grotte Plava grota (Blue Cave) unterhalb der Lubenice auf der Insel Cres.

Dazu kommen noch:
Museen (Trogir, Kotor, ...), Kirchen und Klöster (auch etwas weiter im Binnenland), alte Stadtkerne (Split, Dubrovnik, Pula), botanische Gärten (Carsiana bei Triest), Reste römischer Bauten (Pula), glagolitische Inschriften/Denkmäler (Istrien, Insel Krk), „Naturwunder" (Plitvicer Seen, Krka mit ihren Wasserfällen), Märkte in verschiedenen Orten, Konzerte berühmter Künstler, Filmfestspiele (Dubrovnik) und lokale Küche mit ihren Schätzen (Fische, Trüffel, Wildschweine)

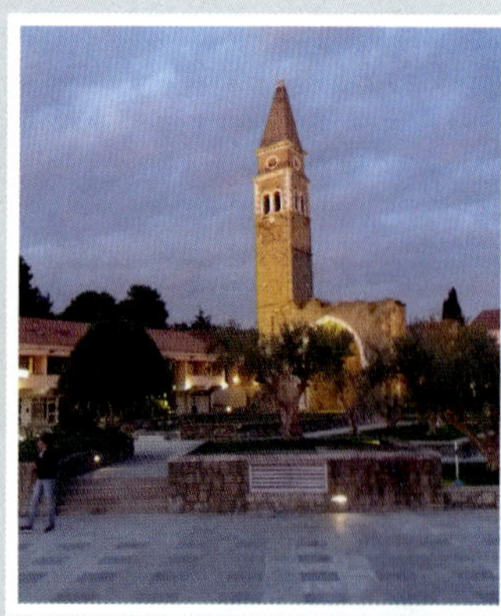

Kirchen findet man überall (Tour 3).

€ unter 40 EUR, €€ 40-80 EUR, €€€ über 80
(Pro Person / DZ / inkl. Frühstück)

Triest .... **Plz 34100, Tel. (+39) 040**
Hotel Vis à Vis €€€ Piazza dello Squero Vecchio 1, Tel. 7600011, www.hotelvisavis.net
Savoia Excelsior Palace €€-€€€ Riva del Mandracchio 4, Tel. 77941, www.starhotels.com

Portorož/Portorose .... **Plz 6320, Tel. +386 (0)56**
Grand Hotel Bernardin €€€ Obala 2, Tel. 951000, www.hoteli-bernardin.si
Wellness Hotel Apollo €€-€€€ Obala 33, Tel. 929001, www.lifeclass.net

Pula .... **Plz 52100, Tel. +385 (0)52**
Park Plaza Histria €€-€€€ Verudella 17, Tel. 590000, www.arenahotels.com
Hotel Amfiteatar €-€€ Amfiteatarska 6, Tel. 375600, www.hotelamfiteatar.com

Rijeka .... **Plz 51000, Tel. +385 (0)51**
Hotel Bonavia Plava Laguna €€-€€€ Dolac 4, Tel. 357980, www.plavalaguna.com
Hotel Jadran €€ Šetalište XIII divizije 46, Tel. 216 600, www.jadran-hoteli.hr

Zadar .... **Plz 23000, Tel. +385 (0)23**
Falkensteiner Club Funimation Borik €€€ Majstora Radovana 7, Tel. 206100, www.falkensteiner.com
Hotel Kolovare €€ Bože Peričića 14, Tel. 203200, www.hotel-kolovare.com

Šibenik .... **Plz 22000, Tel. +385 (0)22**
Hotel Bellevue - Superior City Hotel €€-€€€ Obala hrvatske mornarice 1, Tel. 646400, www.bellevuehotel.hr
Amadria Park Hotel Ivan €€ Hoteli Solaris 86, Tel. 363951, www.amadriapark.com

Split .... **Plz 21000, Tel. +385 (0)21**
Marmont Heritage Hotel €€-€€€ Zadarska ul. 13, Tel. 308060, www.dlhv.hr
Marvie Hotel & Health €€-€€€ Peričićeva 1, Tel. 279800, www.marviehotel.com

Dubrovnik .... **Plz 20000, Tel. +385 (0)20**
Royal Princess Hotel €€€ Kardinala Stepinca 31a, Tel. 440100, www.hotelroyalprincess.com
Royal Hotel Ariston €€€ Kardinala Stepinca 31c, Tel. 440100, www.hotelaristondubrovnik.com

Kotor .... **Plz 85330, Tel. +382 (0)32**
Historic Boutique Hotel Cattaro €€€ Stari Grad 432, Tel. 311000, www.cattarohotel.com
Mali Hotel Tianis €-€€ Tabacina 16, Tel.335267

IMPRESSUM

1. Auflage 2024 Verlagsnummer 5969 ISBN 978-3-99121-677-3

Titelbild: Der romantische Strand Dugi Rat (© xbrchx - stock.adobe.com)

Text und Fotos (soweit nicht anders angegeben): Boris Korenčan
mit Unterstützung von Helmut Lang (Lektorat Wegbeschreibungen)
Bilder S.65, 66: Jurij Struna; S.217, 218: Rok Hočevar

Grafische Herstellung und
Wanderkartenausschnitte: © KOMPASS-Karten GmbH
OpenStreetMap Contributors (www.openstreetmap.org)
Kartengrundlage für Gebietsübersichtskarte S. 10-11, U4:
© MairDumont, D-73751 Ostfildern 4

Wir aktualisieren unsere Karten und Touren in regelmäßigen Abständen. Dies kann unter Umständen dazu führen, dass sich die Inhalte der digitalen Version eines freigeschalteten Wanderführers bzw. einer Karte von dem erworbenen Printprodukt unterscheiden. Diese Aktualisierungen sind aus rechtlichen oder sicherheitsrelevanten Gründen erforderlich und ein kostenloser Service mit Mehrwert für alle Nutzer.

Alle Angaben und Routenbeschreibungen wurden nach bestem Wissen gemäß unserer derzeitigen Informationslage gemacht. Die Wanderungen wurden sehr sorgfältig ausgewählt und beschrieben, Schwierigkeiten werden im Text kurz angegeben. Es können jedoch Änderungen an Wegen und im aktuellen Naturzustand eintreten. Wanderer und alle Kartenbenützer müssen darauf achten, dass aufgrund ständiger Veränderungen die Wegzustände bezüglich Begehbarkeit sich nicht mit den Angaben in der Karte decken müssen. Bei der großen Fülle des bearbeiteten Materials sind daher vereinzelte Fehler und Unstimmigkeiten nicht vermeidbar. Die Verwendung dieses Führers erfolgt ausschließlich auf eigenes Risiko und auf eigene Gefahr, somit eigenverantwortlich. Eine Haftung für etwaige Unfälle oder Schäden jeder Art wird daher nicht übernommen. Für Berichtigungen und Verbesserungsvorschläge ist die Redaktion stets dankbar. Korrekturhinweise bitte an folgende Anschrift:

KOMPASS-Karten GmbH
Karl-Kapferer-Straße 5, A-6020 Innsbruck
www.kompass.de/service/kontakt

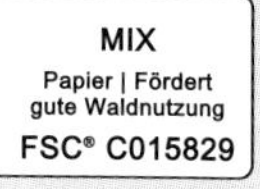